Monate
n
Feb
Mär
Apr
Mai
Jun
Jul
Aug
Sep
Okt
Nov
Dez

Ort	Wochentage							Code	Name
	Mo	Di	Mi	Do	Fr	Sa	So		
Gau-Algesheim						18	16	K 3-2	Römerhof
					19		16	K 3-3	Sankt Marienhof
Gau-Bickelheim						18	16	T 14-1	Alfons Schnabel
				18	18	17	16	T 14-2	Marlene's Gutssch.
					18	18	17	T 14-3	Zum Nepomuk
Gau-Odernheim					18	18	12	T 8-1	Weinstube Boos
Gensingen	16	16	16	16	16		16	K 9-1	Hess
	17		17	17	17	17	17	K 9-2	Schleif
	16	16	16	16	16		16	K 9-3	Zum Reblausstübchen
Gimbsheim					18	18	11	R 9-1	Nitschmann-Knewitz
Groß-Winternheim					17	17	11	K 2-1	Breidscheid
				17	17	17	15	K 2-2	Zur Rheinhess.-Tenne
Guntersblum				18	18	18	11	R 8-1	Reblausstube
Hackenheim				17	17	17	15	H 16-1	Grünewald
				17	17	17		H 16-2	Herbert's Weinstube
					17	17	17	H 16-3	Ohl
	17	17		17	17	17	16	H 16-4	Wilhelm
Hahnheim					18	17	16	W 7-1	Anke's Weinstube
Harxheim					18	17	17	W 3-1	Reßler
					18	17	15	W 3-2	Steigerhof
Hohen-Sülzen					18	18	17	W 12-1	Ulmenhof
Horrweiler					18	18	16	K 8-1	Kistner-Fischborn
					18	18	16	K 8-2	Zum Rebenhof
Ingelheim					18	18	16	K 1-1	Im alten Weinkeller
					18	18	15	K 1-2	Karlshof
					18	18	16	K 1-3	Oster
				17	17	17	16	K 1-4	Schönherr
					18	18	16	K 1-5	Zum Kuhstall
					16	16	16	K 1-6	Zur Rüwekaut
Köngernheim					18	18	16	W 8-1	Am Römer
					18	18	16	W 8-2	Dietz
Laurenziberg						18	16	K 4-1	Altes Kelterhaus
					19	17	16	K 4-2	Im alten Kornspeicher
Lörzweiler		15	15	15	15	15	15	W 4-1	Brückmer
					17	17	15	W 4-2	Haub
				15	15	15	15	W 4-3	Kastanienhof
					18	18	16	W 4-4	Wolf
				16	16	16	16	W 4-5	Zum Römerlager
Ludwigshöhe	17	17	17	17	17	15	11	R 7-1	Hofer-Holzky
Mainz-Ebersheim					18	16	16	W 2-1	Schäfer
					18	17	15	W 2-2	Worf & Sohn
Mainz-Hechtsheim					17	17	17	W 1-1	Bachhof
	16				16	16	16	W 1-2	Georgshof
				17	17	17		W 1-3	Stenner
Mainz-Laubenheim					16	16	16	R 1-1	Möhn
Mommenheim					18	18	16	W 5-1	Maurer

Die Öffnungszeitentabelle

zeigt Ihnen auf einen Blick, wer wann geöffnet hat.

Ein Großteil der Straußwirtschaften und Gutsschänken sind Familienbetriebe. Die Winzer sind gerne für ihre Gäste da und freuen sich auf die gemeinsame Zeit während der Öffnungsperioden.

Trotzdem bitten wir um Verständnis, daß sie aus betrieblichen Gründen, zur Weinlese oder auch in Ferienzeiten und zu bestimmten Feiertagen manchmal kurzfristig die Öffnungszeiten ändern müssen. Diese Terminverschiebungen kann auch die sorgfältigste Recherche nicht vorhersehen.

Im Zweifelsfall empfiehlt sich ein klärender Anruf. Die jeweilige Telefonnummer finden Sie unter der Kennziffer im Winzerraster.

Mit folgenden Schritten kommen Sie schnell zum Wein:

- Schauen Sie in der Öffnungszeitentabelle nach, welche Betriebe geöffnet haben.
- Informieren Sie sich im "Winzerraster" über das Angebot der jeweiligen Betriebe.
- Wählen Sie Ihren Favoriten des Tages aus.
- Klappen Sie die Routenkarte auf und suchen Sie den günstigsten Anfahrtsweg.
- Am Zielort eingetroffen, ist der jeweilige Stadtplan nützlich.
- Beim Winzer Ihrer Wahl angekommen, hilft dieser gutgemeinte Rat weiter:

> *"Genieße froh die vollen Krüge,*
> *wenn Du in lust'ger Runde kneipst.*
> *Doch nimm nicht gar zu große Züge,*
> *damit Du selbst genießbar bleibst."*

In diesem Sinne: Prost und wohl bekomm's!

Ort	Wochentage							Code	Name
	Mo	Di	Mi	Do	Fr	Sa	So		
Alzey					18	18	17	T 10-1	Stock
Alzey-Weinheim	18				18	18	11	T 11-1	Poppenschenke
Appenheim					18	17	16	K 5-1	Eberle-Runkel
					17	17	15	K 5-2	Gres
Bechtheim				18	18	16	16	R 11-1	Dreißigacker
					18	18	12	R 11-2	Hofmann
						18	16	R 11-3	Zur Küferschänke
Biebelnheim						18	16	T 7-1	Schlupfwinkel
Biebelsheim				17	17	17	16	H 13-1	Emrich
Bingen-Büdesheim		17	17	17	17	17	15	K 12-1	Grünewald
	17	17		17	17	17	12	K 12-2	Hildegardishof
Bi.-Dromersheim					17	17	16	K 7-1	Fleck-Reich
Bingen-Kempten		18	18	18	18	18	15	K 11-1	Bungert
	17	17	17	17	17	17	15	K 11-2	Dreikönigshof
Bingen-Sponsheim				17	17	17	16	K 10-1	Im Marienhof
Bodenheim					17	17	17	R 2-1	Am Pavillon
					17	17	15	R 2-2	Gruber
	16	16			16	15	15	R 2-3	Haub
					16	16	15	R 2-4	Im Wingert
	17			17	17	16	12	R 2-5	Johannishof
			16	16	16	16	15	R 2-6	Kapellenhof
			15	15	15	15	13	R 2-7	Kern
					17	17	15	R 2-8	Klosterhof
					15	15	15	R 2-9	Ludwig
	18	18	18	18	18	18		R 2-10	May
						16	13	R 2-11	Nikolaus May
					16	16	15	R 2-12	St. Albanshof
			17	17	17	17	15	R 2-13	Zum Rebstock
			17	17	17	16	15	R 2-14	Zum tiefen Keller
		17	17	17	17	16	12	R 2-15	Zum urig. Weinkeller
	17			17	17	17	15	R 2-16	Zur Angela
	16	16	16			16	15	R 2-17	Zur Dutt
			16	16	16	16	15	R 2-18	Zur guten Stube
	16	16	16	16	16		15	R 2-19	Zur Vroni
Bubenheim				18	18	18	18	H 5-1	Finkenauer
				19	19	16	10	H 5-2	Zöbel
Dienheim						18	15	R 6-1	Marienhof
Eich-Sandhof	18	18	18	18	18	16	11	R 10-1	Günther
Engelstadt					17	16	11	H 6-1	Am Römerberg
					17	17	15	H 6-2	Im Kelterhaus
Ensheim						18	17	T 9-1	s'Trauwemielche
Essenheim				17	17		16	H 2-1	Blodt
					17	17	16	H 2-2	Wagner
						16	16	H 2-3	Zum Koppelberg
Flörsheim-Dalsheim					18	18	17	W 11-1	Schmitt
Gau-Algesheim					18	18	18	K 3-1	Beim Kroner

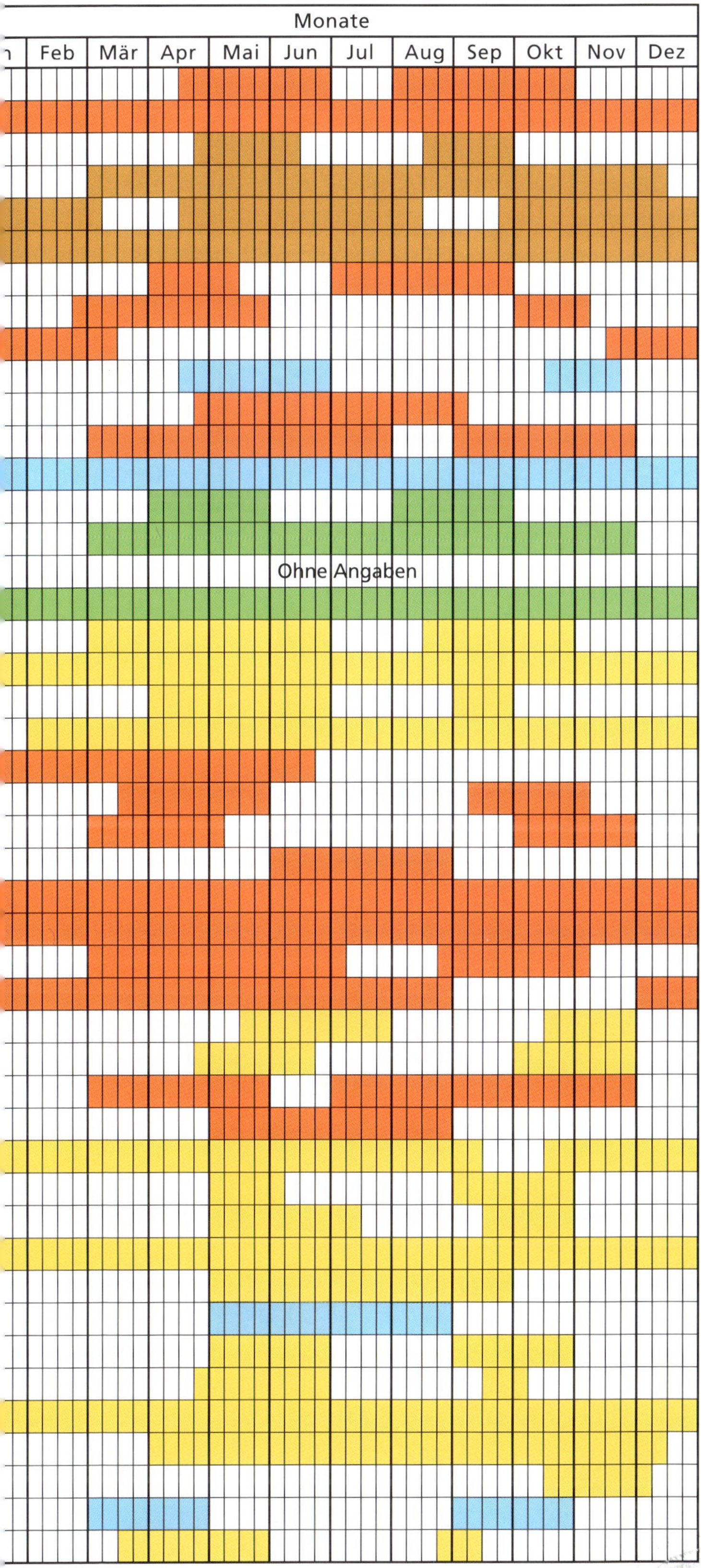
Monate
Feb
Mär
Apr
Mai
Jun
Jul
Aug
Sep
Okt
Nov
Dez
Ohne Angaben

Ort	Wochentage							Code	Name
	Mo	Di	Mi	Do	Fr	Sa	So		
Nackenheim	17	17	17	17	17		14	R 3-1	Bernardshof
					17	17	15	R 3-2	Binz
	18	18	18	18		18	18	R 3-3	Dr. Dietrich im Park
	17	17	17	17	17	17	15	R 3-4	Schneider
Nieder-Olm					18	18	16	T 1-1	Andreashof
	17		17	17	17	17	11	T 1-2	Horn
Nierstein					18	15	15	R 4-1	Am Kranzberg
		15	15	15	15	13	11	R 4-2	Buhl
					17	14	11	R 4-3	Fritz Reichert I.
		12	12	12	12	12	12	R 4-4	Glockenspiel
						14	11	R 4-5	Haxthäuserhof
	17			17	17		17	R 4-6	Mayer's Weinstube
	16	16	16		16	14	10	R 4-7	Staiger
					18	17	17	R 4-8	Strub
						16	16	R 4-9	Weinsch. i. Ullrichshof
					17	15	12	R 4-10	Zur Saalpforte
					18	17	16	R 4-11	Zwitscherstubb
Ober-Hilbersheim				18	18	17	16	H 7-1	Altes Pfarrhaus
Ober-Olm					18	18	16	H 1-1	Bär
		17	17	17	17	17	10	H 1-2	Wollstädter
Ockenheim					18	18	16	K 6-1	Feser
Oppenheim				17	17	17	12	R 5-1	Dietz
						16	16	R 5-2	Zum alten Keller
				18	18	16	16	R 5-3	Zur Rathofkapelle
Osthofen				18	18			R 12-1	Magdalenenhof
Partenheim					18	18	16	H 8-1	Am Weiher
					18	18	16	H 8-2	Schwalbenhof
					18	18	16	H 8-3	Schweizer Hof
Pfaff.-Schwabenh.					19	19	16	H 15-1	Molz
Saulheim					18	18	16	T 3-1	Die Wei-Stubb
				17	17	17	16	T 3-2	Walldorf-Pfaffenhof
Schwabenheim			16	16	16	12	12	H 4-1	Bacchushof
					18	17	15	H 4-2	Renth
Selzen					18	17	16	W 6-1	Westwieserhof
					17	16	16	W 6-2	Wilmshof
					18	17	17	W 6-3	Zur alten Kastanie
Siefersheim					18	18	11	T 16-1	Kleines Rheinhessen
						18	16	T 16-2	Moebus
						18	17	T 16-3	Zimmermann
Spiesheim					18	18	16	T 6-1	Becker & Sohn
Sprendlingen	19	19		19	17	17	17	H 12-1	Huth
					18	18	16	H 12-2	Mohr
					18	18	17	H 12-3	Rauschert
St. Johann						18	16	H 11-1	Weidmann
						17	15	H 11-2	Zur alten Schmiede
Stadecken-Elsheim					18	18	16	H 3-1	Bernhart

Monate
n
Feb
Mär
Apr
Mai
Jun
Jul
Aug
Sep
Okt
Nov
Dez

Ort	Wochentage							Code	Name
	Mo	Di	Mi	Do	Fr	Sa	So		
Stadecken-Elsheim					18	18	16	H 3-2	Boller-Klonek
			18	18	18	18	12	H 3-3	Fürst-Bieser
					18	17	16	H 3-4	Hees
					18	18	16	H 3-5	Hoth
					18	17	16	H 3-6	Mengel-Eppelmann
				18	18	18	17	H 3-7	Partenheimer Hof
					17	17	12	H 3-8	Petershof
					18	18	12	H 3-9	Wambolder Hof
					18	18	16	H 3-10	Wolfshof
Tiefenthal	17	17	17	17	17	17	11	T 18-1	Zum Mühlenhof
Udenheim					19	18	16	T 4-1	Zaun
Undenheim					18	18	17	W 9-1	St. Alban
					18	17	17	W 9-2	Kröhler
Vendersheim					18	18	16	H 9-1	Beiser
					18	18	16	H 9-2	Janson
Wahlheim	18	18			18	18	18	T 12-1	Zur Sandmühle
Wallertheim					18	18	17	T 13-1	Borntaler Hof
Welgesheim				17	17	17	11	H 14-1	Zur alten Mühle
Wendelsheim					18	18	17	T 17-1	Hahn
Westhofen						18	16	W 10-1	Auf der Blenz
Wolfsheim					18	18	16	H 10-1	Bernhard
Wöllstein					18	16	15	T 15-1	Alte Ölmühle
	18				18	18	16	T 15-2	Wirth
Wo.-Wiesoppenh.					17	17	17	R 13-1	Hammerstein
Wörrst.-Rommersh.					18	18	17	T 5-1	Zum Woifässje
Zornheim					18	18	15	T 2-1	Becker

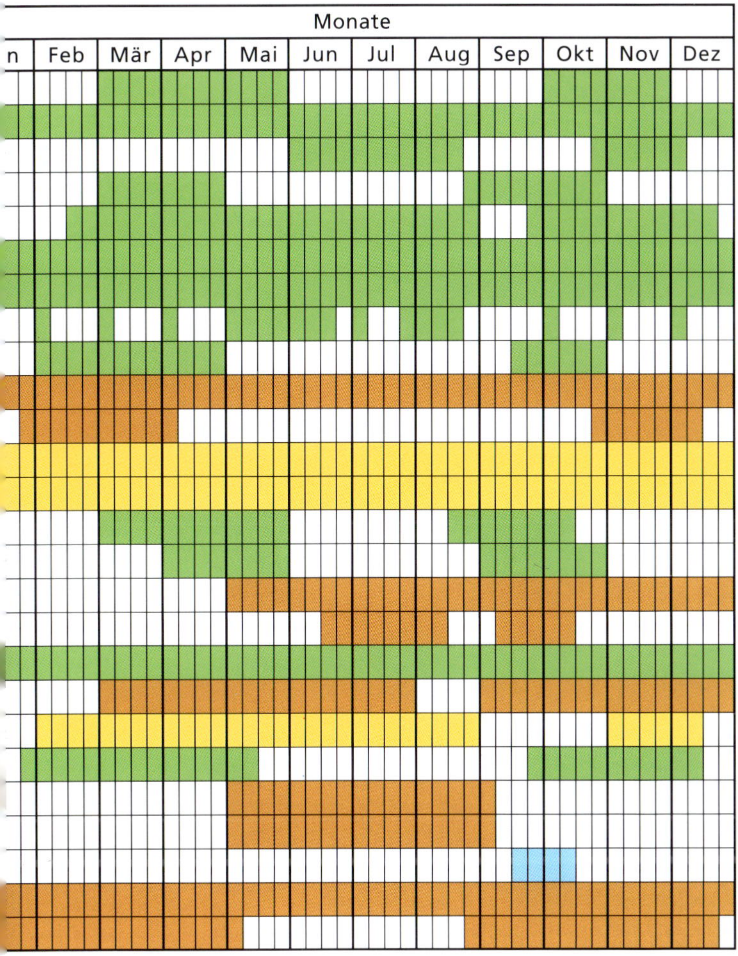
Monate
n
Feb
Mär
Apr
Mai
Jun
Jul
Aug
Sep
Okt
Nov
Dez

Zum Namen des Buches:
Die Ornamente in Form einer Weinranke auf mittelalterlichen Handschriften bezeichnet man als "Vignette".

Impressum:

ISBN 3-00-007637-9

Autoren: A. Bücker und H.-J. Volz
Textüberarbeitung: Textasy Mascha Linke, Frankfurt
Gestaltung: Reklamerei Thomas Brähler, Frankfurt
Fotos: Mit freundlicher Genehmigung von:
Amt für Öffentlichkeitsarbeit der Stadt Mainz (Seiten 18-21);
Amt für Wirtschaftsförderung, Kultur und Landschaft der Stadt Ingelheim am Rhein (Seiten 22-24);
Verein der Freunde und Förderer der Burg Stadeck zu Stadecken-Elsheim e.V. (Seiten 54, 56);
Karl-Hans Faust, Siefersheim (Seiten 94, 95);
Ortsverwaltung Bodenheim (Seiten 145, 146);
Rheinhessenwein e.V. DWI/Hartmann, Mainz (Titel, Seiten 52, 55, 57, 90, 91, 93, 94, 96, 120, 121, 122, 123, 144, 147);
Stadtbildstelle Worms (Seiten 149, 150);
Stadtverwaltung Alzey, Kulturamt (Seiten 52, 92);
Tourist-Information - Amt für Touristik, Bingen (Seiten 27, 28);
Tourist- und Festspielbüro der Stadt Oppenheim (Seite 148)
Wichtiger Hinweis:
Die Daten in diesem Buch sind sorgfältig recherchiert. Sie erheben keinen Anspruch auf Vollständigkeit. Die Informationen basieren auf Angaben, die die Gemeinden und die Betreiber der beschriebenen Betriebe gemacht haben sowie auf eigenen Recherchen. Trotz größtmöglicher Sorgfalt übernehmen die Herausgeber keine Verantwortung und Haftung für eventuelle Unrichtigkeiten.

A. Bücker H.-J. Volz

DIE Rheinhessen VIGNETTE

Ein Führer zum Essen, Trinken, Weinkaufen und Übernachten beim Winzer

Danksagung
Die Autoren danken den Städten und Gemeinden,
dem Rheinhessenwein e.V. und den Betrieben,
die bei der Entstehung der Rheinhessen-Vignette
mitgewirkt haben.

Inhalt

Die Rheinhessen-Vignette - Ihr Wegweiser zum Wein

Rheinhessen ist ein Weinanbaugebiet von beträchtlicher Größe, in dessen sonniger, hügeliger Landschaft eine bemerkenswerte Vielfalt an Rebsorten gedeiht. Weil es bisher weitgehend von Touristenmassen verschont geblieben ist, gibt es noch viel Unverfälschtes und Urtümliches zu entdecken. Begegnungen mit Zeugnissen einer alten Kultur und die viel besungene Rheinromantik gehören ebenso dazu wie das bunte Treiben in den zahlreichen Weindörfern dieses alten Siedlungslandes.

Ob mit dem Auto, dem Fahrrad oder zu Fuß - ob für einen lauschigen Abend, ein sonniges Wochenende, einen Urlaub oder auf der Durchreise - diese vielfältige Region mit ihren unkompliziert offenen Bewohnern ist immer einen Besuch wert.

Ein besonderes Erlebnis ist es, den Rheinhessenwein dort zu trinken und zu kaufen, wo er wächst und wo der Winzer sich persönlich um seinen Gast kümmert.

Die Rheinhessen-Vignette erschließt Weinkennern und all denen, die es werden wollen, Deutschlands größtes und ältestes Weinanbaugebiet und bietet dem Leser Historisches zu Land und Leuten sowie Wissenswertes rund um den Wein.

Die informativen Beschreibungen der 164 Straußwirtschaften und Gutsschänken, die übersichtliche Aufmachung und das jacken- und handtaschenfreundliche Format machen die Rheinhessen-Vignette zu Ihrem unverzichtbaren, nützlichen Begleiter für Weinexkursionen. In jedem Fall tut die Rheinhessen-Vignette Ihrer Spontanität gut: Denn mit ihrer Hilfe können Sie auf einen Blick feststellen, wie Sie auf bestem Weg ins Ziel kommen, wenn Sie losfahren möchten, um abends in Ruhe bei einem guten Glas Wein vom Alltag abzuschalten. Seien Sie herzlich willkommen und erleben Sie selbst, was es bedeutet, beim Essen und Trinken die sprichwörtliche rheinhessische Gastlichkeit zu genießen.

Wie Sie finden, was Sie suchen

Die Rheinhessen-Vignette soll Ihnen die Suche nach Winzern mit Straußwirtschaften und Gutsschänken so einfach wie möglich machen und Ihnen helfen, sich für das Lokal zu entscheiden, das Ihren Wünschen am nächsten kommt.

Da insbesondere Straußwirtschaften - anders als Gaststätten - nicht durchgängig das ganze Jahr über geöffnet sind, ist es für Sie besonders wichtig, dass Sie auf einen Blick erkennen, welcher Betrieb an welchem Wochentag und in welchem Monat geöffnet hat. Deswegen beginnt das Buch mit der übersichtlichen **Öffnungszeitentabelle**. Hier finden Sie in alphabetischer Reihenfolge alle Orte und die jeweiligen Straußwirtschaften und Gutsschänken. Auf der linken Seite sehen Sie, an welchem Wochentag geöffnet ist und ab wieviel Uhr. Auf der rechten Seite entnehmen Sie, in welchem Monat. Zusätzlich informiert Sie die Tabelle darüber, bei welchem Winzer Sie übernachten können.

Zur besseren Orientierung ist das große Gebiet in **fünf Routen** eingeteilt: die Kaiserpfalz-, die Hügelland-, die Trullo-, die Wonnegau- und die Rhein-Route. Jede Route hat einen Kennbuchstaben - z. B. "K" für Kaiserpfalz-Route - und ist zur besseren Unterscheidung jeweils zusätzlich mit einer eigenen, charakteristischen Farbe durchgängig markiert.

Die Routenverläufe finden Sie in der ausklappbaren **Routenkarte** im Innenteil der vorderen Umschlagseite. Darin sind alle Orte mit den in der Rheinhessen-Vignette beschriebenen Straußwirtschaften und Gutsschänken eingezeichnet sowie mit einer Kennziffer versehen. "K 5-3" beispielsweise ist der fünfte Ort entlang der Kaiserpfalz-Route und dort der dritte Betrieb in alphabetischer Reihenfolge.

Wenn Sie Ihren Winzer in der Öffnungszeitentabelle gefunden und auf der Routenkarte nachgesehen haben, wohin Sie fahren müssen, können Sie sich im **Winzerraster** über die Räumlichkeiten sowie das Wein- und Speisenangebot informieren. Dazu brauchen Sie sich nur die Kennziffer des Betriebes aus der Öffnungszeitentabelle zu merken, und Sie finden ihn im mit derselben Farbe gekennzeichneten, nach Routen gegliederten Innenteil des Buches.

Wie in der Öffnungszeitentabelle sind die Betriebe auch im Winzerraster nach Orten geordnet. Jedem dieser Orte ist ein **Stadtplan** vorangestellt, in den die Schankstätten mit ihrer Kennziffer eingezeichnet sind. So wird Ihnen die Suche nach den oft versteckt liegenden Weingütern erleichtert.

Wenn Sie nur den Namen einer Straußwirtschaft oder Gutsschänke kennen und wissen wollen, wo Sie diese finden, schauen Sie im alphabetischen **Register** am Ende des Buches nach. Die Kennziffer führt Sie sicher zu der gewünschten Information.

Ihre Meinung ist wichtig und für jeden ein Gewinn

Jeder in diesem Buch vertretene Betrieb hat seine liebenswerten Eigenheiten, um deretwegen er von seinen Gästen geschätzt und besucht wird. Die eine Schankstätte zeichnet sich durch eine überdurchschnittliche Küche aus, die andere durch hervorragende Weine und die nächste durch schöne Gasträume oder einen gemütlichen Hof. Selbstverständlich gibt es auch Betriebe, die in mehreren Punkten besonders hervorzuheben sind. Genau diese Vorzüge der einzelnen Betriebe sind es, die auch die anderen Leser interessieren.

Da die Rheinhessen-Vignette ein von ihren Lesern geprägtes Nachschlagewerk werden soll, freuen wir uns, wenn Sie uns Ihre persönliche Bewertung der von Ihnen besuchten Betriebe mitteilen.

Und das geht so!
In jedem Winzerraster finden Sie für die Innenräume, für Draußen, für das Weinangebot und für die Küche jeweils eine leere Vignette. Nehmen Sie einen Stift zur Hand und machen Sie aus den leeren Vignetten Ihre Beurteilungs-Vignetten, die wie folgt aussehen:

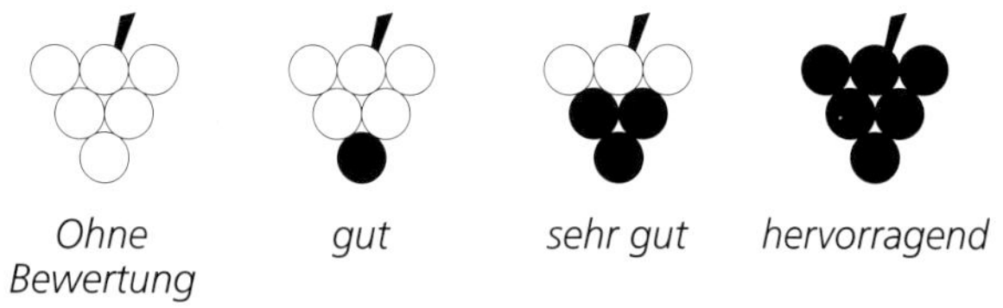

Im hinteren Teil des Buches finden Sie den "Vignetten-Bewertungsbogen", auf den Sie dann Ihre Eindrücke übertragen können.

Den ausgefüllten Bogen schicken Sie bitte bis spätestens **15. November 2001** an das Redaktionsteam der Rheinhessen-Vignette.

Alle rechtzeitig eingegangenen Einsendungen nehmen an einer Verlosung teil, bei der es schöne Preise rund um Rheinhessen und den Wein zu gewinnen gibt. Die Gewinner werden schriftlich benachrichtigt. Eine Barauszahlung der Gewinne ist nicht möglich. Der Rechtsweg ist ausgeschlossen.

Selbstverständlich sind wir auch für sonstige Anregungen sehr dankbar. Lassen Sie uns wissen, was Ihnen gut gefallen hat, was verbessert werden kann oder wen wir vergessen haben.

Gut!
Wenn ich
wählen soll,
so will ich
Rheinwein haben:
Das Vaterland
verleiht die
allerbesten
Gaben.

Johann Wolfgang von Goethe

Geniessen Sie Mainz und seine Umgebung

Kurfürstliches Schloß mit Christuskirche im Hintergrund

Schöne Weine genießen kann man in vielen Orten Deutschlands, aber Sie werden entdecken, dass Ihnen keine Stadt eine derartige Vielfalt an Möglichkeiten bietet wie die Hauptstadt des Weines, Mainz. Innerhalb einer guten Autostunde erreichen Sie von Mainz aus sechs der 13 Weinanbaugebiete Deutschlands.

Direkt vor den Toren liegt Rheinhessen, das größte deutsche Weinanbaugebiet, das Ihnen eine reiche Auswahl an Rebsorten und einige hochdekorierte Weingüter bietet sowie der Rheingau, der bekannt ist durch beste Rieslingweine.

Das Anbaugebiet Nahe, dessen Rieslingweine zu Unrecht noch nicht weithin bekannt sind, schließt direkt westlich an Rheinhessen und nordwestlich an das Anbaugebiet Mittelrhein an. Wer ein bisschen Zeit mitbringt, der kann die Weinorte des Rheingaus und des Mittelrheins auch mit dem Schiff von Mainz aus "erfahren".

Holzturm

Im Südosten von Mainz liegt eines der kleinsten deutschen Weinanbaugebiete, die Hessische Bergstraße und im Süden die Pfalz, in der Sie wie in Rheinhessen eine Vielzahl von Rebsorten probieren können.

Die Rheinhessen-Vignette erschließt Ihnen nur einen Teil dessen. Lassen Sie sich verführen zu einer (Wein-) Entdeckungsreise in eine Landschaft, deren Städte schon vor

80.000 Jahren besiedelt waren. Mainz und sein Umland wurde von den Römern zu einem ihrer Zentren in Germanien aufgebaut, Kaiser Karl der Große residierte dort und das Erzbistum Mainz übte jahrhundertelang maßgeblichen Einfluß auf die deutsche Geschichte aus.

Mainz ist eine der ältesten Städte Deutschlands; 1962 feierte sie ihr 2000-jähriges Bestehen. Bereits um 38 v. Chr. entstand am strategisch wichtigen Zusammenfluß von Rhein und Main das römische Militärlager Moguntiacum auf dem Kästrich, das die Römer zu einem ihrer bedeutendsten Stützpunkte und zur Haupstadt der römischen Provinz Germania Prima machten. Viele Zeugen aus jener Zeit sind noch heute zu sehen, z. B. die Römersteine in Mainz-Bretzenheim und die Römerschiffe im Museum für antike Schifffahrt. In der Nähe des heutigen Südbahnhofes wird seit Jahren das wahrscheinlich größte Amphitheater der Römer nördlich der Alpen freigelegt und mitten in der Stadt hat man gerade erst den Heiligen Tempelbezirk entdeckt.

Marktbrunnen

Mainz ist seit 346 Bischofssitz und seit 780 Erzbistum. Seit 965 war es als Sitz des Reichserzkanzlers, der das Recht zur Berufung der Königswahl hatte, Hauptstadt des Heiligen Römischen Reiches Deutscher Nation. Mainz hat in der Folge nie den Status einer Reichsstadt gehabt, seit 1244 aber das Privileg einer freien Stadt. 1254 setzte sich Mainz an die Spitze des Rheinischen Städtebundes, 1792 wurde die Mainzer Republik konstituiert, die erste Republik auf deutschem Boden. Unter Napoleon war Mainz Hauptstadt des Département Donnersberg und nach dem Wiener Kongress ab 1816 Provinzhauptstadt von Hessen. Nach dem zweiten Weltkrieg bestimmte die französische Besatzungsmacht im August 1946 Mainz zur Hauptstadt von Rheinland-Pfalz.

Viele bedeutende Ereignisse haben in Mainz stattgefunden. Erwähnt seien nur das berühmte Pfingstfest Kaiser Barbarossas im Jahre 1184, von dem eine Gedenktafel auf der Maaraue berichtet sowie die Reichstage und die Erfindung des Buchdrucks mit beweglichen Lettern durch Johannes Gutenberg um 1450.

Die Geschichte hat Mainz viele Denkmäler architektonischer Kunst hinterlassen, angefangen beim imposanten romanischen Dom St. Martin über die Christuskirche inmitten der Kaiserstraße bis hin zu den schönen barocken Sandsteinbauten. Das Kurfürstliche Schloß und das Deutschhaus am Rhein sowie die Augustiner-, Ignaz- und St. Peter-Kirche prägen

St. Peter

neben prächtigen Adelshöfen wie dem Schönborner Hof das Stadtbild von Mainz. Nicht zu vergessen die Chagall-Fenster in der Stephanskirche und die eindrucksvolle, mehr als hundert Jahre alte Rheinbrücke, die Mainz mit dem ehemals römischen Castellum, heute Mainz-Kastel, verbindet, das ebenfalls viel von seinen früheren Bewohnern zu berichten hat.

Mainz ist eine dynamische Stadt. Von 159.000 Einwohnern 1939 durch die Abtrennung der rechtsrheinischen Stadtteile nach dem Krieg auf 89.000 geschrumpft, wohnen heute wieder 200.000 Menschen in der Goldenen Stadt am Rhein und genau auf dem 50. Grad nördlicher Breite, der mitten über das Höfchen in der Stadtmitte verläuft.

Mainz ist durch seine zentrale Lage innerhalb Deutschlands, die Nähe zum Frankfurter Flughafen und den Rhein mit seiner wirtschaftlichen Bedeutung für die Binnenschifffahrt ein wichtiger Verkehrsknotenpunkt u.a. für den Intercity-Verkehr der Bahn und ein bedeutender Industriestandort mit weltbekannten Unternehmen wie Erdal, Hakle, IBM, Nestlé, Schott und DB Cargo. Außerdem ist Mainz eine der wichtigsten Medienstädte Deutschlands mit ZDF und SWR.

Mainz ist eine junge und fröhliche Stadt. Das "jung" hat sie seinen 30.000 Studenten zu verdanken, die auf der 1477 gegründeten Johannes-Gutenberg-Universität studieren, das "fröhlich" der Fastnacht, die hier

Blick auf Mainz

die "fünfte Jahreszeit" bildet - oder dem Wein, den es in den vielen Lokalen in der malerischen Altstadt zu trinken gibt - oder umgekehrt.

Auch kulturell und sportlich hat Mainz einiges zu bieten: Seit mehr als 20 Jahren schon wird im Mainzer Unterhaus jährlich der Deutsche Kleinkunstpreis verliehen. Der Mainzer Ruder Verein ist einer der erfolgreichsten deutschen Rudervereine, der USC einer der wichtigsten Leichtathletikvereine. Beide Vereine hatten Sportler nach Sydney zu den Olympischen Spielen entsandt. Und nicht zuletzt spielt Mainz 05 in der Zweiten Bundesliga Fußball.

Doch damit genug vom Ausgangs- und Endpunkt der Weinrouten, auf die Sie die Rheinhessen-Vignette entführen will. Kommen Sie mit und genießen Sie schöne Weine dort, wo sie gemacht werden - direkt beim Winzer.

Altstadt

Die Kaiserpfalz-Route

Altes Rathaus in Ingelheim

Die Kaiserpfalz-Route führt Sie - auf den Spuren Kaiser Karls des Großen - in die berühmte Rotweinstadt Ingelheim und im weiteren Verlauf über die Anhöhen des weitläufigen Rheintals gegenüber dem rechtsrheinischen Rheingau bis nach Bingen, der Stadt der Heiligen Hildegard. Sie lernen 12 Weinorte im nördlichen Rheinhessen kennen und können hierbei gleich 27 Straußwirtschaften und Gutsschänken ausprobieren.

Sie starten vom Parkplatz gegenüber dem Mainzer Hauptbahnhof und fahren in Richtung A 60 Koblenz, vorbei an der im Jahre 1477 gegründeten Johannes-Gutenberg-Universität, über den Europaplatz bis in den 6 km entfernten Stadtteil Mainz-Finthen im Grüngürtel von Mainz, von wo dereinst die Römer ihr Wasser bezogen. Noch heute weist der Ortsname auf die römischen "fontes" hin.

3 Kilometer später erreichen Sie Wackernheim, das wahrscheinlich schon um 500 v. Chr. entstand. 754 wird es als Weiler "Vuacharenheim" erstmals urkundlich erwähnt; seit dem Jahre 1200 trägt es seinen heutigen Namen. Wackernheim war seit etwa 900 Reichsdorf und erhielt als imposantes Wappen den Reichsadler in goldenem Feld. Aus dem Mittelalter stammen auch die Wasserleitung der Karlsquellen und drei Sarkophage. Wackernheim ist ein Hangdorf. Der Höhenunterschied innerhalb des Dorfes beträgt über 100 Meter.

Zurück auf der Hauptstraße fahren Sie in der zuerst eingeschlagenen Richtung weiter und erreichen nach 3 km **Ingelheim (K 1)**. Ingelheim ist wohl schon in der Frühzeit besiedelt gewesen, wie eiszeitliche Faustkeilfunde aus der Altsteinzeit um 50.000 v. Chr. belegen. Neben diesen Spuren des hominiden Neandertaltyps wurden auch Relikte neolithischer Agrarkulturen aus der Jungsteinzeit 4.000 bis 2.000 v. Chr. gefunden, wie polierte Steinbeile und Feuersteinpfeilspitzen. Aus der Bronze- und Eisenzeit von 1.800 bis 500 v. Chr. stammen die Urnenfelder und Hallstattkulturen. Die Kelten siedelten zwischen 400 und 100 v. Chr. in Ingelheim und die Römer von 100 v. Chr. bis 450 n. Chr. Im 6. und 7. Jahrhundert findet die fränkische Landnahme statt. 807 wird Ingelheim erstmals als "Inghilinheim" urkundlich erwähnt.

Karl der Große ließ im heutigen Nieder-Ingelheim Ende des 8. Jahrhunderts die Kaiserpfalz errichten. Damit wurde Ingelheim zu einem der Aufenthaltsorte der deutschen Kaiser und Könige, die zwischen 6. und 14. Jahrhundert keinen festen Regierungssitz kannten. Ingelheim ist immer wieder Gastgeber deutscher Könige gewesen: Von Otto I. und Ludwig IV. anläßlich der Großen Synode über Heinrich III., der hier Agnes von Poitou heiratete, über Kaiser Friedrich I. Barbarossa bis Wilhelm I., der 1849 in Ingelheim nur knapp einem Attentat entging.

Ohrenbrücker Tor in Ingelheim

Als 1402 das Gebiet der Kaiserpfalz zur Besiedlung freigegeben wurde, entwickelte sich das freie Reichsdorf Ober-Ingelheim immer mehr. Die Burgkirche (12.-15. Jahrhundert) mit ihrer doppelten Wehrmauer sowie Teile der Stadtmauer mit mächtigen Toren und Wehrtürmen sind noch gut erhalten. Sehenswert sind die Saalkirche aus dem 10./12. Jahrhundert, der Geismarsche Hof mit seinem gotischen Treppengiebel sowie das Uffhobtor und das Ohrenbrücker Tor aus dem 15. Jahrhundert. Daneben ist sicher auch ein Ausflug zum Bismarckturm und zum Schloß Westerhaus interessant.

Das heutige Ingelheim entstand 1939 durch den Zusammenschluß der Gemeinden Nieder-Ingelheim, Ober-Ingelheim, Sporkenheim und Frei-Weinheim. Ingelheim hat gegenwärtig 26.000 Einwohner und ist einer der bedeutendsten Pharma-Standorte Deutschlands. Boehringer gründete hier 1885 sein Werk und beschäftigt heute 24.000 Mitarbeiter, davon 4.500 in Ingelheim. Daneben besitzt Ingelheim mit 660 ha eine der größten Weinanbauflächen in Rheinland-Pfalz und ist stolz auf seine weltberühmten Spätburgunder-Rotweine.

Burgkirche in Ingelheim

Von Wackernheim nach Ingelheim kommend, macht die Straße am Ortseingang eine scharfe Rechtskurve. Wenn Sie ein paar Meter geradeaus gehen (Fahren ist wegen der Einbahnstraßenregelung nicht möglich), liegt auf der linken Seite die Gutsschänke "Im alten Weinkeller". Folgen Sie der Hauptstraße, finden Sie in der zweiten Straße rechts den Gutsausschank "Oster" und in der zweiten Straße links den Weg zum Alten Rathaus und zur Kaiserpfalz. Nachdem Sie links abgebogen sind, nehmen Sie die nächste Straße rechts, fahren bis zur zweiten Ampel und hier links in Richtung Nieder-Olm. Biegen Sie danach rechts ab in die Mühlstraße. An der Ecke Breitbachstraße liegt die Straußwirtschaft "Karlshof".

Wenn Sie die Breitbachstraße hinauffahren, kommen Sie zurück zur Hauptstraße, auf die Sie rechts abbiegen. Bei Erreichen des Marktplatzes haben Sie drei Möglichkeiten. Biegen Sie links ab in die Straße "An der

Burgkirche", kommen Sie zur Weinstube "Schönherr". Biegen Sie nach der Marktapotheke rechts ab, führt Sie die schmale Straße zur Gutsschänke "Zum Kuhstall" auf der rechten Seite. Fahren Sie geradeaus, liegt an der rechten Seite die Weinstube "Zur Rüwekaut".

Von hier aus geht es auch weiter zum nächsten Weinort dieser Route, nach **Groß-Winternheim (K 2)**. Groß-Winternheim ist heute Stadtteil von Ingelheim und gruppiert sich um den sehenswerten Selztal-Dom. An der Kirche vorbei geht es nach einem kleinen Stück rechts hinunter zur Gutsschänke "Zur Rheinhessen-Tenne". 100 Meter weiter auf der Hauptstraße zweigt nach links der Weg zum Friedhof ab. Nach 300 m liegt die Gutsschänke des Weingutes "Breitscheid" idyllisch mitten in den Weinbergen, mit einem herrlichen Ausblick ins Selztal und in die Ferne hinüber zum Rheingau.

Zurück in Ingelheim halten Sie sich Richtung Bingen und müssen sich am Ortsausgang entscheiden, ob Sie rechts zur A 60 nach Bingen wollen oder links über die B 41 Richtung Gensingen fahren.

Links kommen Sie als nächstes nach **Gau-Algesheim (K 3)**. Von hier aus geht es auch nach Laurenziberg und Appenheim. In Gau-Algesheim zweigt nach der Eisenbahnbrücke links die Langgasse ab, in der die Straußwirtschaft "Beim Kroner" liegt. Am Rathaus vorbei geht es rechts in die Johann-Jakob-Hauer-Straße und dann links in die Kirchstraße zur Gutsschänke "Sankt Marienhof". Zurück auf der Appenheimer Straße liegt kurz vor dem Ortsausgang auf der rechten Seite die Gutsschänke "Römerhof".

Ein Stück weiter ist der Ortsausgang und kurz danach stoßen Sie auf die Westumgehung nach Appenheim. Nach einem Kilometer geht es rechts ab nach **Laurenziberg (K 4)**. Sie fahren 2 km den Berg hinauf und werden oben mit einem weiten, aussichtsreichen Blick über das Rheintal von Mainz bis Bingen und ins gegenüberliegende Rheingau belohnt.
Gleich am Ortseingang rechts liegt die Gutsschänke "Altes Kelterhaus" und in der letzten Straße links, am Ortsrand die Straußwirtschaft "Im alten Kornspeicher" - wo man im Sommer im Grünen auf der Wiese im Garten sitzt, die Kinder sogar eine eigene Spielwiese haben und die Pferde auf der Koppel beobachten können. Von Laurenziberg aus können Sie einen kleinen Spaziergang hinüber zum Kloster Jakobsberg machen, in dessen Nähe Sie auch einen sehr übersichtlichen Weinlehrpfad finden.

Fahren Sie dann zurück zur Hauptstraße und biegen Sie rechts ab nach **Appenheim (K 5)**. Appenheim ist 1100 Jahre alt und gekennzeichnet durch fränkische Bauweise mit geschlossenen Höfen. In seinem über 300 Jahre alten Fachwerk-Rathaus wurde 1798 die sogenannte Reunionsadresse für die Angliederung an Frankreich unterschrieben. In der zweiten Straße links liegt die Straußwirtschaft "Gres". Wenn Sie auf der Hauptstraße weiterfahren, zweigt am Rathaus, da, wo es rechts nach Aspisheim geht, links die Niedergasse ab mit der Straußwirtschaft des Weingutes "Eberle-Runkel".

Wenn Sie in Gau-Algesheim auf der B 41 bleiben, erreichen Sie als nächsten Ort **Ockenheim (K 6)**. In der Ortsmitte geht es rechts nach Bingen-Gaulsheim und kurz danach liegt linker Hand die Straußwirtschaft vom Weingut "Feser".

Die B 41 führt Sie weiter nach **Bingen-Dromersheim (K 7)**, wo Sie gleich am Ortsanfang die erste Straße rechts und dann wieder rechts nehmen müssen, um zur Straußwirtschaft "Fleck-Reich" zu kommen.

Wenn Sie die Straße weiterfahren, verlassen Sie am anderen Ende Dromersheim und kommen nach Aspisheim. Das 767 erstmals erwähnte Ascumundisheim war wahrscheinlich schon zur Steinzeit besiedelt, wie Funde nahelegen. Aus römischer Zeit stammt die Badeanlage in der Nähe der evangelischen Kirche. Vom Höhenwanderweg über Aspisheim kann man die Fernsicht bis zum Donnersberg und zum Feldberg im Taunus genießen. Eine Hinweistafel auf rund 40 Orte erleichtert die Orientierung.

Gegenüber der Hauptstraße zweigt die Straße nach Gensingen ab. Nach 700 Metern erreichen Sie den nächsten Ort der Route, **Horrweiler (K 8)**. Fahren Sie durch den Ortskern hindurch, dann kommen Sie auf der linken Seite zur Gutsschänke des Weingutes "Kistner-Fischborn" und am Ortsende ebenfalls auf der linken Seite zur Gutsschänke "Zum Rebenhof".

Nur 1 Kilometer hinter Horrweiler liegt **Gensingen (K 9)** - schon an der Nahe, aber der Wein auf dieser Seite, der östlichen, gehört zu Rheinhessen. Fahren Sie geradeaus hinein und folgen Sie nicht der Vorfahrtstraße. An der Kreuzung in der Ortsmitte geht es geradeaus in die Langgasse zur Straußwirtschaft "Zum Reblausstübchen". Wenn Sie an der Kreuzung rechts abbiegen, kommen Sie in der ersten Straße links zur Straußwirtschaft "Schleiff" oder geradeaus, am Ende der verkehrsberuhigten Zone, auf der rechten Seite zur Straußwirtschaft des Weingutes "Hess".

Am Weingut Hess vorbei kommen Sie auf die B 50 Richtung Bingen, von der es nach 2 km rechts nach **Bingen-Sponsheim (K 10)** hineingeht. Bleiben Sie auf der Hauptstraße, bis die Römerstraße kreuzt und fahren Sie links zum Gutsausschank "Im Marienhof".

Wenn Sie sich nach Ingelheim fürs Rechtsabbiegen entschieden hatten, fahren Sie auf die A 60 Richtung Koblenz auf und an der Ausfahrt **Bingen-Kempten (K 11)** wieder ab. Fast am Ortsende zweigt die Ortsstraße nach links ab und von hier die Dreikönigsstraße mit der Straußwirtschaft "Dreikönigshof". Fahren Sie zurück in den Gaulsheimer Weg und dann links in die Bornstraße. Gleich rechts liegt die Straußwirtschaft des Weingutes "Bungert".

Wenn Sie geradeaus weiter am Rhein entlang fahren, erreichen Sie Bingen. Die Spuren menschlicher Besiedlung reichen in **Bingen** bis in vorgeschichtliche Zeit zurück. Der Binger Hausberg, der Kloppberg, war schon in keltischer Zeit bewohnt, wahrscheinlich weniger wegen des Rundblicks auf Rhein und Nahe als aus kriegsstrategischen Gründen. In der Burg Klopp setzte 1105 Heinrich V. seinen Vater Heinrich IV. fest, um dessen Abdankung zu erzwingen. Und auch für die Römer war Bingen ein strategisch wichtiger Punkt - hier gabelte sich die aus Mainz kommende Straße nach Koblenz und nach Trier. Sie errichteten 77 den Naheübergang, an dessen Stelle heute die älteste Steinbrücke Deutschlands steht, die Drususbrücke, mit der einzigartigen, aus dem Schiefergestein des rechten Ufers herausgehauenen Brückenkapelle.

Drususbrücke in Bingen

Ihr Erbauer war von 975 bis 1011 der Erzbischof von Mainz und Erzkanzler des Reiches, Willigis, der das Binger Land als Schenkung von Otto II. aus italienischem Besitz erhielt und es als Grundstock des späteren Mainzer Kurstaates ausbaute.

Die Lage an den Flüssen Rhein und Nahe hat Bingen Wohlstand gebracht, aber auch Leid. Der Mäuseturm, auf einer kleinen Insel an der engsten Stelle des Rheins gelegen, verschaffte Bingen im Mittelalter bedeutende Zolleinnahmen, mit deren Hilfe 1490 auch der Wiederaufbau von 300 bei einem Brand komplett zerstörten Häusern finanziert wurde. 1666 wurde per Schiff aus Amsterdam die Pest eingeschleppt - mit 1300 Toten als katastrophale Folge. Die Rochus-Kapelle auf dem Rochusberg, mehrfach zerstört und wieder aufgebaut, zeugt noch heute von der schrecklichen Seuche.

Bingen ist Geburtsort des Dichters Stefan George und war Wirkungsstätte der Heiligen Hildegard von Bingen, der legendären Benediktiner Nonne, die 1148 das Kloster auf dem Rupertsberg gründete. Neben ihrem Hauptwerk "Scivias" ist die gläubige Mystikerin vor allem durch ihre naturkundlichen Bücher und ihr enormes medizinisches Wissen berühmt geworden.

Bingen hat heute 25.000 Einwohner und ist wirtschaftlich stark mit dem Weinbau und dem Weinhandel verbunden.

Um nach **Bingen-Büdesheim (K 12)** zu kommen, halten Sie sich immer rechts am Rhein entlang und biegen vor der Nahebrücke links ab. In Büdesheim geht es links in die Saarlandstraße und nach dem Ortskern links ab in die Raiffeisenstraße Richtung Ockenheim bis zur Ockenheimer Chaussee. Hier zweigt links der Entenbach ab, von diesem wiederum rechts die Pfarrer-Michel-Straße; hinten rechts finden Sie die Strauß-wirtschaft des Weingutes "Grünewald". Zurück in der Ockenheimer Chaussee befindet sich gleich links das letzte Winzerlokal der Kurpfalz-Route, der Gutsausschank "Hildegardishof", der im Sommer mit seinen großen Palmen ein fast südländisches Flair besitzt und der im Keller viele schöne Holzfässer mit geschnitzten Faßböden beherbergt.

Blick auf das Binger Loch mit Mäuseturm

Ingelheim

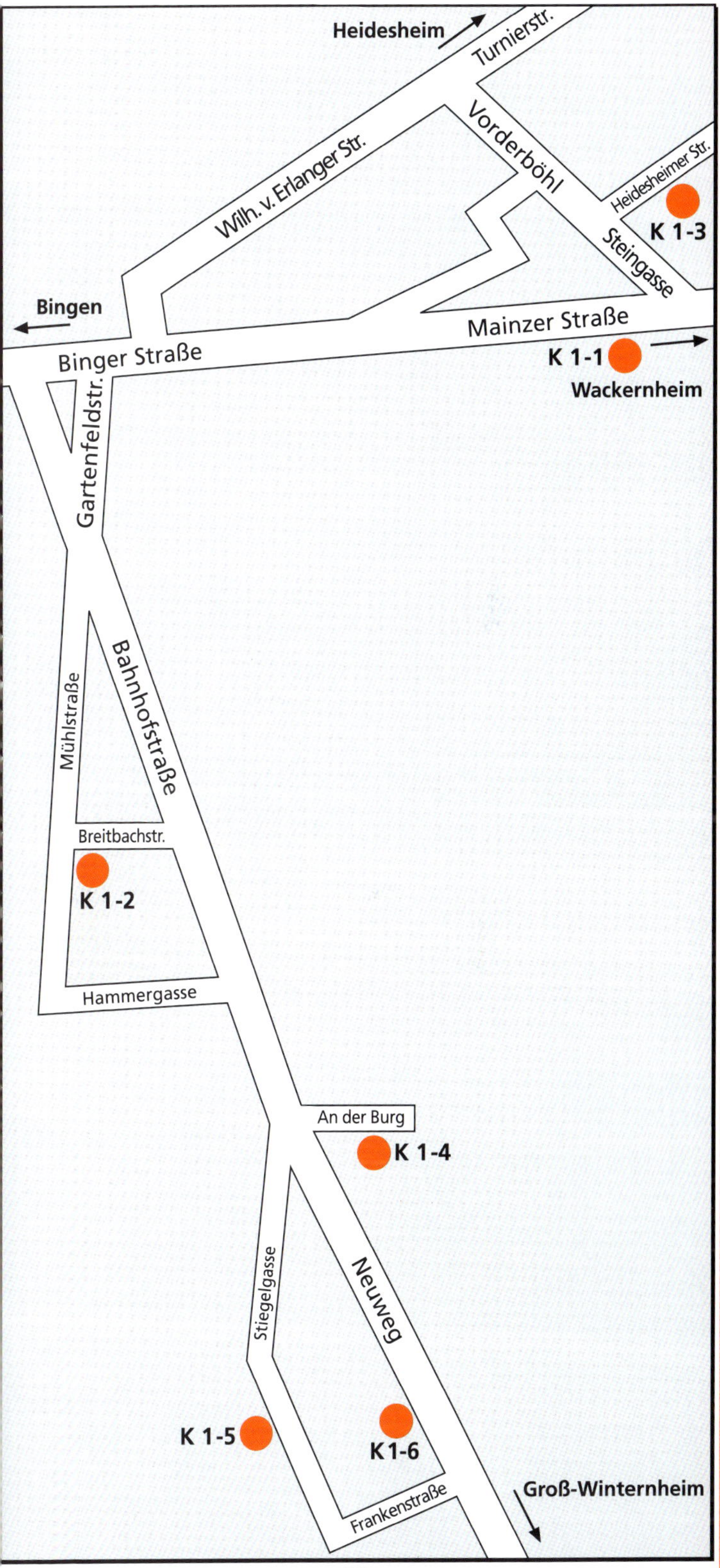

Heidesheim
Turnierstr.
Wilh. v. Erlanger Str.
Vorderböhl
Heidesheimer Str.
K 1-3
Steingasse
Bingen
Mainzer Straße
Binger Straße
K 1-1
Wackernheim
Gartenfeldstr.
Mühlstraße
Bahnhofstraße
Breitbachstr.
K 1-2
Hammergasse
An der Burg
K 1-4
Stiegelgasse
Neuweg
K 1-5
K 1-6
Frankenstraße
Groß-Winternheim

K 1-1 **Gutsschänke Im alten Weinkeller**
55218 Ingelheim, Mainzer Straße 128
H. Hilgert ☎ 06132 - 40638 Fax - 783691

Anfang März - Anfang Mai, Oktober u. November
Fr, Sa ab 18 Uhr, So/Fe ab 16 Uhr

Der Gewölbe-Weinkeller aus dem Jahr 1627 ist zur Gaststube umfunktioniert worden. Auf der rundumlaufenden Bank oder auf den Stühlen finden 55 Gäste Platz.

Bei entsprechender Witterung werden die Gäste auch draußen im Hof bewirtet.

Neben den für Ingelheim typischen Rotweinen gibt es auch Weißherbst und Kirschweine. Aber auch der Weißweintrinker kann unter 7 Weinen von Q.b.A. bis Spätlese auswählen.

Die überwiegend kalten Speisen bieten Unterstützung beim Weingenuß.

K 1-2 **Straußwirtschaft Karlshof**
55218 Ingelheim, Mühlstraße 61
Gudrun u. Karlheinz Pitzer ☎ 06132 - 3468 Fax - 3468

Anfang Juni - Ende August
Fr, Sa ab 18 Uhr, So ab 15 Uhr

Im Weinprobier- und Gästeraum sind weinhistorische Gegenstände zu bestaunen. Jedes Jahr organisiert die Familie Pitzer wechselnde Ausstellungen. Maximale Personenzahl: 30.

In dem grünen und dekorativ geschmückten Innenhof können 50 Personen untergebracht werden. Auch hier kann man museale Gegenstände des Wein- und Küferhandwerks betrachten.

4 trockene, 4 halbtrockene und 6 milde Weine können verkostet werden. Aus seinem Angebot empfiehlt der Winzer die trockene Chardonnay Spätlese, den halbtrockenen Gewürztraminer Kabinett und die liebliche Scheurebe ebenfalls als Kabinett.

Der Krustenbraten mit Kartoffelsalat, das rheinhessische Wurstbrett, das Käsebrett und der musikalische Handkäs' sind die heißen Tipps der Küchengeister .

Gutsschänke Oster K 1-3
55218 Ingelheim, Heidesheimer Str. 22
Familie Oster ☎ 06132 - 3351

ganzjährig
Fr, Sa ab 18 Uhr, So/Fe ab 16 Uhr

In der Gaststube stehen drei lange Tische, an denen 40 Personen zusammensitzen können. Durch eine Stufe vom großen Raum getrennt, findet man den Stammtisch mit weiteren 10 Sitzplätzen. Während der kühlen Monate wird mit elektrischen Heizsonnen geheizt.

Im Sommer werden in der überdachten Hofeinfahrt Sitzmöglichkeiten geschaffen. Gerade in der heißen Jahreszeit sitzt man hier dann angenehm kühl.

Die Sortierung reicht von trocken über halbtrocken bis mild und lieblich. Um die Auswahl zu erleichtern, wird bei jedem Wein auf der Weinliste die Geschmacksrichtung angegeben. Riesling, Weißburgunder, Scheurebe und Silvaner liefern die Trauben für die Weißweine. Portugieser, Spätburgunder und Dornfelder kommen in die Rotweinflaschen.

Die speziellen Angebote der Woche kann man einer Tafel an der Wand entnehmen. Dauerangebote sind neben Lachs- und Käsebrot, Käsewürfel mit Brezel, Hausmacher Bratwurst, Eisbein in Aspik auch die Matjes mit Pellkartoffeln.

Weinstube Schönherr K 1-4
55218 Ingelheim, An der Burgkirche 6
Egon Schönherr ☎ 06132 - 75371 Fax - 75371

ganzjährig
Do, Fr, Sa ab 17 Uhr, So/Fe ab 16 Uhr

In einem restaurierten Fachwerkhaus in der Nähe der Ober-Ingelheimer Burgkirche befindet sich diese kleine Weinstube. Die geschnitzten Stühle zeigen Weinmotive. 30 Personen können hier gemütliche Stunden verbringen.

Im sicht- und windgeschützten Hof finden 30 Gäste auf dicken Stuhlpolstern bequeme Sitzgelegenheiten.

In diesem Familienbetrieb kommen neben 20 eigenen auch 2 fremde Weine auf den Tisch. Mit 5 trockenen, 5 halbtrockenen und 10 milden Weinen ist jeder Geschmack dabei. Die 92er Spätburgunder Auslese ist die Empfehlung des Winzers.

Die permanente Speisekarte, bestehend aus warmen und kalten Gerichten, wird durch wöchentlich wechselnde Spezialitäten ergänzt. Sonderwünsche werden, im Rahmen des Möglichen, gerne erfüllt.

K 1-5 Gutsschänke Zum Kuhstall

55218 Ingelheim, Stiegelgasse 32
Joachim Bettenheimer ☎ 06132 - 3041 Fax - 786795

Anfang März - Anfang Juli, Ende August - Anfang November
Fr, Sa ab 18 Uhr, So/Fe ab 16 Uhr

Die Gaststube befindet sich im alten Kuhstall, daher der Name. Die besondere Stimmung, die auch durch das alte Kreuzgewölbe erzeugt wird, geht sofort auf jeden der maximal 50 Gäste über.

Eine überdachte Sonnenterrasse mit Garten und Spielplatz steht den Gästen in der warmen Jahreszeit ebenfalls zur Verfügung. Parkplätze findet der Auto- und Fahrradfahrer im Hof.

Nach den neuesten Geschmacksrichtlinien ausgebaut, kreierte Juniorchef Jens die Bettenheimer Classic-Line-Weine. Die 99er Frühburgunder Auslese trocken Classic Line oder die mit der Bronze-Medaille ausgezeichnete Optima Auslese edelsüß Classic Line sprechen für sich und das Angebot dieses Weingutes.

Wenn der "Kuhfladen" auf dem Teller landet, ist das kein peinliches Versehen, sondern die Absicht der Küche, die Gäste mit paniertem gekochten Schinken zu verwöhnen. Auch der auf Kartoffelpuffer servierte Räucherlachs ist eine Bestellung wert.

K 1-6 Weinstube Zur Rüwekaut

55218 Ingelheim, Neuweg 22
Christiane Weitzel ☎ 06132-3707

Dezember bis August
Fr, Sa, So ab 16 Uhr (Freitag ist Nichtrauchertag)

Das ehemalige lutherische Pfarrhaus aus dem Jahre 1731 ist ein restaurierter Fachwerkbau. Drinnen findet man drei große Tische, ein Klavier und die Theke. Die maximal 30 Personen, die hier Platz finden, werden vom Hausherrn oder dessen Töchtern sehr persönlich und aufmerksam bewirtet.

Die sonnige Terrasse mit freiem Blick zum Bismarckturm bietet durch den großen Kastanienbaum auch Schattenplätze. Alte Kellergeräte, Holzfaßböden und Blumen schmücken zusätzlich. Bis zu 70 Personen können hier bequem sitzen.

4 trockene, 2 halbtrockene und 2 milde Weine werden aus dem Weinkeller angeboten. Der trockene Weissburgunder Kabinett, die Spätburgunder Spätlese und der 98er Riesling Q.b.A. sind die Empfehlungen des Winzers.

In der Küche werden von Frau Weitzel ausschließlich kleine Gerichte zubereitet. Handkäs' mit Musik, Hausmacher Wurst, Seitenstückbrot oder auch eine Gulasch- oder Bohnensuppe können hier bestellt werden.

Großwinternheim

K 2

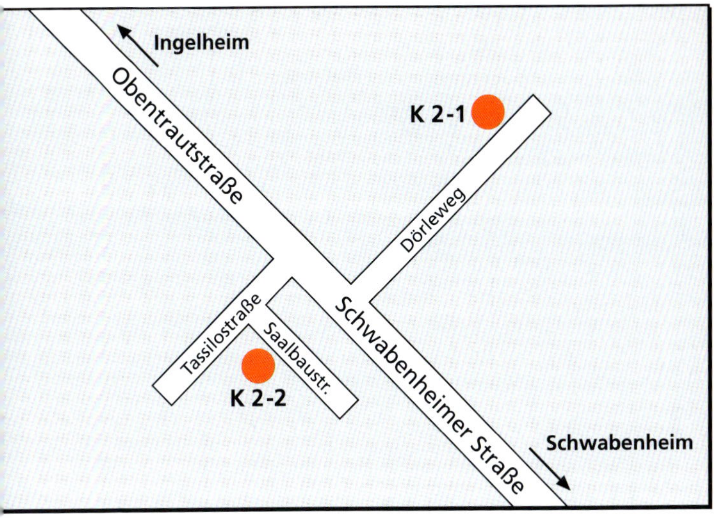

K 2-1

Gutsschänke Breidscheid
55218 Groß-Winternheim/Ingelheim, Ausserhalb 15
Harald Breidscheid ☎ 06130 - 7180 Fax - 945772

letztes WE April - 1.WE September
Fr, Sa ab 17 Uhr, So/Fe ab 11 Uhr

Das "Haus Obentraut" befindet sich seit 1859 in Familienbesitz. In der ca. 100 qm großen Weinstube können 80 Personen bequem und großzügig sitzen. Die großen Fenster an der Längsseite bieten eine schöne Aussicht ins Selztal.

Die Sommerterrasse mit 120 Plätzen liegt mitten in den Weinbergen. Unter einer mit Reben bewachsenen Pergola kann man einen einmaligen Blick ins Selztal genießen. Für die Kleinen gibt es Schaukel, Rutsche sowie Natur pur.

Bereits seit 1736 widmet sich die Familie Breidscheid dem Weinbau. Das Weingut ist Mitglied des Arbeitskreises umweltschonender Weinbau. Viele der angebotenen Weine wurden mehrfach ausgezeichnet. Besonders zu empfehlen sind die Silvaner-Weine.

An Sonn- und Feiertagen kommen mit dem Spießbraten, dem Rieslingschinken und dem legendären hausgemachten Kartoffelsalat zusätzliche Spezialitäten auf die Teller. Die Sesamkartoffeln mit Spundekäs' sind ebenfalls sehr lecker.

K 2-2 **Gutsschänke Zur Rheinhessen Tenne**
55218 Groß-Winternheim/Ingelheim, Saalbaustraße 1
A. u. K.-H. Kramhöller ☎ 06130 - 7384 Fax - 7384

März - Juli, Ende August – Ende November
Do, Fr, Sa ab 17 Uhr, So/Fe ab 15Uhr

Über eine Treppe gelangt man auf die Tenne. Dieser Teil ist für 45 Personen eingerichtet. Wer die Treppe nicht bewältigen kann oder möchte, findet unten bis zu 16 Plätze, um seinen Wein zu trinken.

Die Terrasse mit angrenzendem Garten und Kinderschaukel ist bei entsprechender Witterung eine angenehme Alternative zur Gaststube und bietet Platz für 50 Gäste.

Das Elternhaus der Ingelheimer Rotweinkönigin 2000/2001 bietet mit seinem trockenen 99er Spätburgunder Q.b.A. den dazugehörigen Krönungswein an. Rosè-, Rot- und Weißweine gibt es in hinreichender Auswahl.

Die große Auswahl an Schnitzel- und Rumpsteakvariationen bietet etwas für jeden Geschmack, die wechselnde Wochenkarte darüber hinaus noch zusätzliche kulinarische Überraschungen.

Hätten Sie gewußt,

dass die Wiege des Weins nicht nur in Griechenland, Italien, Frankreich, Spanien und Portugal gestanden hat, sondern auch in Nordafrika?

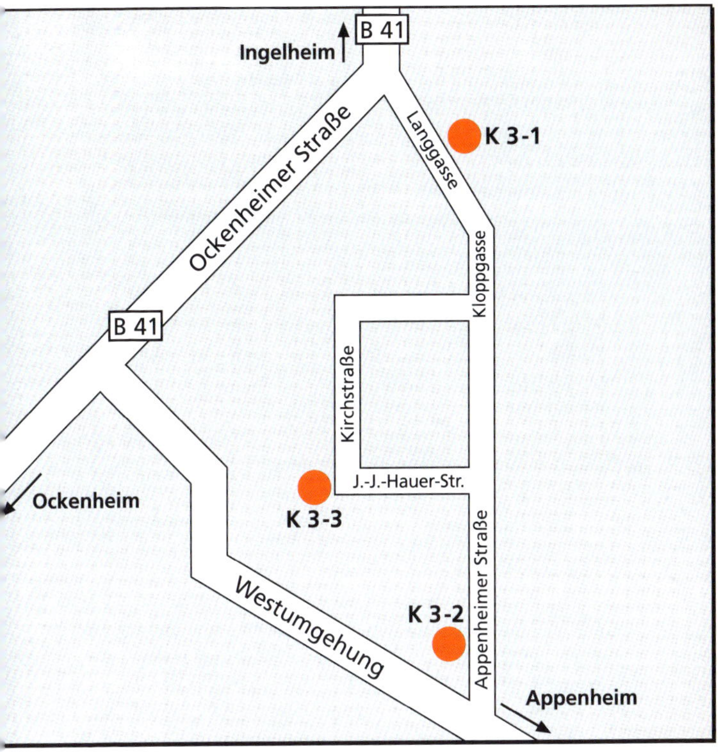

K 3-1

Straußwirtschaft Beim Kroner
55435 Gau-Algesheim, Langgasse 8
Familie Hattemer ☎ 06725 - 95703 Fax - 95704

Mitte Juni - Mitte August
Fr, Sa, So ab 18 Uhr

- nur draußen-

TIPP: Fordern Sie den Sonderprospekt "Kultursommer im Kronenhof" an.

Der romantische Innenhof im historischen Ortskern kann 150 Gäste bequem aufnehmen. Im ehemaligen Geräteschuppen befindet sich der überdachte Teil der Straußwirtschaft. Der große Hof und der Garten sind ideal für Kinder.

Seit 1451 wird von dieser Winzerfamilie Weinbau betrieben. Die Generationen arbeiten eng zusammen und das Kellerergebnis gibt dieser Vorgehensweise recht. 9 trockene, 4 halbtrockene und 7 milde Weine werden angeboten. Der Weiße Burgunder, als "der besondere Wein für den besonderen Anlaß in der besonderen Flasche" angeboten, ist eine der Empfehlungen.

Spundekäs' , Handkäs' und die überbackene Silvaner-Käse-Schnitte prägen hier die Speisekarte.

K 3-2 Gutsschänke Römerhof

55435 Gau-Algesheim, Appenheimer Straße 62
Anja Dickenschied ☎ 06725 - 2525 Fax - 95206

Ostern - Ende Juni, Anfang August - Ende Oktober
Sa ab 18 Uhr, So/Fe ab 16 Uhr

Für die Besucher der Gutsschänke stehen zwei abtrennbare Räume zur Verfügung. Die Räume sind ordentlich ausgestattet und bieten insgesamt 130 Sitzplätze.

Am Haus befindet sich eine hübsche Rebenterrasse für 80 Personen. Auch für die Autos der Gäste ist reichlich Parkraum vorhanden.

Die Auswahl für den Weinfreund ist vielfältig. Unter den trockenen Rotweinen in der Weinkarte findet man auch eine der pilzresistenten Neuzüchtungen, einen 99er Regent.

Das deftige rheinhessische Speisenangebot wird jedes 2. Wochenende durch ein wechselndes Gericht ergänzt. Hier ist man flexibel, was den Hunger der Gäste betrifft. Es gibt auf Wunsch auch kleine Portionen.

K 3-3 Gutsschänke Sankt Marienhof

55435 Gau-Algesheim, Kirchstraße 46
A. u. C. Dengler ☎ 06725 - 2542 Fax - 3385

ganzjährig
Fr ab 19 Uhr, So ab 16 Uhr

Zwei Räume werden durch eine offene Fachwerkwand und einen Vorhang getrennt. Im Verbindungsgang kann man schöne alte Schränke mit Erinnerungsstücken bestaunen. Man sitzt an gedeckten Biertischen auf Bänken und Stühlen zusammen und genießt das lebhafte Treiben.

Unter Pergolen sitzt man auf der Terrasse des sichtgeschützten Gartens.

Rheinischer Landwein wird ebenso angeboten wie Spätlesen oder Auslesen. Der Winzer bietet mit dem "Weinkenner Sortiment" (Landwein, trockener Kerner Kabinett, halbtrockener Riesling Kabinett) und dem "Sortiment Festliche Stunde" (Spätburgunder Weißherbst, Spätburgunder, Grauer Burgunder Spätlese) Weinpräsente für besondere Anlässe an.

Neben wöchentlich wechselnden Extras bietet die Speisekarte verschiedene Schnitzelgerichte, Rumpsteaks, Schweinerückensteaks, Hackbraten und Flammkuchen-Baguettes. Kalte Gerichte wie die Hausmacher Wurstplatte werden ebenfalls angeboten.

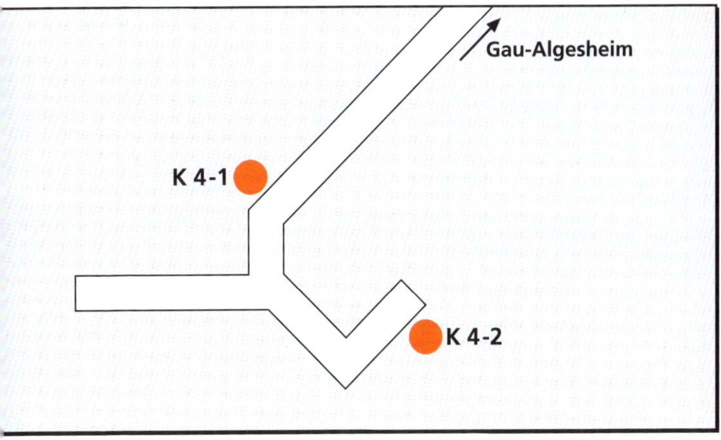

Gutsschänke Altes Kelterhaus K 4-1

55435 Laurenziberg/Gau-Algesheim, Laurenziberg 6

Peter Lich 06725 - 2411 - 2411

März - Mai, Juli - November (während der Weinlese 3 Wochen geschlossen). Sa ab 18 Uhr, So ab 16 Uhr

Die Gasträume befinden sich im früheren Kelterhaus. Der Kachelofen, alte Weinbau- und Ackergeräte und nicht zuletzt die Gewölbe- bzw. Holzdecken tragen zur urgemütlichen Atmosphäre dieser Gutsschänke bei. Im Haupt- und Nebenraum können 60 Personen bewirtet werden.

Draußen finden sowohl die Gäste als auch deren Autos ausreichend Platz.

Bis hin zum Eiswein kann der Weintrinker hier alle Qualitätsstufen probieren. Der weiße Rebensaft wird aus den Rebsorten Riesling, Silvaner, Müller-Thurgau, Huxelrebe, Scheurebe und Schönburger gewonnen. Die Roten gewinnt man hier aus der Portugieser- und der Spätburgunderrebe.

Als Spezialität aus der Küche gilt das "Brotdipp'sche", eine Gulaschsuppe im Brotteig.

K 4-2 **Straußwirtschaft Im alten Kornspeicher**
55435 Laurenziberg/ Gau-Algesheim
Familie Sterk ☎ 06725 - 2666

Mai - Ende August
Fr ab 19 Uhr, Sa ab 17 Uhr, So ab 16 Uhr

Über eine Treppe gelangt man hinauf in die sehr rustikale Weinstube. Hier sitzt man an großen Tischen gemütlich zusammen und genießt die Stimmung auf der Tenne.

Im Garten sitzt man an einfachen Tischen auf dem Rasen und genießt die herrliche Aussicht aufs Rheintal. Hier können die Kinder toben, während sich die Erwachsenen per Selbstbedienung um Speisen und Getränke kümmern.

Silvaner, Ortega, Ruländer, Morio-Muskat und Müller-Thurgau stehen dem Winzer für den Weißwein zur Verfügung. Der halbtrockene Rotwein ist ein Portugieser.

Das Alagastbrot und der pikant zubereitete Handkäs' vertragen sich gut miteinander.

Hätten Sie gewußt,

dass der Wein nur gedeiht, wenn die Temperatur im Jahresdurchschnitt nicht unter 9 Grad sinkt?

Appenheim

K 5

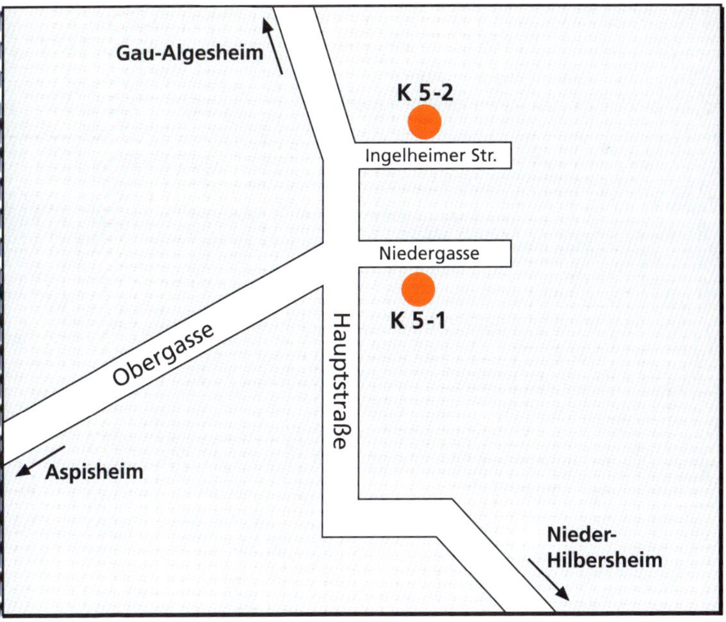

Straußwirtschaft Eberle-Runkel K 5-1

55437 Appenheim, Niedergasse 23

Michael Runkel ☎ 06725 - 2810 Fax - 5273

Juni - Ende September

Fr ab 18 Uhr, Sa ab 17 Uhr, So/Fe ab 16 Uhr

Im alten Gewölbekeller können 50 Besucher die Köstlichkeiten aus Küche und Keller genießen.

Der geschützte und schön begrünte Innenhof lädt bei schönem Wetter zum Verweilen ein.

Die Weinkarte ist reichhaltig und ausgewogen. 7 trockene, 5 halbtrockene und 15 milde Weine werden zur Verkostung angeboten. Das Weingut hat für 11 seiner Weine Prämierungen erhalten.

Der Hackbraten mit Krautsalat stellt neben den kalten Gerichten das Angebot der fleißigen Küchenfeen dar.

K 5-2 **Straußwirtschaft Gres**
55437 Appenheim, Ingelheimer Straße 6
Hans-Jürgen Gres ☎ 06725 - 3310 📠 - 5529

1.WE nach Fastnacht - Pfingsten
Fr, Sa ab 17 Uhr, So/Fe ab 15 Uhr

Den Besucher erwartet eine gesellige Gaststube in Winkelform. In der Mitte steht ein uriger Faßtisch, bei dem man aufpassen muß, wo man sein Glas abstellt. Familie Gres ist mit Freude bei der Arbeit. Aufmerksamkeit und Freundlichkeit sind hier selbstverständlich.

In dem mit Natursteinpflaster ausgestatteten, offenen Hof wird man gerne lange verweilen. Die Rasenanlage mit Teich und Grünfläche unterstreicht das schöne Ambiente.

Den Weinfreund erwartet eine reichliche Auswahl, wovon 13 Weine Prämierungen erhalten haben. Auch dem Weingut wurden mehrere Staatsehrenpreise für besondere Leistungen im Weinbau verliehen. Man sollte nicht versäumen, den trockenen Chardonnay, den trockenen Grünen Silvaner oder die im Barriquefaß gereifte Frühburgunder Rotwein Auslese zu probieren.

Deftige hausgemachte Fleisch- und Wurstspezialitäten aus eigener Schlachtung können hier verzehrt werden.

Hätten Sie gewußt,

dass die Rebe mit nur 450 mm Regen pro Jahr auskommt und dass es am besten ist, wenn er im Winter fällt und im Juli/August, wenn die Traubenbildung beginnt?

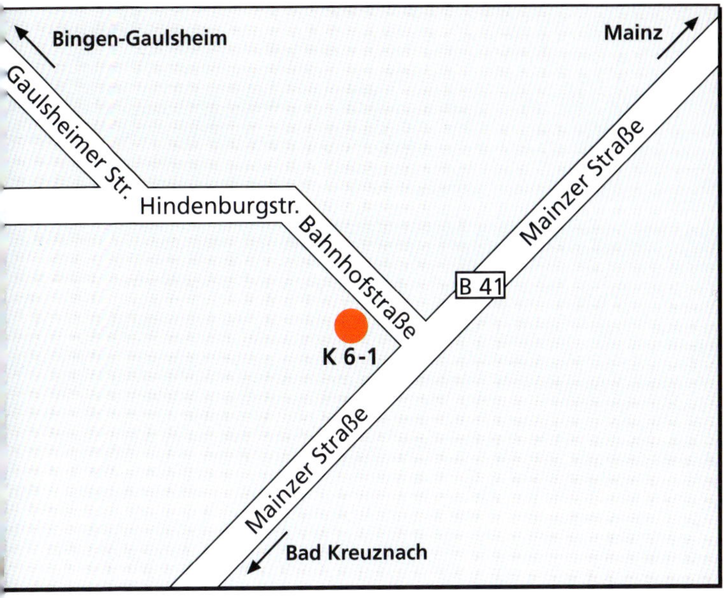

K 6-1

Straußwirtschaft Feser
55437 Ockenheim, Bahnhofstr. 16
Wigbert u. Annette Feser ☎ 06725 - 5104 Fax - 5105

Anfang März - Ende Juni
Fr, Sa ab 18 Uhr, So/Fe ab 16 Uhr

Als gemütlich und urig kann man das Ambiente dieser Straußwirtschaft mit altem Gewölbe und Bruchsteinmauerwerk bezeichnen. Gerne bewirtet Familie Feser bis zu 55 Personen.

Im Sommer kann man im begrünten Kopfsteinpflasterhof sitzen. Die vorhandenen Spielmöglichkeiten lassen auch bei den kleinen Gästen keine Langeweile aufkommen.

Das große, mit Auszeichnungen versehene Weinangebot bietet auch eine erwähnenswerte Auswahl an Burgunderweinen. "Finesse aus Rot" ist eine Spezialität aus dem Keller, die allein durch den Namen neugierig macht. Auch Diabetiker werden hier fündig.

Der Feser-Knorze, verschiedene überbackene Feser-Baguettes, der Scheiterhaufen oder das Schlemmerförmchen klingen und schmecken lecker. Jedes Wochenende läßt sich die Küche zusätzliche Überraschungen einfallen. Und für die Kids gibt's "Obelix".

K 7 Bingen-Dromersheim

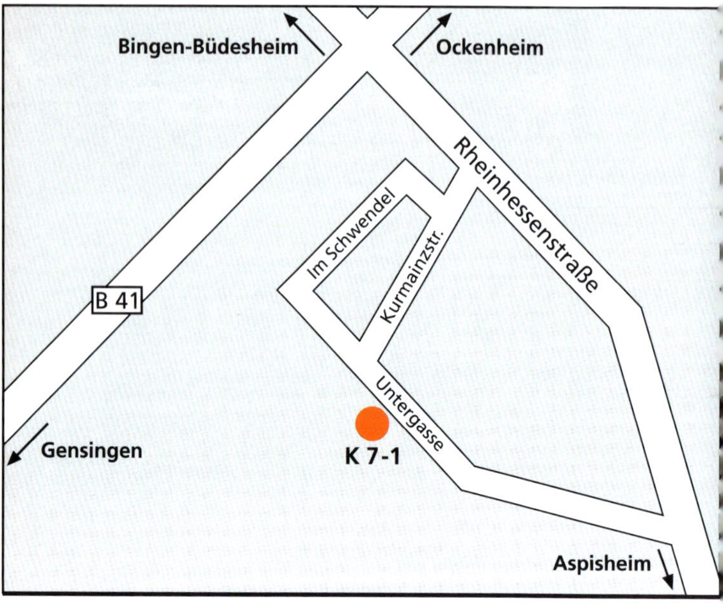

K 7-1 Straußwirtschaft Fleck-Reich

55411 Bingen-Dromersheim, Untergasse 62
Familie Fleck-Reich ☎ 06725 - 3455 Fax - 4866

3.WE März - 1. Mai, 3.WE Juli - letztes WE August
Fr, Sa ab 17 Uhr, So/Fe ab 16 Uhr

Der freundliche Raum im Landhausstil kann bis zu 70 Personen aufnehmen.

Unter einem über 50 Jahre alten Nußbaum gibt es für 70 Personen Sitzmöglichkeiten. In einer kleinen Spielecke mit Schaukel treffen sich die Kinder. Im Hof können auch das Auto oder das Fahrrad abgestellt werden.

12 Weine stehen zur Auswahl. Der "Spitzenwein der Literklasse" ist ein trockener Riesling, der auch für Diabetiker geeignet ist. Als "das gewisse Etwas bei Tisch" bezeichnet der Winzer seinen halbtrockenen Portugieser Weißherbst in der Bordeauxflasche.

Die Hausmacher Wurstplatte aus eigener Schlachtung, der rheinhessische Spundekäs' oder der hausgemachte Kartoffelsalat mit Grillsteak werden von der Küche als Begleiter zum Wein angeboten.

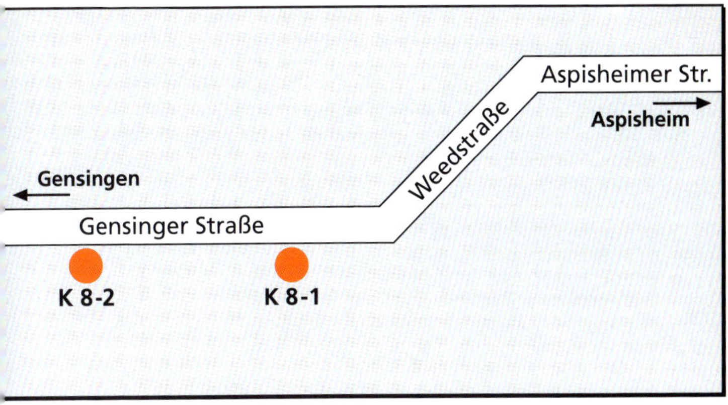

Gutsschänke Kistner-Fischborn K 8-1
55457 Horrweiler, Gensinger Straße 10
Familie Kistner-Fischborn ☎ 06727 - 8070 Fax - 953135

Mitte Januar - 3.WE Juni
Fr, Sa ab 18 Uhr, So/Fe ab 16 Uhr

Diese ganz neu ausgestattete und erst 1999 eröffnete Gutsschänke wurde mit viel Gespür für Gemütlichkeit gestaltet. Ein Kachelofen begrüßt den Gast bereits am Eingang. Möblierung, Dekoration und Holzdecken sind aufeinander abgestimmt und vermitteln eine angenehme Atmosphäre für max. 60 Gäste.

Der Innenhof wird bei entsprechenden Temperaturen genutzt. Sicht- und windgeschützt sitzt man zwischen zwei Gebäudeteilen.

Winzermeisterin Petra Kistner-Fischborn erzeugt in ihrem Keller vom Qualitätswein bis zur Beerenauslese alles, was für den Weingenuß nötig ist. Für das tägliche Gläschen sind der Silvaner und der Müller-Thurgau als Literwein zu haben. 4 Rotweine und 2 Weißherbstweine ergänzen die Weinkarte für die Freunde der farbigen Glasfüllungen.

Die Speisekarte ist abgestimmt auf das jeweilige Weinangebot. Es werden kreative Gerichte angeboten, die mit Oma Hilde's Krumbeersalat kombiniert werden können. Der Leddeklumpe (angemachte Leberwurst in Kartoffeln) oder der rohe Schinken mit gefüllten Birnen sind nur zwei Beispiele.

K 8-2 **Gutsschänke Zum Rebenhof**

55457 Horrweiler, Gensinger Straße 36
Georg Gaul ☎ 06727 - 346 Fax - 95820

2.WE März - Ende Mai, 2.WE September - 1.WE November
Fr, Sa ab 18 Uhr, So/Fe ab 16 Uhr

Seit 1988 wird die Weinstube von der Familie Gaul betrieben. Über eine Stufe gelangt man in einen gemütlichen Raum, in dem 50 Personen bequem sitzen können.

In dem geschützten Innenhof können 40 Freiluft-Weinfreunde gesellig die Sommerzeit verbringen. Wer es lieber schattig mag, findet unter den großen Sonnenschirmen Platz.

Mit 5 trockenen, 4 halbtrockenen, 4 lieblichen und 2 edelsüßen Weinen kann man seinen Gaumen verwöhnen. Der Winzer bietet vom Qualitätswein bis zur Auslese alles an. Winzersekt, Traubensaft und edle Brände aus feiner Weinhefe gibt es außerdem.

Das Hacksteak mit Zwiebelsoße, die Rumpsteaks, die Bratwurst und der Käse-Wurst-Salat sind nur eine kleine Auswahl der reichhaltigen Speisekarte. Für die fleischlosen Tage gibt es verschiedene Salatteller.

Hätten Sie gewußt,

dass es in Deutschland
13 Weinanbaugebiete gibt?

Gensingen

K 9

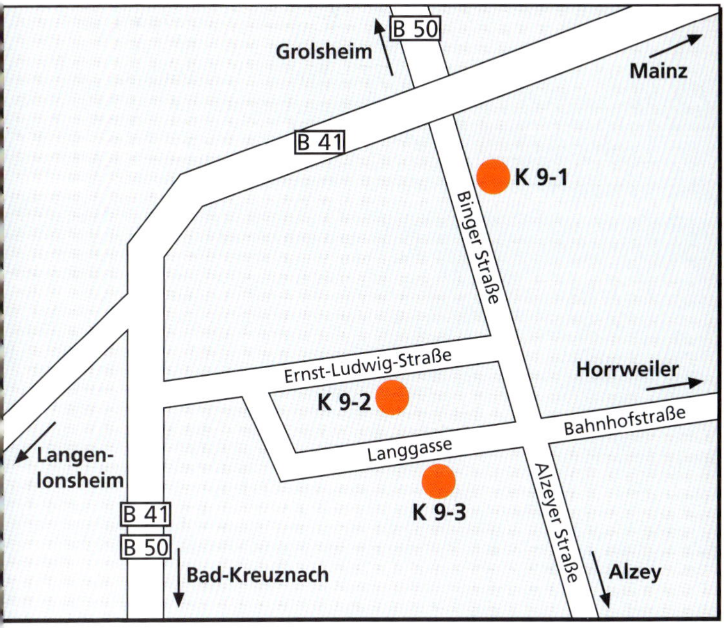

K 9-1

Straußwirtschaft Hess
55457 Gensingen, Binger Straße 13
Birgit Hess ☎ 06727 - 437 Fax - 892150

April - Mitte Mai, Juli - September
Mo - Fr und So ab 16 Uhr, Samstag Ruhetag

Die Straußwirtschaft Hess wird seit 1977 betrieben. Am Stammtisch und an sieben weiteren Tischen finden 60 Besucher ausreichend Platz.

Bei schönem Wetter können die Gäste die üppige und farbenfrohe Blumenpracht im großen Innenhof genießen.

Wer in die Weinliste schaut, findet 4 trockene, 4 halbtrockene und 5 milde Weine. Der trockene Dornfelder ist wuchtig und vollmundig. Weiter empfiehlt der Winzer seinen Morio-Muskat und die halbtrockene Riesling Spätlese.

Der hungrige Gast kann sich aus 16 verschiedenen kalten und warmen Speisen sein Leibgericht aussuchen. Schweineschnitzel, Hausmacher Bratwurst und Wingertsknorze in verschiedenen Variationen sind nur einige davon.

K 9-2 **Straußwirtschaft Schleif**
55457 Gensingen, Ernst-Ludwig-Straße 4
Horst Schleif ☎ 06727 - 1320 Fax - 5818

Ab Fastnachtsa. 3 Monate, Anfang Oktober - Anfang November
Mo, Mi, Do, Fr, Sa, So ab 17 Uhr. Di Ruhetag

Nach gelungenem Umbau können in dieser urgemütlichen Straußwirtschaft 60-70 Personen die Gläser und gerne auch die Flaschen leeren.

Neben einer reichlichen Auswahl an trockenen, halbtrockenen und lieblichen Weißweinen, kommt der Freund edelsüßer Weine hier voll auf seine Kosten. In der Weinliste findet man bei der edelsüßen Scheurebe Spätlese die Zusatzbemerkung "als ob man in die Traube beißt". Wenn das kein Versprechen ist!

Die flinken Hände in der Küche bereiten dem Besucher die typischen rheinhessischen Winzergerichte zu.

K 9-3 **Straußwirtschaft Zum Reblausstübchen**
55457 Gensingen, Langgasse 20
Günther Preiß ☎ 06727 - 1375 Fax - 1259

Mitte November - Mitte März
Mo, Di, Mi, Do, Fr, So ab 16 Uhr. Samstag Ruhetag

Viele alte Holzbalken wurden in der kleinen Weinstube verarbeitet, in der auf der rundum laufenden Bank oder auf Stühlen bis zu 40 Weinfreunde beisammen sitzen können. Zusätzliche Sitzgelegenheiten bieten Barhocker an der Theke. Wer mal muß, muß über'n Hof.

In dem großen, geschlossenen und überdachten Hof gibt es Spielmöglichkeiten für Kinder. Parken kann man in der Langgasse und in der Kaiserstraße. Dementsprechend gibt es auch zwei Eingänge.

Kerner, Bacchus, Müller-Thurgau, Scheurebe und Riesling sind die verarbeiteten Rebsorten für den Weißwein. Portugieser und Dornfelder füllen die Gläser mit Rotwein. Der trockene Dornfelder, die liebliche Kerner Spätlese und der halbtrockene Riesling sind die Empfehlungen dieses mit 5 ha relativ kleinen Weingutes.

Die Küche bietet Bratwurst, Kartoffelsuppe, hausgemachte Kartoffelwurst mit Pellkartoffeln und Heringe, die - sauer oder mit Sahne verfeinert - ebenfalls mit "Pellmännern" auf die Teller kommen.

Bingen-Sponsheim

K 10

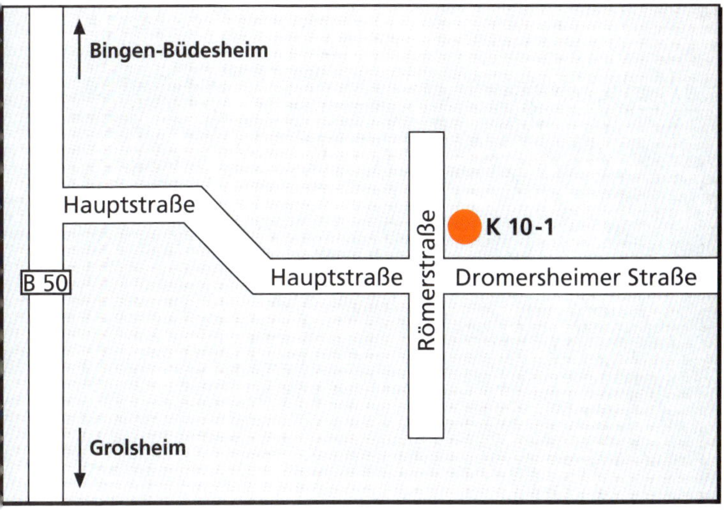

Gutsausschank Im Marienhof **K 10-1**

55411 Bingen-Sponsheim, Römerstraße 54

Gottfried Eidt ☎ 06721 - 43424 Fax - 43424

März - November

Do, Fr, Sa ab 17 Uhr, So/Fe ab 16 Uhr

Im großen Gastraum schaffen der Faßbodentisch, die Wagenradlampe und die Natursteinwände eine urgemütliche Atmosphäre. Sollten mehr als 60 Gäste um Einlaß bitten, gibt es im Nebenraum noch weitere 30 Plätze.

Wenn Petrus es zuläßt, können im Hof 100 Personen schön sitzen.

Angefangen beim Marienhofschoppen, der als Tafelwein halbtrocken oder mild angeboten wird, bis hin zur Beerenauslese kann man alles probieren.

Die Küche meint es gut mit den Portionen. Rumpsteak, Schnitzel und Pommes findet man ebenso wie kleine kalte Gerichte. Besonders erwähnenswert ist die Tatsache, daß es auch halbe Portionen gibt. Eine nette Geste für Gäste mit kleinem Hunger.

K 11 Bingen-Kempten

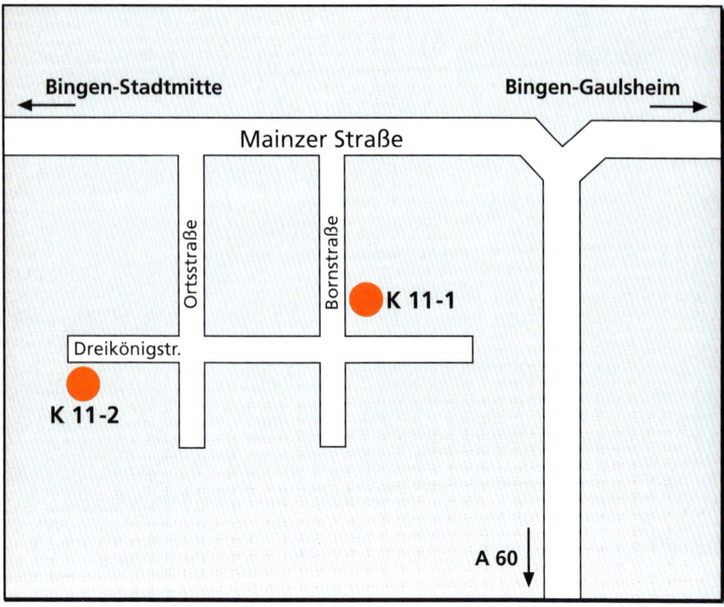

K 11-1 Straußwirtschaft Bungert

55411 Bingen-Kempten, Bornstraße 35
Josef Bungert ☎ 06721 - 12902 Fax - 12412

Fastnacht - Christi Himmelfahrt, Mitte Oktober - Mitte November
Di - Sa ab 18 Uhr, So/Fe ab 15 Uhr. Montag Ruhetag

Die im Fachwerkstil und mit rustikalem Putz gebaute Gaststube bietet gemütliche Sitzplätze für 75 Besucher. Alte Weinreben ranken, von Efeu begleitet, bis zur Decke und mitten im Lokal steht ein Baum, der liebevoll geschmückt ist. Man spürt die Liebe zum Detail.

Der kleine Innenhof wird an Fastnacht, zur Kirmes und natürlich bei schönem Wetter den Gästen zur Verfügung gestellt. Es können für 60 Personen Tische und Stühle aufgestellt werden.

Im Keller werden 12 Rebsorten verarbeitet. Daraus kreiert der Winzer 8 trockene, 8 halbtrockene und 10 milde Weine. Die 97er Ortega Auslese ist, so der Winzer, "Ein Wein, den die Männer lieben, wenn ihn die Frauen trinken". Was mag dahinter wohl für ein Versprechen stecken?

An den Wochenenden werden häufig Extras aus der rheinhessischen Küche angeboten. Dauerrenner sind das Winzersteak, der Hackbraten und die Bratwurst.

Straußwirtschaft Dreikönigshof
55411 Bingen-Kempten, Dreikönigstraße 5
Peter Krick ☎ 06721 - 14009 Fax - 14946

Mitte März - Anfang Mai, Mitte September - Anfang November
Mo - Sa 17 Uhr, So/Fe ab 15 Uhr

Seit über 25 Jahren wird die Straußwirtschaft betrieben. An zehn Tischen können je 8 Gäste gemütlich sitzen. Wichtig für gehbehinderte Besucher und Rollstuhlfahrer: Es gibt keine Stufen, weder am Eingang noch zu den stillen Örtchen.

Wenn das Wetter die Genehmigung erteilt, dann wird auch der Hof mitgenutzt.

Auf 10 ha baut Winzermeister Krick seine Weine an. Für die Kreationen ROTRO (Rotwein trocken) und ROMI (Rotwein mild) werden Blauer Portugieser und Dornfelder verarbeitet. Der Weißweintrinker kann unter knapp 10 Weinen auswählen, darunter auch einer 95er Faber Optima Spätlese.

Die Schinken-Käse-Stangen, der angemachte Käse und der hausgemachte Kartoffelsalat kommen aus der kalten Küche. Die Bratwurst, die Steaks und der Winzerschmauß kommen heiß auf den Tisch.

Hätten Sie gewußt,

dass die Rebe mindestens 1.500 Stunden Sonne braucht, davon 1.300 in der Vegetationszeit?

K 12 Bingen-Büdesheim

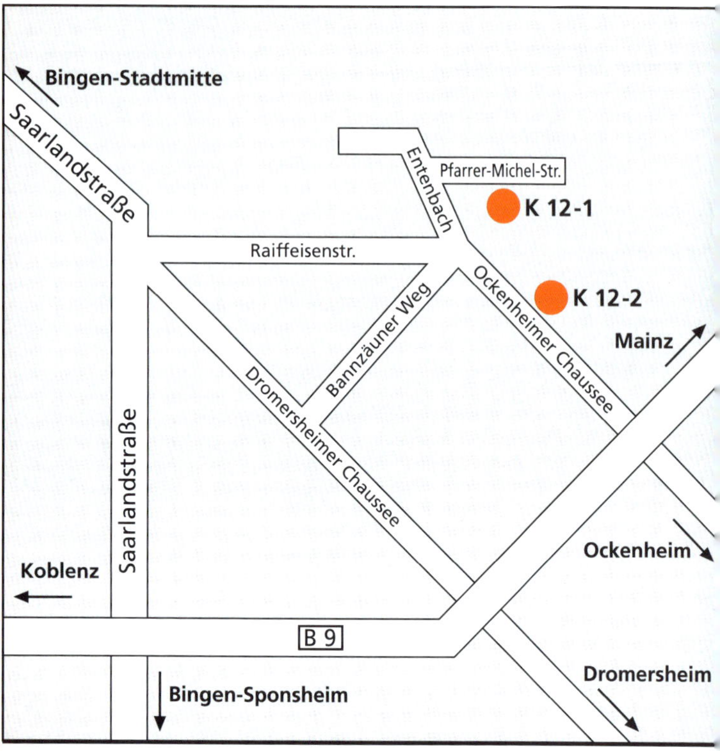

K 12-1 Straußwirtschaft Grünewald

55411 Bingen-Büdesheim, Pfarrer-Michel-Str.9
Bernhard Grünewald ☎ 06721 - 41188 📠 - 47913

1.WE November - 1.WE März
Di - Sa ab 17 Uhr, So/Fe ab 15 Uhr. Montag Ruhetag

Vorbei an der Küche kommt man in das Kreuzgewölbe, welches um 1850 als Stall erbaut wurde. Zwei Säulen dominieren den Raum, dessen besondere Atmosphäre durch die einfache Möblierung nicht gestört wird. Eine harmonische Verbindung von Funktionalität und Tradition.

Tipp: Am 1.WE im August, dem "Tag des offenen Weinkellers", wird der herrliche Winzerhof aus dem Jahre 1851 (Burgstr. 87) geöffnet. Dann kann auch das Weinmuseum besichtigt werden.

Für weniger als 20 DM kann sich jeder sein persönliches Weinkarussell mit 6 verschiedenen Weinen zusammenstellen lassen. Bei dieser Vielfalt findet man sicher seinen Tropfen. Vielleicht ist es ja die trocken ausgebaute Hausmarke aus Riesling und Silvaner, die liebevoll "Schambes" genannt wird.

Die warmen Speisen, wie z.B. das Schwenksteak vom Grill mit Bratkartoffeln gibt es bis 22 Uhr. Wer später noch Appetit hat, kann mit den kalten Speisen der Karte weiter schlemmen.

Gutsausschank Hildegardishof

55411 Bingen-Büdesheim, Ockenheimer Chaussee 12
H. u. H. Grünewald ☎ 06721 - 45272 📠- 47403

ganzjährig (ab Aschermittwoch 3 Wochen Betriebsferien)
Mo, Di, Do, Fr, Sa ab 17 Uhr, So/Fe ab 12 Uhr. Mittwoch Ruhetag

Alle Räumlichkeiten sind sehr geschmackvoll und liebevoll dekoriert. Das junge Winzerpaar ist mit Leib und Seele dabei, und das spürt der Gast in jeder Hinsicht. Besonders sehenswert ist der Holzfaßkeller mit seinen geschnitzten Faßböden.

Im Sommer wirkt der Innenhof durch die aufgestellten Palmen sehr südländisch. Das nehmen die 90 Gäste, für die hier Platz geschaffen wird, gerne an.

Der Keller bringt vom Kabinett bis hin zur Trockenbeerenauslese und zum Eiswein alles ins Glas. Die Rheinhessische Weinkönigin 89/90 Cornelia Grünewald-Gundlach bietet ebenfalls Schätze aus ihrem Weinkeller an. Anläßlich der Geburt ihrer Tochter Vanessa wurde 1998 die gleichnamige Riesling Spätlese abgefüllt.

Die große Speisekarte bietet für jeden Geschmack das Richtige. Die großen Schnitzel sind das Markenzeichen der Küche.

Hätten Sie gewußt,

dass Reben auf noch so kargen Böden wachsen, dass sie nur keine stauende Nässe mögen?

Die Hügelland-Route

Blick auf die sanften Hügel Rheinhessens.

Die malerische Hügelland-Route führt Sie mitten hinein ins sanfte Rheinhessische Hügelland zu 16 Weinorten mit 40 Winzerlokalen. Sie entdecken dabei eine Landschaft, in der die Weinberge eine idyllische Kulisse bilden und in der Sie ein einmalig mildes Klima wie kaum anderswo in Deutschland erwartet. Ihr Weg verläuft auf der L 426 nach Sprendlingen; bis an den Rand der alten Salinenstadt Bad Kreuznach. Hier tangiert die Hügelland-Route die Naheweinroute. Dieses urtümliche Hinterland von Mainz gilt seit 80.000 Jahren als besiedelt.

Sie starten vom Parkplatz gegenüber dem Hauptbahnhof und fahren in Richtung A 63 Kaiserslautern, vorbei an der 1946 neu gegründeten Johannes-Gutenberg-Universität, deren ursprüngliches Gründungsdatum von 1477 datiert. Nach etwa zweieinhalb Kilometern verlassen Sie die Saarstraße an der Abfahrt Mainz-Lerchenberg und biegen links in die Koblenzer Straße ein. Vorbei am Stadtteil Mainz-Bretzenheim unterqueren Sie die Autobahn A 60. Rechts tauchen jetzt die Gebäudekomplexe des

Winzervesper

ZDF auf und nach 3 km erreichen Sie - bereits außerhalb von Mainz - eine Ampelkreuzung.

Hier biegen Sie links ab in in Richtung **Ober-Olm (H 1)**. Nach etwa 800 Metern befindet sich auf der linken Seite das Weingut "Wollstädter" mit seiner Straußwirtschaft. Weiter drinnen, im Ortskern, müssen Sie rechts abbiegen in Richtung Essenheim. Dort liegt linker Hand die Straußwirtschaft "Bär".

Zwischen Ober-Olm und Nieder-Olm fließt die Selz, die wahrscheinlich der germanische Namensgeber für beide Orte ist. Man nimmt an, dass die Germanen sie "Ulmena" nannten. Ober-Olm kann sich rühmen, den großen deutschen Dichter Johann Wolfgang von Goethe beherbergt zu haben, der 1793 im Jagdschloß der Mainzer Kurfürsten wohnte, dem heutigen Ober-Olmer Forsthaus.

Wenn Sie bei Bär geradeaus fahren, kommen Sie zurück auf die alte Landstraße L 426, auf die Sie nach links in Richtung Sprendlingen abbiegen. Nach einem guten Kilometer erreichen Sie die Abfahrt nach **Essenheim (H 2)**. Die Hauptstraße führt Sie direkt vorbei an der Straußwirtschaft des Weingutes "Wagner". Folgen Sie danach nicht mehr der Hauptstraße, sondern fahren Sie geradeaus den Berg hinauf in die Elsheimer Straße. Oben angekommen, biegen Sie links ab in die Straße "Am Römerberg", von der rechts die Straße "Zum Koppelberg" mit der gleichnamigen Gutsschänke abzweigt. Wenn Sie den Berg wieder hinauffahren, verlassen Sie Essenheim und gelangen erneut auf die schon bekannte Landstraße nach Sprendlingen. Nach 200 Metern geht es links zur Straußwirtschaft "Blodt". Essenheim ist auf seine Rotweine ganz besonders stolz. Fragen Sie die Winzer bei der Gelegenheit mal nach den alten Fluchtwegen durchs Hinterhaus, Sie werden Interessantes und Spannendes über die Geschichte von Rheinhessen erfahren.
Auf der Landstraße erreichen Sie zwei Kilometer weiter **Stadecken-Elsheim (H 3)**. In Elsheim wird bereits seit 793 Weinbau betrieben, aber der Ort wird erst 1184 urkundlich erwähnt. Woher der Name des Stadtteils Elsheim stammt, ist unbekannt, doch weiß man, dass Stadecken seinen Namen von der Burg Stadeck hat. Stadecken ist seit der Verleihung der Stadtrechte 1301 bekannt. Zeugen dieser Zeit sind die Burg mit Burggarten und die Ruine des karolingischen Zollturms. Malerisch gelegen ist der schöne Windhäuser Hof in den Weinbergen von Elsheim.

Gleich in der ersten Kurve nach dem Ortseingang müssen Sie links abbiegen, wenn Sie zur Straußwirtschaft des Weingutes "Hees" gelangen wollen. Geradeaus passieren Sie die Elsheimer Engstelle und kommen an ein T-Stück, wo es links in Richtung Sprendlingen und rechts in Richtung Ingelheim geht.

In Richtung Sprendlingen erreichen Sie nach 150 Metern auf der linken Seite die Straußwirtschaft "Bernhart". Folgen Sie der Straße, kommen Sie in den Ortsteil Stadecken und wieder an ein T-Stück. Nach links,

Richtung Nieder-Olm, liegt auf der linken Seite die Gutsschänke "Partenheimer Hof". Wo die Straße einen leichten Rechtsknick hat, geht es links hinein zur Straußwirtschaft "Hoth" und rechts um die Kirche herum zur Straußwirtschaft "Wambolderhof". Geradeaus auf der Hauptstraße entlang kommen Sie rechts an der Straußwirtschaft "Boller-Klonek" vorbei und 700 bzw. 1200 Meter außerhalb des Ortes zum Gutsausschank "Petershof" und zur Straußwirtschaft "Wolfshof".

Selzübergang in Elsheim mit altem Zollhaus

Wenn Sie nach der Elsheimer Engstelle in Richtung Ingelheim fahren, zweigen Sie von der Hauptroute ab nach Schwabenheim und Bubenheim. In der ersten Straße links finden Sie zunächst die beiden restlichen Elsheimer Winzerlokale: Zuerst den Gutsausschank "Fürst-Bieser" und weiter hinten die Gutsschänke "Mengel-Eppelmann".

Außerhalb von Stadecken-Elsheim geht es nach einem Kilometer links ab ins Selztal, hinunter zum "Bacchushof", der auch als Atzelnest bekannt ist und schon zu **Schwabenheim (H 4)** gehört. Der Bacchushof ist beliebtes Ziel zahlreicher Radwanderer. Von hier aus können Sie auch einen lohnenden Aufstieg durch die Wingerte hinauf zum Gestüt Irmgard von Opel unternehmen. Die Landstraße führt Sie weiter nach Schwabenheim hinein, und gleich am Ortseingang liegt rechter Hand die Gutsschänke "Renth".

Im Ortskern zweigt nach dem Marktplatz links die Straße nach Bubenheim ab, das auf der anderen Anhöhe des Selztals liegt. **Bubenheim (H 5)** ist nur wenige hundert Meter von Schwabenheim entfernt, und wenn Sie den Berg hinauf kommen, stoßen Sie direkt auf die Gutsschänke "Zöbel". Die Straße, die hier rechts abgeht, führt Sie zu einem sehr informativen Weinlehrpfad. Auf der Hauptstraße liegt wenige Meter weiter auf der linken Seite die Gutsschänke "Finkenauer".
Von hier aus geht es mitten durch die Weinberge weiter nach **Engelstadt (H 6)**, das Sie nach 2 km erreichen. Halten Sie sich in Richtung Jugenheim. Gleich nach der scharfen Rechtskurve geht es rechts ab zur Gutsschänke

"Im Kelterhaus". Auf der Hauptstraße weiter liegt unmittelbar nach Ortsende die Gutsschänke "Am Römerberg" - mit einer sehr schön gestalteten Gartenanlage.

Hinter Engelstadt geht es über einen eindrucksvollen Höhenzug, von dem aus Sie einen wunderbaren Rundblick über das Rheinhessische Hügelland genießen können. Nach 2 km müssen Sie rechts abbiegen und erreichen nach 1 km **Ober-Hilbersheim (H 7)**. Im Ort geht es links hinein in die Kirchgasse zur Weinschänke "Altes Pfarrhaus".
Von Ober-Hilbersheim gelangen Sie über Jugenheim zurück auf die L 426 und auf die Hauptroute. Der nächste Ort Richtung Sprendlingen ist **Partenheim (H 8)**, wo Sie direkt am Ortseingang links die Gutsschänke "Schweizer Hof" erwartet. 100 Meter weiter auf der Straße geht es rechts ab in die Vordergasse zur Gutsschänke "Schwalbenhof" und am Ortsende ebenfalls nach rechts zur Gutsschänke "Am Weiher".

Nachdem Sie Partenheim verlassen haben, erreichen Sie nach einem Kilometer die Kreuzung mit der Straße nach Wörrstadt. Geradeaus führt die Route weiter nach Wolfsheim. Wenn Sie nach **Vendersheim (H 9)** wollen, müssen Sie Richtung Wörrstadt fahren. Nach eineinhalb Kilometern verlassen Sie diese Straße wieder und fahren rechts hinunter nach Vendersheim. Mitten im Ort liegt auf der linken Seite die Strauß-wirtschaft und Pension "Janson" und am Ortsausgang, ebenfalls auf der linken Seite, die Gutsschänke "Beiser", die auch durch ihre unter-

Mehrjährige Weinstöcke

haltsamen Musikveranstaltungen bekannt ist.

Auf der L 426 kreuzen Sie die Straße nach Wörrstadt, fahren am Sender Wolfsheim vorbei und erreichen dann **Wolfsheim (H 10)**. An der Kirche biegen Sie rechts in die Kirchstraße ein. Auf der linken Seite liegt die Gutsschänke "Bernhard". Wolfsheim wird 791 zum ersten Mal urkundlich erwähnt. Gegründet wurde der Ort von einem freien Franken namens Wulfilo als "Wulfilosheim". Interessant sind die evangelische Wehrkirche mit ihrem Turm aus dem 12. Jahrhundert und die nahegelegenen Sendeanlagen des Südwestrundfunks.

Alter rheinhessischer Weinkeller

Wenn Sie auf der Hauptstraße in Richtung Bad Kreuznach bleiben, kommen Sie nach einem Kilometer nach **St. Johann (H 11)**, das seinen Besuchern auch einen Golfplatz zu bieten hat (St. Johann auf dem Wissberg). Die Gutsschänke des Weingutes "Weidmann" finden Sie links in der Obergasse. Fünf Meter davor geht die Marktstraße ab, die Sie über den Rathausplatz in die Weedgasse zur Gutsschänke "Zur alten Schmiede" führt. Ganz in der Nähe steht die hochgotische Johanniskirche.

Von St. Johann aus kommen Sie dann in das schon lange ausgeschilderte **Sprendlingen (H 12)**. Sprendlingen soll 767 von Spirindio, dem Speersbringer, am Fuße des Wißbergs gegründet worden sein. Der Ort besitzt kleinstädtischen Charakter und ein sehenswertes Rathaus sowie einen aufschlußreichen Wein- und einen kurzweiligen Naturlehrpfad. Rechter Hand an der Hauptstraße finden Sie die Gutsschänke "Huth". Im weiteren Verlauf macht die Hauptstraße einen scharfen Rechtsknick. Falls Sie links abbiegen, kommen Sie in der dritten Straße links zur Straußwirtschaft "Rauschert". Sollten Sie der Hauptstraße folgen, geht unmittelbar nach der Kurve, noch vor der Kirche, eine kleine Straße ab, in die von links die Palmgasse einmündet. Am Ende der Sackgasse liegt die Gutsschänke "Mohr".

Hinter Sprendlingen kommen Sie auf die B 50. Von hier aus erreichen Sie, wenn Sie Richtung Bingen fahren, zunächst einen Abzweig, der Sie nach **Biebelsheim (H 13)** führt. An der Hauptstraße liegt rechts der Gutsausschank "Emrich".

50 Meter weiter auf der B 50 geht es rechts ab nach Welgesheim. Folgen Sie dem Hinweisschild Richtung Zotzenheim bis zum außerhalb gelegenen Bahnhof. Unmittelbar gegenüber geht es links hinunter nach **Welgesheim (H 14)**. Gleich am Ortseingang liegt die Gutsschänke "Zur alten Mühle".

Wenn Sie nach Sprendlingen auf der L 426 bleiben, erreichen Sie kurz nach Überqueren der B 50 **Pfaffen-Schwabenheim (H 15)** mit der sehenswerten Barockkirche des Augustiner Chorherrenstifts. Biegen Sie in der Ortsmitte ab nach Badenheim, finden Sie linker Hand die Straußwirtschaft "Molz"; folgen Sie jedoch der Hauptstraße, kommen Sie nach Bosenheim, einem Stadtteil von Bad Kreuznach. Hier stoßen Sie auf die Naheweinroute.

Bad Kreuznach wurde als keltische Siedlung "Crucinia" gegründet. Unter römischer Besetzung seit 58 v. Chr. lautete der Name der Stadt "Cruciniacum". Am Anfang des 19. Jahrhunderts wurden dort Trink- und Badekuren etabliert. Heute kann man entlang der Gradierwerke und im Radonstollen jodhaltige Luft atmen. Die 700 Jahre alte Steinbrücke ebenso wie die Brückenhäuser zeugen von der langen Tradition Bad Kreuznachs als bedeutendem Handels- und Verkehrszentrum. In Bad Kreuznach hat wahrscheinlich um 1500 auch das Vorbild für die Figur des Dr. Faust von Goethe als Rektor des Gymnasiums im Dr. Faust-Haus gelebt.

Hinter Bosenheim erreichen Sie die B 428, die Sie Richtung Kaiserslautern nehmen und kurz darauf an der Ausfahrt **Hackenheim (H 16)** verlassen müssen, um zum letzten Ort der Hügelland-Route zu kommen. Die Straße führt Sie direkt zu "Herbert's Weinstube" und weiter an ein T-Stück, an dem es links Richtung Volxheim geht. Rechts zweigt zuerst die Ringstraße ab, in der die Straußwirtschaft "Grünewald" liegt, und dann die Hauptstraße mit der Gutsschänke "Wilhelm" und der Straußwirtschaft "Ohl".

In den Weinbergen

H 1 Ober-Olm

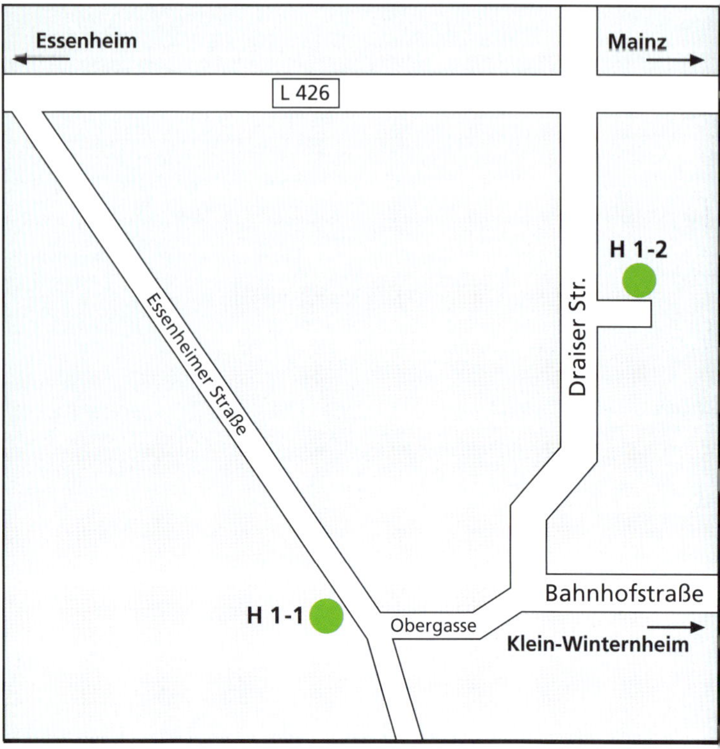

H 1-1 Straußwirtschaft Bär

55270 Ober-Olm, Essenheimer Str. 2
Bernhard Bär ☎ 06136 - 88759 Fax - 88759

Ostersamstag - 2.WE Juni, 3.WE September - 2.WE November
Fr, Sa ab 18 Uhr, So/Fe ab 16 Uhr

Die gemütliche Gaststube - zum Teil mit Naturstein, zum Teil mit Rauhputz ausgestattet - ist ganz neu und lädt bis zu 38 Personen zum Verweilen ein. Die ganze Familie Bär ist hier aktiv, um den Gästen einen angenehmen Aufenthalt zu ermöglichen.

Im Sommer bietet der typische Winzerhof für bis zu 30 Personen weitere Sitzgelegenheiten. Parkplätze befinden sich im und oberhalb des Hofes.

Der Keller bietet 10 trockene, 6 halbtrockene und 20 milde Weine. 4 Weine haben einen DLG-Preis und 7 eine Kammerpreismünze erhalten. Der Winzer empfiehlt besonders den trockenen Riesling, den halbtrockenen Morio-Muskat mit feiner Würze und den süffigen, fruchtigen Kerner.

Der "Bärenschmaus" (Putengeschnetzeltes mit Pilz-Sahnesoße und Toast), der "Winzerbursch" (Brot, Butter, gek. Schinken, Käse und Spiegelei) und die hausgemachten russischen Eier schmecken echt lecker.

Straußwirtschaft Wollstädter
55270 Ober-Olm, Außerhalb 20
Josef und Wilma Wollstädter ☎ 06136 - 88568

Mitte Februar - Gründonnerstag, 2.WE Sept. - 2.WE Nov.
Di - Sa ab 17 Uhr, So ab 10 Uhr

Aus dem Zusammenschluß der ehemaligen, jetzt mit einem hellen Wintergarten überbauten und mit hellen Möbeln ausgestatteten Terrasse mit der rustikal eingerichteten Weinstube wurde der jetzige Gastraum für 100 Personen geschaffen.

Durch den Überbau der Terrasse gibt es draußen keine zusätzlichen Sitzmöglichkeiten. Da der Wintergarten aber großzügig zu öffnen ist, kann auch hier Sommerabendstimmung aufkommen. Die Autos dürfen im Hof stehen.

Die Weißweinkarte beginnt mit einem als Rheinischer Landwein angebotenen Silvaner. Scheurebe, Riesling und eine Silvaner-Müller-Thurgau-Abfüllung runden das Programm ab. Für die Freunde der roten Rebensäfte werden die Weine aus Portugieser gewonnen.

Das Angebot der fleißigen Küchenhelfer reicht vom Rumpsteak über Schnitzel bis hin zu kleinen Gerichten, die als Appetithappen den Weingenuß begleiten.

Hätten Sie gewußt,

dass die Reben spalterbig (heterozygot) sind und dass damit aus jedem Rebkern eine neue Rebsorte mit neuen Eigenschaften entsteht?

H 2 Essenheim

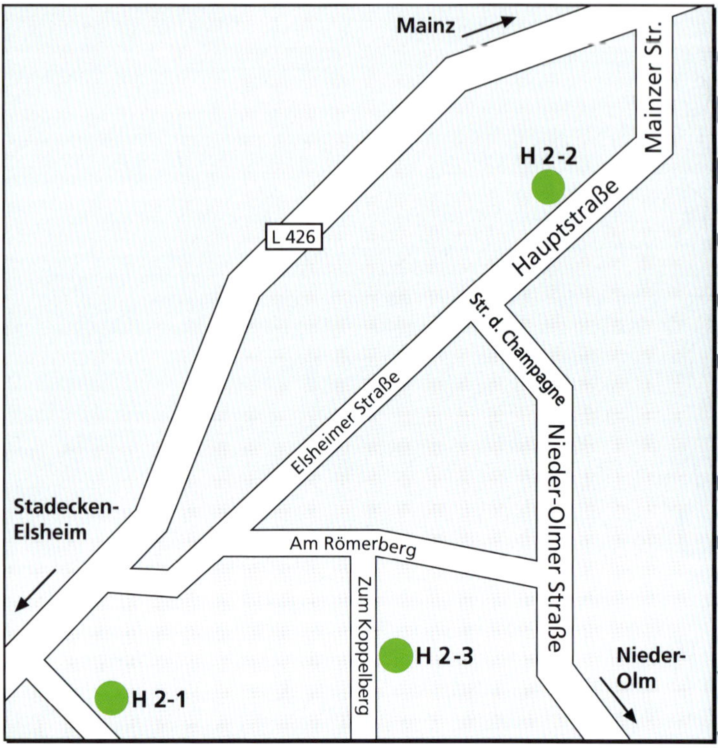

H 2-1 Straußwirtschaft Blodt

55270 Essenheim, Elsheimer Weg 1
Familie Blodt ☎ 06136 - 89199

1. März - letztes WE August (im Juli sind Betriebsferien)
Do, Fr ab 17 Uhr, So/Fe ab 16 Uhr

Im Aussiedlerhof am Römerberg befindet sich die großzügige Straußwirtschaft von Familie Blodt. Die ehemalige Terrasse wurde mit einem Wintergarten überdacht, wodurch ein großer heller Raum für 80 Gäste entstanden ist.

Auf dem Hofgelände befinden sich ausreichend Parkplätze für Autos und sonstige Fortbewegungsmittel.

Zur Weißweinproduktion werden Müller-Thurgau, Scheurebe, Kerner, Riesling, Silvaner und Ortega angebaut. Aus Portugieser, Spätburgunder und Dornfelder werden die Rot- und Weißherbstweine gewonnen.

Die Küche bietet eine vielfältige Auswahl an kalten und warmen Winzergerichten.

Straußwirtschaft Wagner H 2-2

55270 Essenheim, Hauptstraße 30
Rudolf Wagner ☎ 06136 - 87438

letztes WE April - letztes WE Juli, letztes WE Aug. - Ende Sept.
Fr, Sa ab 17 Uhr, So/Fe ab 16 Uhr

Bei Einrichtung der Straußwirtschaft in Getreidespeicher, Kuhstall und Tenne wurde viel Wert auf die Erhaltung des alten und ursprünglichen Erscheinungsbildes gelegt. Zwei Räume bieten ca.100 Personen Gelegenheit, einen Abend in netter Runde zu verbringen.

Draußen findet man den schönen Innenhof und den historischen Terrassengarten mit Überbleibseln des alten Essenheimer Ortsgrabens.

Die neuen Barrique-Rotweine runden das regional-typische Angebot an Weinen ab. In der zweiten Öffnungsperiode sind der Federweiße und der Rote Rauscher süffige Ergänzungen der Weinkarte.

Zur Spargelzeit wird sogar der überbackene Wingertsknorze mit dem königlichen Gemüse verfeinert. Das Winzerhacksteak mit Röstzwiebeln, der hervorragende Zwiebelkuchen und viele andere Leckereien locken die Gäste an.

Gutsschänke Zum Koppelberg H 2-3

55270 Essenheim, Zum Koppelberg 10
☎ 06136 - 88971 Fax - 88971

Mitte Oktober - Ende April
Sa/So ab 16 Uhr

Der ca. 50qm große Raum ist mit Souvenirs aus aller Herren Länder dekoriert und bietet eine schöne Aussicht auf das Selztal. Die Holzdecke, der Tresen und die rustikale Bestuhlung sorgen für ein wohnliches Ambiente für ca. 50 Personen.

Da sich die Gutsschänke mitten in einem Wohngebiet befindet, können nicht alle Fahrzeuge direkt vor dem Haus abgestellt werden.

Das Weinangebot setzt sich aus 4 trockenen, 3 halbtrockenen und 3 milden Weinen zusammen. Die besonderen Empfehlungen des Winzers sind der trockene Portugieser Rotwein und der halbtrockene Portugieser Weißherbst.

Für die verschiedenen Schnitzelgerichte, die Koppelbergplatte und die argentinischen Rumpsteaks nehmen die Gäste auch längere Anfahrten auf sich.

H 3 Stadecken-Elsheim

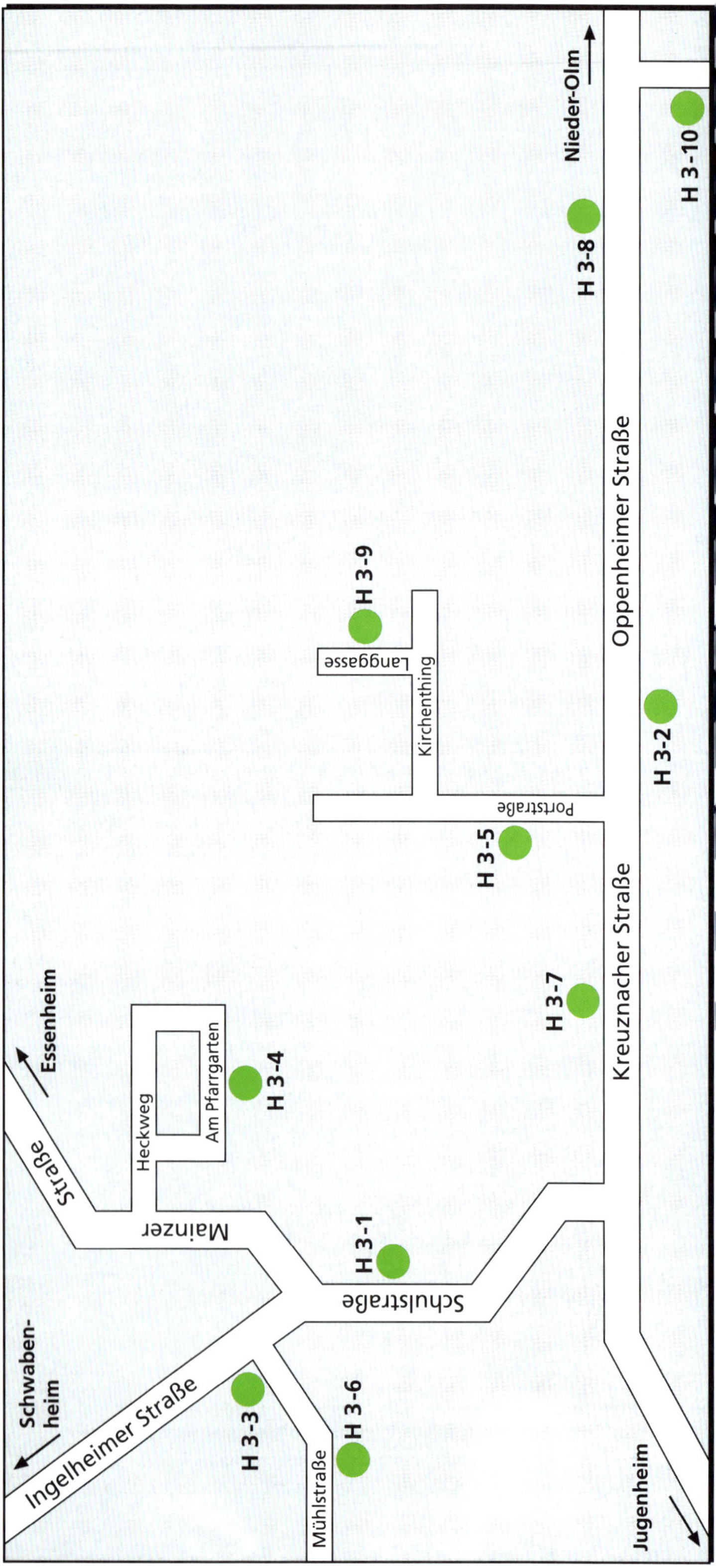

Straußwirtschaft Bernhart H 3-1

55271 Stadecken-Elsheim, Schulstraße 14
Gunter Bernhart 06130 - 1761 - 949865

Mitte Februar - Muttertag, Mitte Oktober - Mitte November
Fr, Sa ab 18 Uhr, So/Fe ab 16 Uhr

Die mit Pinienmöbeln gemütlich eingerichtete Gaststube befindet sich im 1.Stock und kann mit ihren zwei Räumen ca. 60 Personen aufnehmen. Dort kann man in netter familiärer Umgebung seine Speisen und Getränke genießen. Für ein Schwätzchen nimmt man sich gerne Zeit.

Bei gutem Wetter werden im schönen, rundum begrünten Innenhof Sitzgelegenheiten angeboten. Zur Kirmes am 2. Maiwochenende wird auch die Scheune genutzt.

Von den angebotenen 8 trockenen, 7 halbtrockenen und 15 milden Weinen haben 4 Weine eine Prämierung erhalten. Die besonderen Empfehlungen des Winzers sind die trockene Schwarzriesling Spätlese, der trockene Weißburgunder Kabinett sowie die Bacchus Spätlese.

"Kellerschmaus" (Brötchen mit Leberwurst und Zwiebeln überbacken), Elsässer Flammkuchen, die Wingertskneerzjer und im Herbst die Zwiebelmatjes in Rotweintunke sind die Angebote der Küche.

Straußwirtschaft Boller-Klonek H 3-2

55271 Stadecken-Elsheim, Oppenheimer Straße 13
Jürgen Klonek 06136 - 2238 - 3305

März - Mai, Oktober - November
Fr, Sa ab 18 Uhr, So ab 16 Uhr

Die freundliche Gaststube befindet sich im 1. Stock und kann bis zu 60 Personen Platz bieten.

Zum Hoffest im August (2. WE) wird dort bei Live-Musik kräftig gefeiert.

6 trockene, 3 halbtrockene und 3 milde Weine werden angeboten. Der Dornfelder Rotwein Barrique wird vom Winzer besonders empfohlen.

Für hungrige Gäste bietet die Küche neben Spundekäs', Wingertsknorze, Silvaner-Schnitzel auch "Pflugschlaaf" an. Klingt nicht nur interessant, sondern schmeckt auch lecker.

H 3-3 **Gutsausschank Fürst-Bieser**

55271 Stadecken-Elsheim, Mühlstr. 3-5
Stephanie Herrmann ☎ 06130 - 1358 Fax - 7854

ganzjährig
Mi - Sa ab 18 Uhr, So/Fe ab 12 Uhr

Hier finden 80 Weinfreunde (und 20 Personen im Nebenzimmer) Platz. Die Natursteinmauern und die große Fensterfront zum Hof verleihen eine großzügige und fast mediterran anmutende Atmosphäre. Die schönen alten Möbel und die Dekoration sind mit Liebe zum Detail ausgesucht.

Bei schönem Wetter ist der kleine, gemütliche Innenhof immer einen Besuch wert.

4 Rotweine, von trocken bis lieblich, bietet das Weingut dem Freund der roten Trauben. Für Weißweinfreunde gibt es eine große Auswahl. 2 trockene, 4 halbtrockene, 7 milde und 3 "reife" Weine "für besondere Stunden" lassen keine Wünsche offen. 4 Weißweine sind mit Kammerpreismünzen ausgezeichnet worden.

Neben den üblichen rheinhessischen Winzergerichten findet man auf der Speisekarte auch Nudelgerichte. Der anschließend angebotene Espresso oder Cappuccino runden den kulinarischen Ausflug in den Süden schmackhaft ab .

H 3-4 **Straußwirtschaft Hees**

55271 Stadecken-Elsheim, Am Pfarrgarten 9
Siegfried Hees ☎ 06130 - 1752 Fax - 1752

Juni - 3.WE August, 4.WE Oktober - 1.WE Dezember
Fr ab 18 Uhr, Sa ab 17 Uhr, So/Fe ab 16 Uhr

In dem familiären, rustikalen Ambiente dieser Straußwirtschaft können bis zu 70 Personen bewirtet werden.

Wenn es das Wetter erlaubt, bietet Familie Hees auch ca. 50 Sitzplätze im Freien an. Eigene Parkplätze sind vorhanden.

10 trockene, 4 halbtrockene und 6 milde Weine bietet der Keller. Alle Geschmacksrichtungen sind vertreten und neben den typischen rheinhessischen Rebsorten werden als besondere Empfehlung des Winzers der trockene Chardonnay, der trockene St. Laurent und der Dornfelder hervorgehoben.

Für den kleinen und den großen Hunger gibt es eine ausreichende Auswahl an wohlschmeckenden Gerichten. Das Lammcarpaccio ist die besondere Spezialität der Küche.

Straußwirtschaft Hoth H 3-5

55271 Stadecken-Elsheim, Portstraße 16
Familie Hoth ☎ 06136 - 5434 o. 3784 Fax - 2965

März u. April, 4.WE August - Ende Oktober
Fr, Sa ab 18 Uhr, So ab 16 Uhr

In der Weinstube mit Wintergarten finden 60 Personen Platz. Seit dem 19. Jahrhundert wird das Weingut von der Familie betrieben. Es wird großen Wert auf Individualität gelegt. Der Gast spürt die Tradition und die Erfahrung.

Der üppig bepflanzte Hof bietet 100 Personen Platz.

Die Weinkarte bietet mit 26 Weinen eine reichhaltige Auswahl. Besonderen Wert legt das Weingut Hoth auf den individuellen, sortentypischen Ausbau seiner Weine, die ausschließlich auf eigenen Rebflächen angebaut werden. Der Winzer-Tipp: 99er Dornfelder Rotwein in der Bordeauxflasche, 97er Spätburgunder Rotwein, 99er Bacchus Kabinett mit mildem, feinen Bukett.

Die Küche reicht Spundekäs', Bratkartoffeln aus der Pfanne, den "Schnudedunker" und weitere Leckereien zum Wein.

Gutsschänke Mengel-Eppelmann H 3-6

55271 Stadecken-Elsheim, Mühlstraße 16
Fam. Mengel-Eppelmann ☎ 06130 - 945504 Fax - 945505

2.WE Febr. - Ende Aug, 3.WE Sept. - 23.Dez.
Fr ab 18 Uhr, Sa ab 17 Uhr, So/Fe* ab 16 Uhr
*(Mai - Juli So/Fe ab 12 Uhr)

Die 1997 eröffnete Gutsschänke ist sehr gemütlich. Hier können sich bis zu 70 Gäste mit Kind und Kegel so richtig verwöhnen lassen. Das garantiert die seit drei Generationen für dieses Ziel arbeitende Winzerfamilie. Der Weinladen des Weingutes ist ebenfalls einen Besuch wert.

In einem durch Pflanzen abgetrennten Teil des großen Innenhofes kann man sich im Sommer in angenehmer Umgebung von der alltäglichen Hektik erholen.

Über 30 Weine hat der Weinfreund hier zur Auswahl. 6 davon wurden im Jahr 2000 mit Kammerpreismünzen ausgezeichnet. Das Weitergeben der "Kellergeheimnisse" von Generation zu Generation ist hier selbstverständlich.

Der hausgemachte Wurstsalat, die leckeren Bratkartoffeln, das Putensteak und die Schinkenröllchen sind nur Auszüge aus dem Küchenangebot.

H 3-7 Gutsschänke Partenheimer Hof

55271 Stadecken-Elsheim, Kreuznacher Straße 23
A.Bruch & B.Steinbrecher GBR ☎ 06136 - 919510 Fax - 919511

ganzjährig
Do, Fr, Sa ab 18 Uhr, So ab 17 Uhr

Über eine Treppe gelangt man hinauf in die Weinstube mit zwei Räumen. Im Kaminzimmer können sich 40 Gäste am offenen Feuer aufwärmen. Weitere 40 Personen finden im vorderen Raum einen gemütlichen Aufenthaltsort.

Über den vorderen Raum der Gutsschänke gelangt man auf die kleine Sonnenterrasse. Man sitzt an kleinen runden Tisch und kann sich den typischen Innenhof von oben betrachten. Eigene Parkplätze sind vorhanden.

Die ausschließlich aus eigener Erzeugung stammenden Qualitätsweine werden in den Gemarkungen Stadecken, Jugenheim und Partenheim angebaut. Aus der umfangreichen Weinkarte empfiehlt der Winzer den 12 Monate im Eichenfaß ausgebauten 97er Dornfelder, den trockenen Riesling-Perlwein und den 91er Silvaner Eiswein.

Die Küche ist bekannt für die frisch geräucherten Forellen und das Zanderfilet. Außerdem sorgt eine wechselnde Karte für Überraschungen auf den Tellern. Man hat auch an die Vegetarier gedacht, denen man "fleischlose aber nicht reizlose" Gerichte anbietet.

H 3-8 Gutsausschank Petershof

55271 Stadecken-Elsheim, Auf der Peterswiese 2
Ewald Huth & Sohn ☎ 06136 - 6313 Fax - 3723

ganzjährig
Fr, Sa ab 17 Uhr, So ab 12 Uhr

In dieser Gaststube kann man sich am offenen Kamin wärmen. Mit alten Winzerwerkzeugen und einer Kelter aus dem 18. Jh. liebevoll ausgestattet, können sich hier 50-60 Personen von Familie Huth bewirten lassen.

Bei schönem Wetter kann man auch im Hof sitzen. Platz zum Verweilen sowie zum Spielen und Toben gibt es ausreichend.

Auf 13 ha traditioneller Rebanbaufläche werden Qualitätsweine mit langer Lagerfähigkeit erzeugt. Im sonnigen Selztal gelegen, bietet das Weingut Petershof eine üppige Auswahl an Rot- und Weißweinen aller Qualitätsstufen an. Die Ortega Spätlese mit ihren feinen Aromen ist jederzeit ein Gläschen wert.

Aus der Küche kommen kleine, zum Wein passende Speisen auf den Tisch. Petershofplatte, Pflugschlaaf & Co sind leckere Begleiter für den Wein.

Straußwirtschaft Wambolderhof **H 3-9**

55271 Stadecken-Elsheim, Langgasse 8
Frank u. Gabriele Bernhart ☎ 06136 - 6114 Fax - 7316

4. Mai - 24. Juni, 20. Juli - 28. August; Febr. - Dez. (a.Sept.)
1.WE i.Monat Schlachtfest; Fr, Sa ab 18 Uhr, So/Fe ab 12 Uhr

Die rustikale Straußwirtschaft wurde 1989 eröffnet und bietet ca. 50 Besuchern auf zwei Ebenen ausreichend Platz. Es gibt keine Treppen beim Eingang, so daß auch Rollstuhlbenutzer ohne Hürden an ihren Tisch gelangen. Sehenswerter Faßweinkeller mit Holzfässern.

Der schöne und kinderfreundliche Innenhof bietet unter schattenspendenden Birken und Nußbäumen für 120 Hungrige und Durstige ein erholsames Fleckchen, um einfach nur die Seele baumeln zu lassen.

1990 erfolgte die Umstellung der Weinberge auf ökologische Bewirtschaftung. Der "ECO VIN"-Hof bietet seinen Kunden 5 trockene, 4 halbtrockene und 1 milden Wein an. Als besondere Empfehlung wird der 99er Regent Rotwein und der 2000er Spätburgunder Rotwein angegeben.

Da der Hof sein Fleisch aus eigener Freilandtierhaltung gewinnt und selbst schlachtet, gibt es keine Fragen zum Thema Herkunft. Das Rinderhacksteak und das Rumpsteak aus Hügellandfleisch sind frisch und lecker. Selbst die Eier für die "Aaierpann" sind von den eigenen glücklichen Hühnern.

Straußwirtschaft Wolfshof **H 3-10**

55271 Stadecken-Elsheim, Auf der Peterswiese 6
Wolfgang Willersinn ☎ 06136 - 2341 Fax - 6227

1.WE Feb. - Ende April, Mitte Sept. - 1.Nov
Fr, Sa ab 18 Uhr, So/Fe ab 16 Uhr - Fastnacht u. Ostern geschl.

Die Straußwirtschaft in einem Aussiedlerhof ist freundlich und hell eingerichtet. Hier können sich bis zu 50 Personen von der Familie Willersinn verwöhnen lassen.

Der Hof wird im Juni, wenn im Weingut Klassik und Jazz gegeben werden, voll genutzt. Während der übrigen Zeit kann man dort sehr bequem sein Auto abstellen und gelangt nach wenigen Schritten in die Gaststube.

Der Keller bietet eine große Auswahl an frischen und sehr gepflegten Weinen. Der als Sommerwein bezeichnete Rivaner ist ebenso zu empfehlen wie der Weiße Burgunder. Aber auch bei den Spät- und Auslesen findet man im Wolfshof erwähnenswerte Köstlichkeiten.

Der Spießbraten, die selbstgemachten Schlemmertaschen mit "Geleriwesalat" und das Gericht für den großen Hunger "Quer durch die Küch" läßt keinen an dieser Speisekarte vorbeikommen. Im Herbst gibt's auch Zwiebelkuchen und Pellkartoffeln mit Heringen.

Schwabenheim

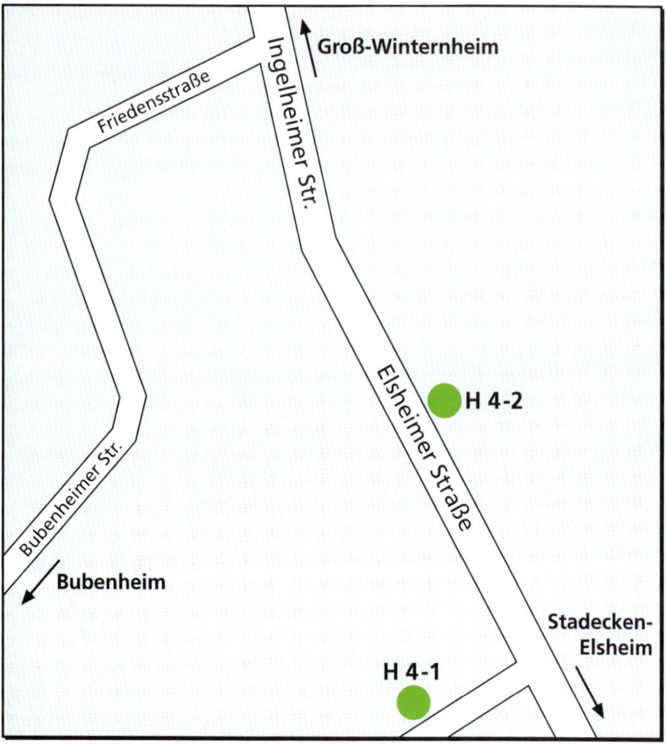

H 4-1 Gutsschänke Bacchushof

55270 Schwabenheim, Außerhalb 8
Stefanie Bauer ☎ 06130 - 945848

ganzjährig (Betriebsferien vom 1. Adv. bis einschl. 2. Weihnachtsfeiertag) Mi, Do, Fr ab 16 Uhr, Sa, So/Fe ab 12 Uhr

Die auch als "Zum Atzelnest" bekannte Gaststube ist mit Wintergarten, sichtbaren Dachbalken und dem hellen Holzboden sehr gemütlich ausgestattet und bietet in 2 Räumen ca. 140 Weinliebhabern ausreichend Platz. Die kleine Faßtheke und die dunkle Bestuhlung schaffen einen gelungenen Kontrast.

Die große Terrasse ist ansprechend angelegt und bietet ihren Gästen einen freien Blick ins Selztal. Auf dem Grundstück gibt es ausreichend Parkmöglichkeiten für Autos, Fahrräder und sonstige Fortbewegungsmittel.

Das Weinangebot im Bacchushof beginnt bereits beim einfachen Landwein. Die traditionellen Rebsorten wie Kerner, Silvaner und Morio-Muskat sind genauso selbstverständlich, wie so manch' eine Auslese-Empfehlung des Winzers. Gerade im Sommer sind die "Gespritzten" mit Weißwein oder Rotwein eine willkommene Erfrischung.

Die Hackbraten- u. Schnitzelvariationen mit den freiwählbaren Beilagen lassen keine Wünsche offen. Wer etwas mehr Zeit mitbringt, kann nach ca. 30 Minuten frisch gegrillte Hähnchen oder Haxen genießen. Aber auch kleine und kalte Gerichte für den Hunger zwischendurch werden angeboten.

Gutsschänke Renth
55270 Schwabenheim, Elsheimer Straße 25
Inge u. Rudolf Renth ☎ 06130 - 592 Fax - 941135

Ostern - Mitte Dezember
Fr ab 18 Uhr, Sa ab 17 Uhr, So ab 15 Uhr

Die gemütliche Gutsschänke, bestehend aus zwei Räumen, kann bis zu 80 Personen aufnehmen. Die Tochter des Hauses, Simone Renth, war 1998/1999 Rheinhessische und 1999/2000 Deutsche Weinkönigin.

Der blumenreiche Innenhof bietet im Sommer bis zu 80 Sitzplätze.

Die Weine werden überwiegend traditionell in Eichenholzfässern ausgebaut und gepflegt. Verschiedenartige Böden (sandiger Lehmboden, Lößlehm und Tonmergel) verleihen den Weinen eine bekömmliche, fruchtige Art. Die Edition "La Reina" mit dem trockenen Dornfelder, dem trockenen Rivaner und dem Silvaner Eiswein sind die königlichen Empfehlungen.

Wenn neben den vielen kleinen und großen Köstlichkeiten die dampfenden Pellkartoffeln mit dem Quarktöpfchen die Küche verlassen, kann keiner widerstehen.

Hätten Sie gewußt,

dass die Wurzeln der Rebe
mehrere Meter lang
werden können, um auch
in durchlässigen Böden
an das tiefgelegene Wasser
zu kommen?

H 5 Bubenheim

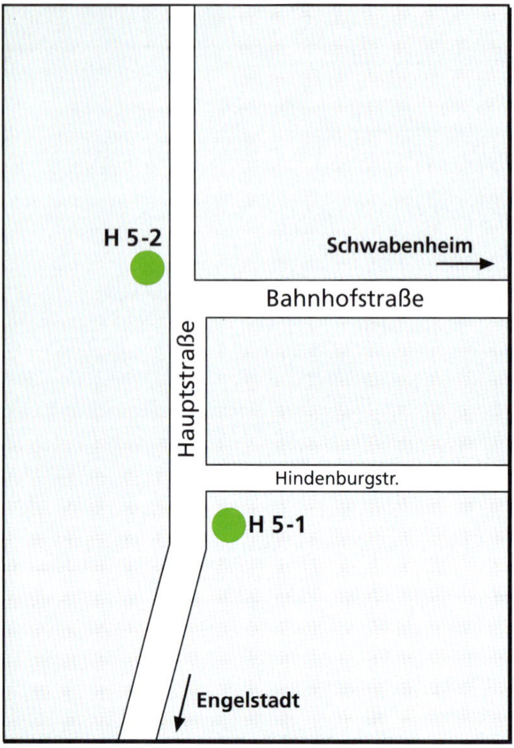

H 5-1 **Gutsschänke Finkenauer**

55270 Bubenheim, Hauptstraße 62
Friedel Finkenauer ☎ 06130 - 544 Fax - 6675

ganzjährig (15. August - 15. Oktober geschlossen)
Do, Fr, Sa, So ab 18 Uhr

Fast wie im Wohnzimmer der Winzerfamilie sitzt man in der überwiegend mit Holz ausgestatteten und mit einem Ölofen beheizten Gaststube. Die zweckmäßige Einrichtung ist auf die Bewirtung von 46 Personen ausgerichtet.

Im Hof, zum Teil in einer Weinlaube, haben 120 Gäste bei entsprechenden Witterungsbedingungen die Möglichkeit, das Angebot unter freiem Himmel zu genießen.

Die Ausbeute des Kellers sind 6 trockene, 4 halbtrockene und 4 milde Weine. Der Winzer empfiehlt besonders die Spätlese des Weißen Burgunders, den Portugieser Rotwein als Q.b.A. und die Spätlese des Schwarzriesling-Rotweins.

Die kleine Karte bietet Hausmacher Wurst, Käse- und Schinkenbrot, Spundekäs' und Strammer Max. Anläßlich der Schlachtfeste wird das Speisenangebot um Bratwurst, Leberknödel, Mett und die Schlachtplatte erweitert .

Gutsschänke Zöbel H 5-2

55270 Bubenheim, Hauptstraße 41

Jörg Zöbel ☎ 06130 - 516 Fax - 9410850

ganzjährig

Do, Fr ab 19 Uhr, Sa ab 16 Uhr, So/Fe ab 10 Uhr

Der Raum hat mit 50 Sitzplätzen eine überschaubare Größe. Die Gewölbedecke und die Ausstattung mit Holzelementen prägen den Eindruck.

Der 100 Personen fassende Innenhof hält sowohl für den Sonnenliebhaber als auch für den Schattensucher seine Eckchen bereit. Parkmöglichkeiten bestehen direkt am Haus.

Weine für jeden Tag, jeden Geschmack und jeden Anlaß finden sich in der Weinliste. Der 99er trockene Dornfelder Barrique, im Eichenholzfaß gereift, ist ebenso zu empfehlen wie der trockene 98er Graue Burgunder Kabinett und die 99er Kerner Spätlese. Die Weine sind mit verschiedenen Preisen ausgezeichnet worden.

Die Küche verwöhnt den Besucher mit Wildgerichten, Spanferkel, Schnitzel, Winzerteller, Spundekäs' und einer Hausmacher Wurstplatte. Da fällt die Wahl nicht leicht.

Hätten Sie gewußt,

dass die Vermehrung der Reben
im Weinberg nur mithilfe von
Ablegern erfolgen darf,
damit die Eigenschaften der
Ausgangspflanze erhalten
bleiben?

H 6 Engelstadt

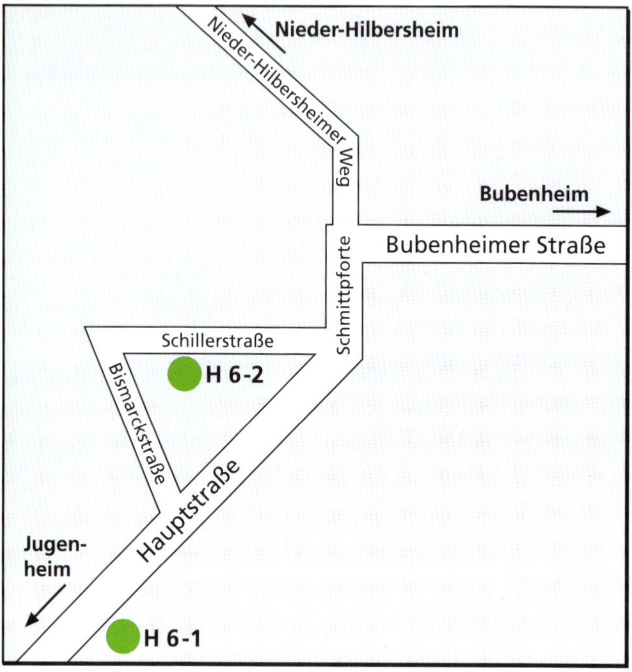

H 6-1 Gutsschänke Am Römerberg

55270 Engelstadt, An der Kirchpforte 10
Gunther Strub ☎ 06130 - 597 Fax - 8133

ganzjährig, Fr ab 17 Uhr, Sa ab 16 Uhr, So/Fe ab 11 Uhr, Tage vor einem Feiertag ab 17 Uhr

Bis zu 70 Personen können hier einen schönen Abend beim Winzer genießen.Die Gaststube ist hell und freundlich eingerichtet. Die verschiedenen Tischgrößen bieten größtmögliche Flexibilität für alle Gruppengrößen.

Die 1999 neu erbaute Außenanlage auf 3 Ebenen ist einen Besuch wert. Über eine kleine Brücke gelangt man zu seinem Tisch. Der Bachlauf endet in einem Teich mit Fischen. Blumen, Bäume und der Spielplatz runden das Bild ab.

Das Weinangebot läßt keine Wünsche offen. 12 trockene, 18 halbtrockene und 20 milde Weine findet man auf der Karte. 9 Weine davon wurden prämiert. Zu den Empfehlungen zählen die trockene Chardonnay Spätlese, der trockene Graue Burgunder, die Kerner Beerenauslese und der halbtrockene Dornfelder Rotwein.

Die Küchengeister zaubern leckerste Dinge auf die Teller. Die im knusprigen Brottopf servierte Gulaschsuppe, die gefüllten Champignons, die verschiedenen Vesperteller und das besonders gelobte argentinische Rumpsteak bringen bereits beim Lesen der Speisekarte die Magensäfte in Wallung.

Gutsschänke Im Kelterhaus **H 6-2**
55270 Engelstadt, Schillerstraße 10
Cornelia Hoch-Kraft ☎ 06130 - 1717 Fax - 945059

1.WE Februar - Ende Juni, 1.WE August - 3. Advent
Fr, Sa ab 17 Uhr, So/Fe ab 15 Uhr

Die Gutsschänke liegt in der Mitte des Ortes. Die heimelige Gaststube besteht aus zwei Räumen, die mit einer Treppe verbunden sind. Insgesamt können hier 100 Personen freundlich und aufmerksam bewirtet werden.

Der Innenhof wird im Sommer bestuhlt. Für die kleinen Gäste gibt es auch eine Spielecke mit Spielsachen und einer Tafel. Die Parkmöglichkeiten befinden sich in einer Nebenstraße unweit der Gutsschänke.

Die besonderen Empfehlungen für den Weinkenner sind der trockene Dornfelder, der trockene Chardonnay, die Kerner Spätlese und die Kerner Auslese.

Die Speisekarte bietet kalte und warme Speisen in reichlicher Auswahl. Das Winzersteak mit Kräuterbutter, das Schnitzel nach Art des Hauses, die Bratkartoffeln und der Kelterhausteller lassen keinen Gast hungrig aufstehen.

Hätten Sie gewußt,

dass die Weintraube
- botanisch gesehen - keinesfalls
eine Traube, sondern eine
Rispe ist?

H 7 Ober-Hilbersheim

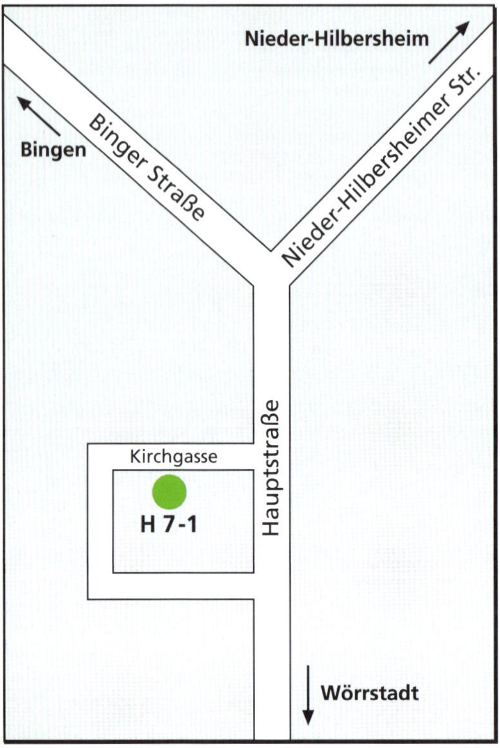

H 7-1 **Weinschänke Altes Pfarrhaus**

55437 Ober-Hilbersheim, Kirchgasse 10
Edwin Kull ☎ 06728 - 256 Fax - 951153

Ende Januar - 2. WE Juli, Mitte Sept. - 2. Adventswochenende
Do, Fr ab 18 Uhr, Sa ab 17 Uhr, So/Fe ab 16 Uhr

Hier hat man die Auswahl bezüglich der Räumlichkeiten. Egal, ob man in der rustikalen Weinstube für 40 Personen, im Gewölbekeller für 30 Personen oder im Wintergarten für 40 Personen sein Plätzchen wählt, jeder Raum hat seinen eigenen Charme und ist liebevoll ausgestattet.

Während der warmen Jahreszeit kann man sein Gläschen auch unter Weinreben genießen. Hier findet man 40 Sitzgelegenheiten. Das Auto kann auf dem Hausparkplatz, an der ev. Kirche oder am Friedhof abgestellt werden.

Es werden überwiegend eigene Weine ausgeschenkt. Die besondere Empfehlung ist der Dornfelder Rotwein.

Vom Schmalztöpfchen über die Mandelforelle bis hin zum "Korb voll Hinkelsknoche" kann man hier quer durch die Karte schlemmen. Aber damit nicht genug. Jede Woche gibt es zusätzlich wechselnde rheinhessische Spezialitäten.

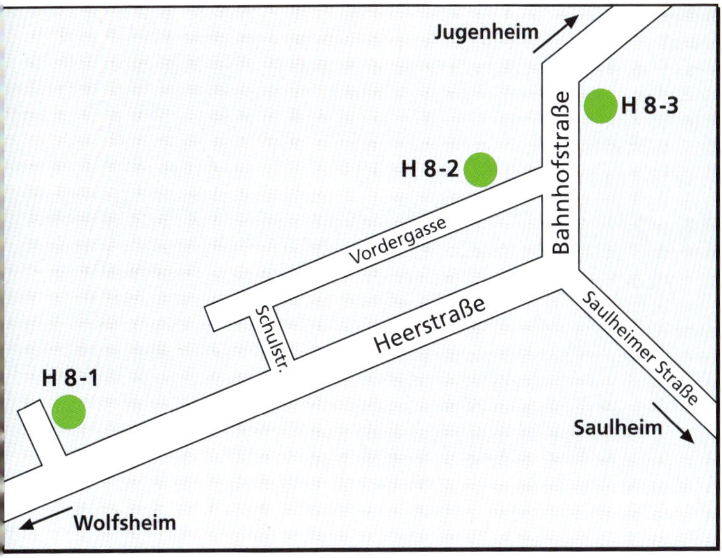

Gutsschänke Am Weiher H 8-1

55288 Partenheim, Am Weiher 28

Familie Adam ☎ 06732 - 1289 Fax - 930909

Ende Januar - Ende Mai, September - 20. Dezember
Fr, Sa ab 18 Uhr, So ab 16 Uhr

Über eine Metalltreppe mit 18 Stufen gelangt man in die neuerbaute Gaststube im ersten Stock. Die helle Holzdecke und die rustikale Einrichtung verschaffen dem länglichen Raum eine helle und großzügige Atmosphäre. An unterschiedlich großen Tischen können 50 Personen Platz nehmen.

Die Öffnungszeiten lassen eine intensive Hofnutzung nicht zu. Wer mit dem Auto kommt, sucht sich seinen Parkplatz in der Straße.

Auf 5 ha Rebfläche werden die Hauptrebsorten wie Silvaner, Scheurebe, Riesling, Kerner, Bacchus, Portugieser und Dornfelder angebaut. Aber auch der Spätburgunder, der als Grundwein für den Sekt verwendet wird, hat seine Rebfläche. Die Riesling Spätlese trocken, der halbtrockene Dornfelder und der liebliche Portugieser Weißherbst werden empfohlen.

Die große Karte bietet für jeden Geschmack das Richtige. Die Lendenmedaillons, die Rumpsteaks, der Schafskäse auf Toast oder die vielen kalten Gerichte werden jeden Hunger stillen. Es werden auch Kaffee und Eis angeboten.

H 8-2 **Gutsschänke Schwalbenhof**
55288 Partenheim, Vordergasse 15
Heidi Runkel ☎ 06732 - 5882 Fax - 2331

Anf. Februar - Pfingstwochenende, Anf. Sept - 3. Advent
Fr, Sa 18 Uhr, So 16 Uhr

Die zwei Gasträume im ehemaligen Schweinestall können von insgesamt 80 Gästen besucht werden. Die typische und rustikale Einrichtung läßt den Gast gern verweilen. Auf der Theke findet man auch eine Auswahl an Likören und dekorativ verpackten Weinpräsenten.

Die kleine, schattige Terrasse im Hof kann 20 Besucher aufnehmen. Parkplätze gibt es vor dem Weingut und im Hof.

5 Rotweine und 19 Weißweine stellt der Winzer seinen Kunden zur Auswahl. Drei seiner Köstlichkeiten wurden prämiert. Als "Ein Gedicht von Wein für stille Stunden zu zweit" bezeichnet der Winzer eine liebliche Scheurebe Auslese aus dem Jahr 1989.

Vom Handkäs' bis zum "beschwipsten" Lendchen gibt es alles für den großen und den kleinen Appetit.

H 8-3 **Gutsschänke Schweizer Hof**
55288 Partenheim, Bahnhofstraße 7
Familie Frehner ☎ 06732 - 63689 Fax - 961278

3.WE Januar - 3.WE Dezember
Fr, Sa ab 18 Uhr, So/Fe ab 16 Uhr

Um in diese gesellige Gaststube zu gelangen, muß man erst ein wenig "bergab" gehen. Dort erwarten den Gast 2 Räume, in welchen ca. 55 Personen angenehme Stunden verbringen können. Möchte man aufs stille Örtchen, muß man wieder "bergauf", denn das "Häuschen" befindet sich im Hof.

Für sonnige Stunden gibt es hinter dem "Häuschen" eine kleine Terrasse für ca. 20 Personen.

6 trockene, 1 halbtrockener und 11 milde Weine zeigen die Richtung des Weingutes. Obwohl die Mehrheit der Weine als Q.b.A. ausgebaut werden, sind auf der Weinkarte auch Kabinett-Weine und Spätlesen zu finden.

Die sonst eher kleine Karte wird zu den Schlachtfestterminen kräftig aufgestockt. Die Portionen sind dann gewaltig und man kann aus einem üppigen Angebot wählen. Danach gibt es auf Wunsch sogar einen Kaffee.

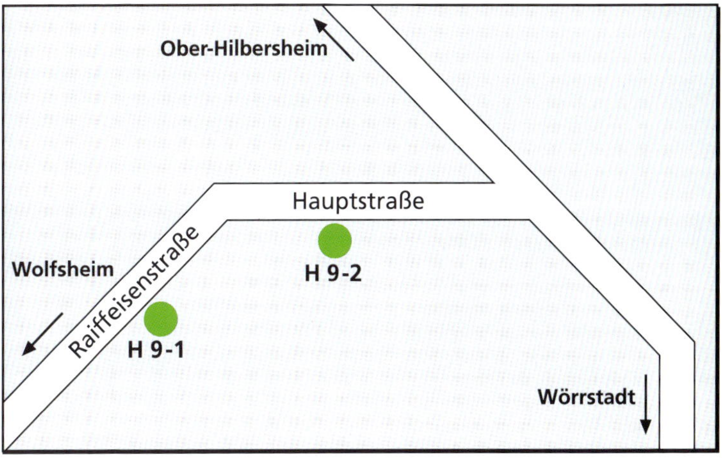

H 9-1

Gutsschänke Beiser
55578 Vendersheim, Außerhalb 1
Otto Beiser ☎ 06732 - 8732 Fax - 5061

1.WE März - 4.WE Mai, 2.WE August - Mitte Oktober
Fr, Sa ab 18 Uhr, So/Fe ab 16 Uhr

Seit über 10 Jahren besteht diese Gutsschänke. Sie wurde anläßlich eines Wettbewerbs "Rheinland-Pfälzer Gastlichkeit" ausgezeichnet. In zwei stilvoll eingerichteten Gasträumen können sich 90 Personen von dieser Gastlichkeit überzeugen.

Das Weingut liegt in den Weinbergen außerhalb der Ortsgrenze. Man sitzt unter Bäumen mit einem traumhaften Blick ins rheinhessische Hügelland bis hin zum Donnersberg. Parkplatznöte kennt man hier nicht.

5 trockene, 6 halbtrockene und 12 milde Weißweine kommen aus dem Keller. Für die Freunde der roten Trauben hält der Winzer ebenfalls ein reichhaltiges Angebot bereit. 8 trockene, 3 halbtrockene und 3 milde Rotweine. Außerdem werden 5 Weißherbst-Weine angeboten. 24 Weine wurden ausgezeichnet.

Das Speisenangebot wechselt je nach Saison. Die Wildgerichte sind die besondere Empfehlung der Küche.

H 9-2 **Straußwirtschaft Janson**
55578 Vendersheim, Hauptstr. 7
J. u. W. Janson ☎ 06732 - 8771 u. 62144 Fax - 64137

April u. Mai, September u. Oktober
Fr, Sa ab 18 Uhr, So/Fe ab 16 Uhr

Viel Holz und liebevolle Dekorationen schmücken den Haupt- und den Nebenraum, in welchen 75 Personen untergebracht werden können. Drei Generationen arbeiten erfolgreich an der Zufriedenheit ihrer Gäste.

Bei entsprechendem Wetter und natürlich anläßlich des Sommerfestivals im Juli wird der Hof genutzt.

Im Anbau und in der Kellertechnik setzt die Winzerfamilie Janson auf absolute Qualität. Barriqueausbau und temperaturgesteuerte Vergärung sind nach Ansicht der Macher kein Widerspruch. Die Weinkarte ist sehr vielfältig und kreativ. Unter vielen Weinen findet man einen netten "Hinweis" zum Wein, dessen Herkunft, Verwendungsmöglichkeit oder ähnliches.

Die typische rheinhessische Speisekarte läßt keine Wünsche offen. Für die Pensionsgäste ist "Jutta's Winzerfrühstück" das erste Highlight des Tages.

Hätten Sie gewußt,

dass bei der Rebenvermehrung auf ein 30 cm langes Triebstück der amerikanischen Rebe ein europäisches Edelreis gepfropft wird, um die Reblausanfälligkeit zu vermindern?

Wolfsheim

H 10

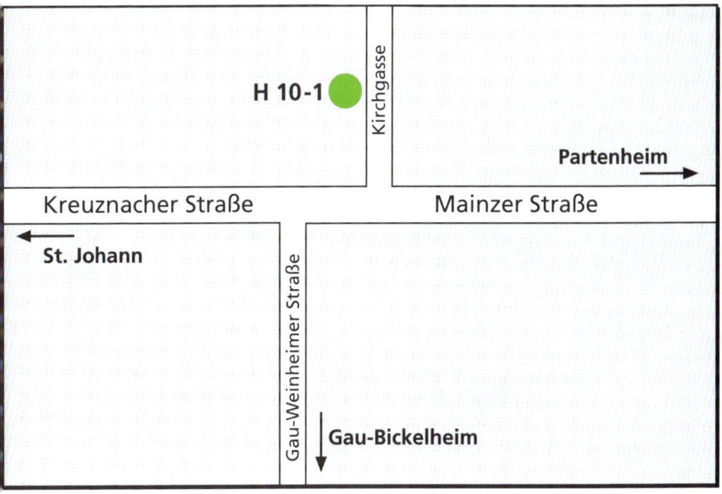

Gutsschänke Bernhard **H 10-1**
55578 Wolfsheim, Kirchgasse 12
Jörg Bernhard ☎ 06701 - 7130 u. 3578 Fax - 7117

3.WE Januar - Mitte Mai, 4.WE September - 3. Advent
Fr, Sa ab 18 Uhr, So/Fe ab 16Uhr

Die Weinstube besteht aus zwei liebevoll dekorierten Räumen. Die naturbelassene Holzdecke, die Innenfensterbänke aus Naturstein und die kreative Thekenanlage bieten die richtige Atmosphäre für max. 110 Besucher.

Bereits draußen vor dem Haus wird dem Gast klar, daß man hier viel Wert auf liebevolle Details legt.

Die Weine des Weingutes Bernhard sind im eigenen Weinberg gewachsen und im Holzfaß gereift. Die Weinberge werden umweltschonend bewirtschaftet. 12 trockene, 5 halbtrockene und 8 milde Weine gilt es zu probieren. Der trockene Grauburgunder, die Weißburgunder Spätlese und der trockene Dornfelder sind die Empfehlung dieser Weinkarte.

Am jeweils 2. Freitag der Öffnungsmonate gibt es ein uriges Schlachtfest. Jeden Samstag im Oktober sind die Spansäue dran. Es lohnt sich, nach dem Terminkärtchen zu fragen. Dort sind alle kulinarischen Sonderaktionen genau beschrieben und terminiert.

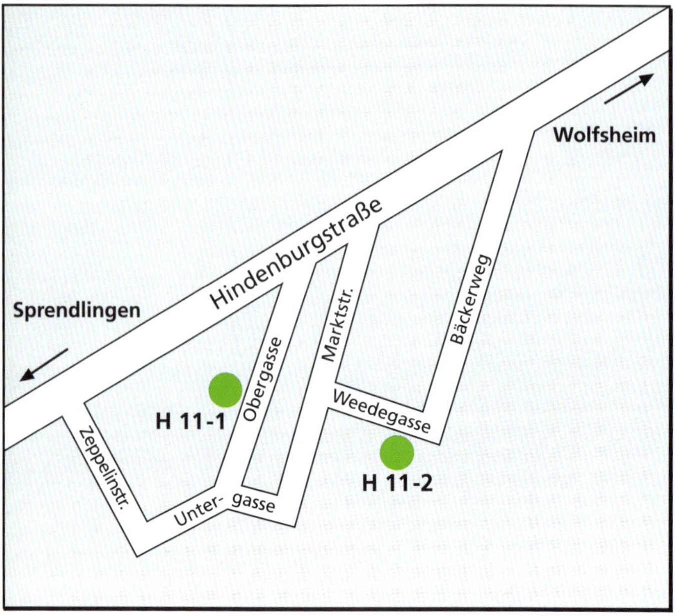

H 11-1 Gutsschänke Weidmann

55578 St. Johann, Obergasse 17
Rolf Weidmann ☎ 06701 - 1293 Fax - 960946

2. WE Febr. - Ende Juni, Ende Aug. - 1. Advent
Sa ab 18 Uhr, So ab 16 Uhr. Ostern, Pfingsten u. Lese geschl.

Im alten Ortskern und in der Nähe der hochgotischen Johanniskirche findet man die Gutsschänke Weidmann. Die zweckmäßig mit Stühlen, einer langen Bank und Tischen möblierte und mit Rauhputz und Holzdekorationen versehene Gaststube hält 50 Sitzplätze bereit.

Ab Ende Mai wird auch im Hof bewirtet. Aufgrund der Ortskernlage sind die meisten Parkmöglichkeiten nicht direkt vor der Tür gelegen.

St. Johann ist ein 1200 Jahre altes Weindorf, auf dessen 250 ha Rebfläche überwiegend Weißweintrauben angebaut werden, wovon ein hoher Anteil für Neuzüchtungen bereit steht. Dementsprechend findet man auf der Weidmann'schen Weinkarte neben dem klassischen Angebot mit Hölder und Juwel ebenfalls zwei Neuzüchtungen.

Käsewürfel, Spundekäs', Schinkenbrot, Wurstplatte und Strammer Max schaffen Abhilfe bei kleinem Hunger. Wer's üppiger möchte, kann sich die verschiedenen Schnitzelvariationen, das Rumpsteak oder die Speck-Eier-Bratkartoffel-Kombination bringen lassen.

Gutsschänke Zur alten Schmiede
55578 St. Johann, Weedegasse 3
Kurt Rück & Sohn ☎ 06701-1325 o. 960549 Fax- 8569

Anfang März - Ende Sept., Ende Nov. - Mitte Dez.
Sa ab 17 Uhr, So ab 15 Uhr, Feiertage ab 12 Uhr

Nachdem man draußen die schöne Fassade bewundert hat, findet man drinnen zwei gemütlich eingerichtete und vorbildlich renovierte Gewölbekeller für 80 Personen. Tipp: Lassen Sie sich das Biedermeier-Zimmer mit dem phantastischen alten Kachelofen und den alten Schmiederaum zeigen.

Im Sommer öffnet Familie Rück den Hausgarten. Die Terrasse ist umgeben von einer Natursteinmauer und während die Kinder sich auf dem kleinen Spielplatz vergnügen, kann man hier sitzen und die Seele baumeln lassen.

Das Weinangebot ist vielfältig und reicht bis zur Auslese. Auch einen im Eichenholzfaß gereiften, trockenen Portugieser Rotwein kann man dort genießen. Traubensaft, Sekte, Edelbrände und Liköre gehören selbstverständlich auch zum Programm.

Es gibt warme und kalte Gerichte zur Auswahl. Auch für den kleinen Hunger wird gesorgt. Kaffee, Kuchen und Eis findet man ebenfalls auf der Karte. Alles trägt die kreative Handschrift der Winzersgattin.

Hätten Sie gewußt,

dass in Rheinhessen auf 2.300 ha Rebfläche fast so viel Riesling angebaut wird wie im Rheingau mit 2.600 ha?

H 12 Sprendlingen

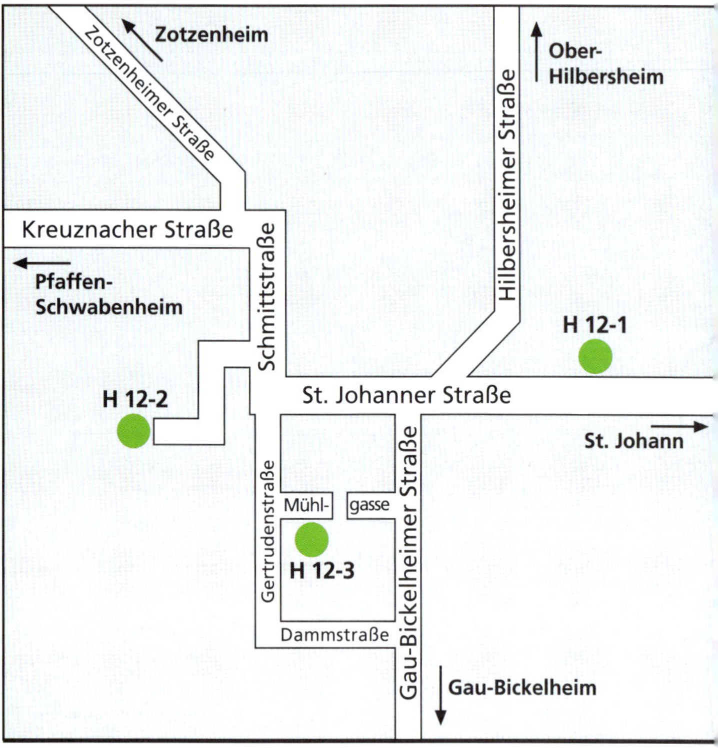

H 12-1 Gutsschänke Huth

55576 Sprendlingen, St. Johanner Straße 54
Heinrich Huth 06701 - 2979 - 961956

ganzjährig
Mo, Di, Do ab 19 Uhr, Fr, Sa, So ab 17 Uhr. Mittwoch Ruhetag

Schön gemütlich ist die Gutsschänke Huth. In zwei Räumen werden die max. 90 Gäste herzlich bewirtet. Nicht nur in der kalten Jahreszeit, wenn die Bolleröfen angeworfen werden, fällt es schwer, wieder nach Hause zu gehen.

Draußen findet man einen schattigen Hof, in dem problemlos 100 Personen den guten Huth-Wein genießen können. Parken kann man draußen auf der Straße.

Auf der Weinkarte steht bereits die richtige Empfehlung: "Huth-Wein sollten Sie trinken". Manche der Weine wurden ausgezeichnet. Jeder kann hier das Richtige für seinen Gaumen finden. Falls man zum Thema Wein Fragen hat oder sogar das Fachgespräch mit dem Winzer sucht, ist man hier richtig.

Jede Woche wird die Speisekarte um leckere Besonderheiten erweitert. Die Sülze auf der "Dauerkarte" ist immer eine Fahrt nach Sprendlingen wert. Außerdem wird man sehr nett und aufmerksam bedient. Man hat auch immer ein offenes Ohr für kleine Sonderwünsche.

Gutsschänke Mohr H 12-2

55576 Sprendlingen, Palmgasse 7

Lutz Mohr ☎ 06701 - 529

ganzjährig

Fr, Sa ab 18 Uhr, So ab 16 Uhr

In dieser typischen Gutsschänke können sich 45 Personen von dem Ehepaar Mohr verköstigen lassen. Der Wagenrad-Stammtisch, an dem "die hocke, die immer do hocke" ist nur ein Hinweis, wie familiär es dort zugeht. Es gibt im Gastraum auch keine Theke, denn alles wird in der Küche nebenan erledigt.

Das Kellerangebot ist vielfältig und sortenreich. Silvaner, Huxel, Riesling, Bacchus, Kerner und Würzer bilden die Auswahl für den Weißweinfreund. Der Rotweinfreund wird Dornfelder vorfinden. Erwähnenswert ist sicher die Rarität für den besonderen Anlaß, die 76er Huxelrebe Beerenauslese, ausgezeichnet mit der goldenen Kammerpreismünze.

Chefin Wilma steht in der Küche und zaubert Gaumenfreuden wie z.B. den "Warmen Schäfer"(das ist hausgemachter Kartoffelsalat mit Rührei und Speck). Es lohnt sich auch, nach den Wild- bzw. Schlachtterminen zu fragen. Reh- u. Wildschweinessen, Leberknödel oder Dippehas' sind nur Beispiele.

Straußwirtschaft Rauschert H 12-3

55576 Sprendlingen, Mühlgasse 5

Bernd Rauschert ☎ 06701 - 531 Fax - 531

Juni - August, Anfang Oktober - Mitte Dezember

Fr, Sa ab 18 Uhr, So ab 17 Uhr

Im Jahr 2000 hat Familie Rauschert mit der Straußwirtschaft begonnen. Der Raum ist typisch eingerichtet und wenn im Bollerofen das Feuer flackert, dann wird's richtig gemütlich. Man rückt zusammen und genießt die herzlichen Aufmerksamkeiten dieses Familienbetriebes.

Im Sommer soll der Hof auch mitgenutzt werden.

Der Weinfreund findet auf der Weinkarte viele verschiedene Rebsorten. So werden alle verschiedene Geschmäcker bedient. Auch einen 95er Grünen Silvaner Q.b.A. findet man auf der Liste.

Die typischen Winzergerichte bekommen Verstärkung, wenn in der Straußwirtschaft das Spanferkelessen oder das Schlachtfest ansteht.

H 13 Biebelsheim

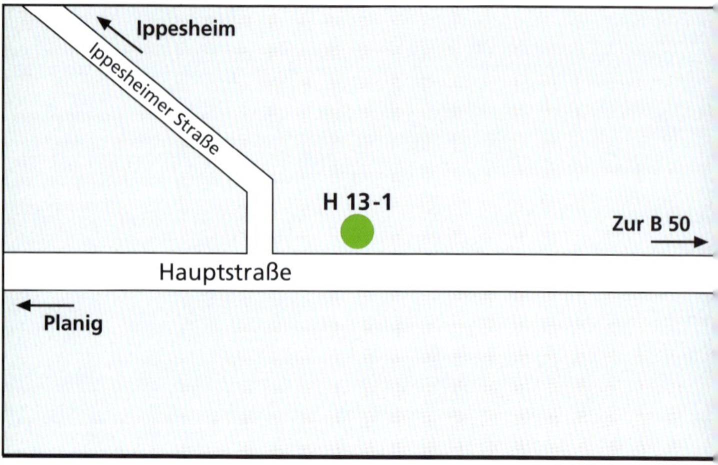

H 13-1 Gutsausschank Emrich

55546 Biebelsheim, Hauptstraße 14
Waltraud Emrich ☎ 06701 - 7233 Fax - 3182

Ende Januar - Ostersonntag, Juni - 1. WE September, Mitte Oktober - 1. Advent. Do, Fr, Sa ab 17 Uhr, So ab 16 Uhr

Insgesamt 65 Gäste können sich entweder in den gemütlichen Sitzecken des modernen Schankraumes oder im urigen Gewölbekeller ein Plätzchen suchen. Um Letzteren zu erreichen, geht man 10 Stufen abwärts.

Im begrünten Innenhof können 60 Freiluft-Weinfreunde auf bequemen Gartenstühlen an runden Tischen zechen. Das mediterrane Flair läßt fast so etwas wie Urlaubsstimmung aufkommen.

Aus dem Kellerangebot von 27 verschiedenen Weinen kann sich jeder seinen Tropfen aussuchen. Der im Holzfaß gereifte, trockene Spätburgunder Rotwein, der liebliche Dornfelder oder die halbtrockene Weißburgunder Spätlese sind die besonderen Empfehlungen des Winzers.

Gelobt wird die Küche nicht nur für die Weinbratwurst oder die Pellkartoffeln mit diversen Beilagen. Die umfangreiche Karte hält auch Salate oder nach Belieben belegte Winzerbrötchen bereit. Erfreulich ist, daß man viele Gerichte auch als kleine Portion bestellen kann.

Gutsschänke Zur alten Mühle H 14-1
55576 Welgesheim, Mühlgasse 4
Ph. Schnorrenberger u. A. Strauß ☎ 06701 - 911841

ganzjährig
Do, Fr, Sa ab 17 Uhr, So ab 11 Uhr

Der alte Stall ist mit viel Gespür für Gestaltung in einen gemütlichen Gastraum für 45 Personen verwandelt worden. Vor der Theke kann man auch auf einem Pferdesattel Platz nehmen. Ein zufriedener Gast, der gerne wiederkommt, ist das höchste Ziel dieses jungen und engagierten Teams.

Von März bis September sollen umfangreiche Umbauarbeiten durchgeführt werden. Eine neue Gartenanlage, ein Wintergarten und ein größerer Gastraum sind die Ziele dieser Maßnahme. Man darf gespannt sein.

Aus der Weinliste kann man unter 3 trockenen, 3 halbtrockenen und 3 milden Weine auswählen.

Die Küche wird von fachkundiger Männerhand geleitet. Zusätzlich zum Dauerangebot gibt es eine wöchentlich wechselnde Extrakarte mit je 5 Gerichten. Auch Fisch und Wildgerichte gehören zu den wohlschmeckenden Abwechslungen.

H 15 Pfaffen-Schwabenheim

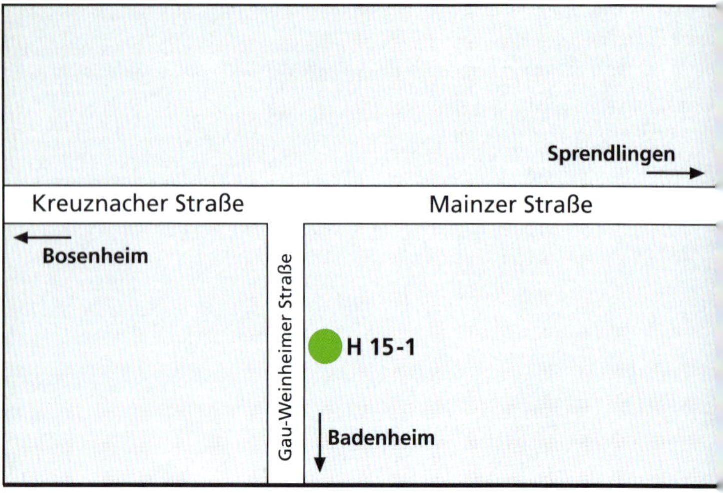

H 15-1 Straußwirtschaft Molz

55546 Pfaffen-Schwabenheim, Badenheimer Str. 17
Familie Molz ☎ 06701 - 629 Fax - 2418

Ende Oktober - 4. Advent
Fr, Sa ab 19 Uhr, So ab 16 Uhr

Über einen grünen Teppich wird man in den Keller geleitet. Dort findet man die gemütliche Straußwirtschaft für ca. 50 Personen. Hinter der Küche gibt es zusätzlich einen Nebenraum, der als Verkaufs- und Ausstellungsraum für die liebevoll verpackten Weinpräsente genutzt wird.

Unter den Rebsorten Müller-Thurgau, Scheurebe, Ruländer + Grauer Burgunder, Weißer Burgunder, Riesling, Silvaner, Gewürztraminer, Portugieser und Spätburgunder kann jeder seinen Wein finden.

Das Speiseangebot klingt bereits sehr interessant. Das "Winzergeheimnis" und die "Weinbergshügel" sollen nur einen kleinen Einblick in diese Karte vermitteln und natürlich neugierig machen.

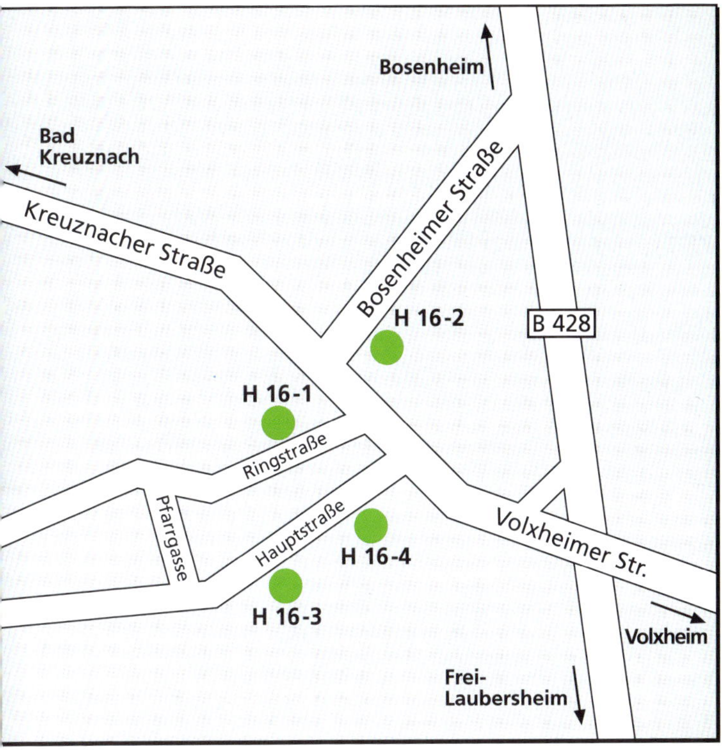

H 16-1

Straußwirtschaft Grünewald
55546 Hackenheim, Ringstraße 13
Familie Grünewald ☎ 0671 - 71352

April u. Mai, August u. September
Do - Sa ab 17 Uhr, So ab 15 Uhr

Der ehemalige Stall wurde rustikal verputzt, gemütlich bestuhlt und steht jetzt zur Bewirtung bereit. Der offene und mit einem kunstvoll bemalten Rundbogen versehene Durchgang verbindet die beiden Raumteile so miteinander, dass 50 Gäste in einem großen Raum zusammensitzen können.

Der schöne und geschützte Innenhof wird bei entsprechender Witterung mit Pflanzen begrünt und mit Tischen und Bänken auf die Außenbewirtung vorbereitet.

Riesling, Bacchus, Würzer, Kerner und Ruländer werden in die Weißweingläser gefüllt. Spätburgunder und Portugieser werden den Freunden der roten Rebensäfte zur Verkostung angeboten.

Weinbergsknorze, Würstchen, Handkäs', Schinken- und Käsebrot sind ebenso auf der kleinen Karte zu finden wie Leberwurst oder Heringe mit Pellkartoffeln, Eier mit Speck oder Stammer Max.

H 16-2 **Herbert's Weinstube**
55546 Hackenheim, Bosenheimer Str. 3
Uwe Schöneich ☎ 0671 - 61276 📠 - 74404

Nach Fastnacht - Ende November. (Im Sommer wird eine kurze Pause eingelegt). Do, Fr, Sa ab 17 Uhr

Die Weinstube im Haus der Weinprinzessin und Weinkönigin Sigrid Kaul-Schöneich ist niveauvoll ausgestattet. Schöne alte Möbel und historisches Handwerkszeug machen den Besuch zu einem Vergnügen für das Auge. Im Raum steht ein altes Bett mit Geschenkideen. 70 Personen finden Platz.

Alter gewachsener Winzerhof in U-Form. Im neu gestalteten Innenhof findet man einen Weinbrunnen. Parkplätze und ein kleiner Spielplatz sind vorhanden.

12 Rotweine und 25 Weißweine stellen das Kellerangebot dar. Ein umfassendes Angebot für jeden Weinkenner. Unter "königlicher", fachkundiger Anleitung wird jeder seinen Wein finden. Die Blaue Frühburgunder Auslese und die Bacchus Beerenauslese in der blauen Sonderflasche sollte man nicht unprobiert lassen.

Die verschiedenen Salate, der überbackene Schafskäse oder das Winzersteak mit Bratkartoffeln sind immer Gründe, um Herbert's Weinstube zu besuchen.

H 16-3 **Straußwirtschaft Ohl**
55546 Hackenheim, Hauptstraße 70
Wolfgang Ohl ☎ 0671 - 66688

Von März - April für 4 Wochen, von Oktober - November für 8 Wochen. Fr, Sa, So/Fe ab 17 Uhr. Vorher anrufen!

Die rustikale und zweckmäßige Einrichtung strahlt noch die urspüngliche Idee einer Straußwirtschaft aus. Wer im ersten Raum vergeblich nach einem Plätzchen Ausschau gehalten hat, kann diesen durchqueren und sein Glück im hinteren Bereich der Weinstube probieren.

Hier werden trockene bis milde Weine aus Rheinhessen und von der Nahe ausgeschenkt.

Die sonst eher kleine Karte wird durch wechselnde Sondergerichte erweitert. Hinweise darauf findet man auf den Aushängen in den Gasträumen.

Gutsschänke Wilhelm
55546 Hackenheim, Hauptstraße 18
Familie Wilhelm 0671 - 68196

ganzjährig
Mo, Di, Do, Fr, Sa ab 17 Uhr, So/Fe 16 Uhr. Mittwoch Ruhetag

Hier wird jedes freie Plätzchen den Gästen zur Verfügung gestellt. In der Einfahrt finden bei milden Temperaturen viele Besucher ein heißbegehrtes Plätzchen auf den dort aufgestellten Biergartengarnituren.

Silvaner, Müller-Thurgau, Faber, Bacchus, Kerner, Riesling und Grauer Burgunder werden verarbeitet. Für Sektfreunde gibt es einen Bacchus-Sekt halbtrocken und einen trockenen Riesling-Sekt. Die Sekte sind 9 Monate in der Flasche gegärt, mit Naturkork verschlossen und handgerüttelt .

Die abwechselnden Spezialitäten der Küche, die Schlachtfeste und nicht zuletzt die großen Portionen locken viele in diese Gutsschänke.

Hätten Sie gewußt,

dass der Silvaner auch als Österreicher oder Frankenriesling bezeichnet wird?

Die Trullo-Route

Typischer rheinhessischer Trullo

Die Trullo-Route hat ihren Namen von den in Rheinhessen einmaligen Weinbergshäuschen, die man insbesondere in der Gegend um Alzey findet. Die Route führt Sie auf der alten Pariser Straße von Mainz nach Alzey und in die dahinter gelegene Rheinhessische Schweiz. Das dominierende Bild der endlosen Weinhügel im ersten Teil der Route wird mehr und mehr durch Wald geprägt, je weiter Sie in die Rheinhessische Schweiz eindringen. 25 Winzer in 18 Weinorten laden Sie auf dieser Route zum Weingenießen ein.

Ausgangspunkt der Route ist der Parkplatz gegenüber dem Mainzer Hauptbahnhof. Vom Parkplatz aus halten Sie sich rechts Richtung A 63 Kaiserslautern und dann Richtung Uni-Kliniken, passieren diese und gelangen über die Pariser Straße zur Autobahn.

An der Anschlußstelle Nieder-Olm verlassen Sie die Autobahn und fahren links nach **Nieder-Olm (T 1)**. Halten Sie sich im Kreisverkehr geradeaus bis zur Ampelkreuzung. Hier geht es geradeaus Richtung Mainz-Ebersheim und zur außerhalb des Ortes gelegenen Gutsschänke "Horn" und rechts in den Ortskern. Sie befinden sich jetzt wieder auf der Pariser Straße, von der nach dem Rathaus halb links die Oppenheimer Straße Richtung Sörgenloch abzweigt, die Sie am Ortsende zur Straußwirtschaft "Andreashof" führt.

Scharf links zweigt die Bahnhofstraße Richtung Zornheim ab. **Zornheim (T 2)** liegt nur 800 Meter hinter Nieder-Olm. An der Ampel im Ort müssen Sie rechts abbiegen in Richtung Hahnheim. Vor dem Ortsausgang finden Sie linker Hand die Gutsschenke "Becker".

Wenn Sie in Nieder-Olm auf der Pariser Straße bleiben, ist der nächste Ort **Saulheim (T 3)**, der rechter Hand etwa 500 Meter von der Landstraße entfernt liegt. In der ersten Kurve liegt rechts die Gutsschänke "Walldorf-

Pfaffenhof". Im Ort geht es rechts weiter Richtung Partenheim. An der Hauptstraße liegt rechter Hand die Gutsschänke "Die Wei-Stubb". 200 Meter nach dem Abzweig Saulheim ist es auf der anderen Seite etwa einen Kilometer bis nach **Udenheim (T 4)**. Fahren Sie am Marktplatz rechts hinein und dann links in die Wilhelmstraße zur Straußwirtschaft "Zaun".

Die Bergkirche bei Udenheim

Weiter auf der Hauptroute erreichen Sie nach vier Kilometern die B 420, die zunächst an Wörrstadt vorbeiführt. Am Abzweig nach Alzey teilt sich die Trullo-Route, auf der B 420 geht es weiter Richtung Rheinhessische Schweiz, auf der B 271 nach Alzey.

Von der B 271 zweigt rechts die Straße zur nächsten Station der Route ab nach **Rommersheim (T 5)**. Der Weg führt Sie an der Weinstube "Zum Woifässje" vorbei, die kurz vor der Bauminsel linker Hand liegt.

500 Meter weiter auf der B 271 geht es linker Hand nach **Spiesheim (T 6)**. Hier stehen die schon aus der Ferne zu sehenden Windkrafträder, ein Beweis, dass auch über die sanften Höhen des Rheinhessischen

Typischer Winzerhof

Hügellandes immer ein Wind streicht. Nach einem Kilometer steht direkt an der Landstraße gegenüber dem Ortseingang die Straußwirtschaft mit Gästehaus "Becker & Sohn". Wer Glück hat, der erlebt eine stimmkräftige Kostprobe der Sangeskunst des Winzers, eines ehemaligen Mitglieds der Fastnachtsgruppe "Die Finther Schoppesänger".

Vier Kilometer später sind Sie in **Biebelnheim (T 7)**. An der Durchfahrtstraße liegt auf der rechten Seite die Straußwirtschaft "Schlupfwinkel" vom Weingut Diel. Nach dem Ortsausgang erkennen Sie auf der linken Seite Bechtolsheim am Fuße des 248 Meter hohen Petersbergs. Bei klarer Sicht kann man von hier oben das Rheintal bis Worms sehen. Aber lassen Sie Ihr Auto im Ort stehen, denn erstens ist oben kein Parkplatz und außerdem begeben Sie sich in eine Naturlandschaft.

Weiter geradeaus kommen Sie nach einem Kilometer nach **Gau-Odernheim (T 8)**. Nachdem sich die Straße durch den Ort geschlängelt hat, zweigt rechts die Alzeyer Straße ab, an der auf der rechten Seite die Weinstube "Boos" liegt.

Alzeyer Schloß

Im weiteren Verlauf der B 271 erreichen Sie als nächstes **Ensheim (T 9)**. Nehmen Sie gleich die erste Straße rechts, die Obergasse und dann die erste links. Hier befindet sich acht Meter unter der Erde die Straußwirtschaft "s Trauwemielche" des Weingutes Rosenhof.

Weiter Richtung Alzey liegt rechter Hand Bremersheim, der Geburtsort der Hildegard von Bingen, deren Taufkirche Sie in dem kleinen Ort besichtigen können.

Geradeaus führt die Straße direkt nach **Alzey (T 10)**. Halten Sie sich nach dem Viadukt rechts. Sie sind jetzt in der Weinrufstraße, benannt nach den Weinrufern, die früher lauthals Ort und Zeit des Weinausschankes öffentlich bekannt machten. Alzey, die Stadt, in der Georg

Scheu als Leiter der Landesanstalt für Rebenzüchtung die Rebsorte Scheurebe züchtete, besitzt nur eine Gutsschenke ("Stock"), die gleich an der Ampelkreuzung rechter Hand liegt und wo man Ihnen gerne einen guten Tropfen kredenzt.

Die 18.000 Einwohner zählende Kreisstadt lebt auch heute noch zu einem großen Teil vom Wein, der hier um 1500 seine größte Ausdehnung erreichte. Zu den wichtigsten Zünften der Stadt gehörte die Weinherrenzunft.

Ortskern in Weinheim

Am prähistorischen Straßenkreuz an der Furt der Selz hatten bereits die Kelten in Pionierarbeit eine Brücke gebaut, bevor die Römer begannen, mit und neben ihnen zu siedeln. Das Museum beherbergt eine geschlossene keltische Sammlung von hohem handwerklichen Rang. Unter den Römern blühte die Stadt auf. Zeugnis liefert der Nymphenaltar, die steinerne Geburtsurkunde von Alzey, auf der die damals amtierenden Bürgermeister sowie die römischen Konsuln vermerkt sind. Schon hier wird Alzey als vicus bezeichnet; mit 1750 Jahren ist sie eine der ältesten Städte Deutschlands. Den Beinamen Volkerstadt hat Alzey vom Recken des Nibelungenliedes; das Stadtwappen enthält seine Fiedel.

Sehenswert ist das Schloß, eine ursprünglich romanische Wasserburg von 1116, der ehemalige Schloßkeller mit starken Tonnengewölben von 1466, die Reste der mittelalterlichen Stadtbefestigung, das restaurierte Römerkastell an der Langen Mauer, das Renaissance-Rathaus von 1586, die Nikolaikirche am Obermarkt und die malerischen Plätze und Gassen in der Altstadt mit ihren Fachwerkhäusern und Brunnen. Fahren Sie anschliessend zurück auf die Landstraße nach Alzey.

Folgen Sie an der Ampel links dem Hinweis "Alle Richtungen" und fahren Sie am T-Stück rechts Richtung **Weinheim (T 11)**. Bevor Sie den Ort erreichen und noch vor der Abzweigung nach Mauchenheim, liegt linker Hand, direkt an der Haltestelle, die Weinstube "Poppenschenke".

Wenn Sie in Alzey nicht nach Weinheim rechts abbiegen, sondern weiter links dem Hinweis "Alle Richtungen" folgen, kommen Sie zur B 40. Fahren Sie nach Süden in Richtung Kirchheimbolanden bis zum Abzweig

Wahlheim (T 12). Biegen Sie gleich nach der Bahnschranke rechts nach Freimersheim ab und fahren Sie am T-Stück links. Direkt rechts an der Straße liegt die Gutsschänke "Zur Sandmühle".

Winzer im Weinberg

Das ist das Ende des Alzeyer Zweigs der Trullo-Route, der andere Zweig beginnt in Wörrstadt und folgt der B 420. Sie fahren durch Wörrstadt und Sulzheim hindurch und erreichen dann die Abfahrt nach **Wallertheim (T 13)**, der Fundstätte des Glashündchens "Kelti von Wallertheim". Im Ort überqueren Sie die Straße nach Wendelsheim; danach geht es links in die Bahnhofstraße und dann rechts zur Straußwirtschaft "Borntaler Hof".

Über die B 420 erreichen Sie als nächstes **Gau-Bickelheim (T 14)**. Gau-Bickelheim liegt am Fuße des Wissbergs, mit 271m die zweithöchste Erhebung in Rheinhessen. Auf dem Wissberg steht das Wahrzeichen des Ortes, die Kreuzkirche, die auch ein beliebter Wallfahrtsort ist. Den Weg zur Kreuzkirche säumen 14 Kreuzwegstationen aus dem Jahre 1862. Auf dem Wissberg steht möglicherweise auch der Ursprung von Gau-Bickelheim, eine steinzeitliche Dorfanlage von 5000 - 2000 v. Chr. Nach Kelten und Römern übernahmen um 500 die Franken die Herrschaft. Von dem Franken Becchilo bekam der Ort auch seinen Namen: Bekilenheim.

Orchidee im Siefersheimer Naturschutzgebiet

An der Hauptstraße liegt linker Hand "Marlene's Gutsschänke". Biegen Sie an der Ampel rechts ab und halten sich unten links. Sie kommen an einer Reihe von

Weingütern vorbei, von denen das Weingut Beißmann die Gutsschänke "Zum Nepomuk" betreibt und das Weingut "Schnabel" eine Straußwirtschaft.

Die B 420 überquert nach Gau-Bickelheim die A 63 und führt dann zu einem Kreisverkehr. Bleiben Sie auf der B 420 Richtung **Wöllstein (T 15)**, das Sie nach drei Kilometern erreichen. Wenn Sie durch Wöllstein Richtung Frei-Laubersheim hindurchfahren, zweigt ein Kilometer außerhalb links die Straße nach Neu-Bamberg ab und Sie sehen bereits die Straußwirtschaft "Alte Ölmühle" liegen.

Sie folgen der Hauptroute, wenn Sie an der Ampel in Wöllstein Richtung Wonsheim abbiegen. Bevor Sie an den Abzweig nach Wonsheim kommen, geht rechts die Kirchstraße ab, die Sie vorbei an der Kirche zur Straußwirtschaft "Wirth" führt.

Nur 400 Meter hinter Wöllstein liegt **Siefersheim (T 16)**. Im Umland von Siefersheim wachsen in den Naturschutzgebieten seltene Pflanzen und im Sommer färbt sich dort eine herrliche Heidelandschaft intensiv. Auf einem Kräuterwanderweg führen geschulte, pfiffige und kundige Kräuterhexen Wanderungen durch. Seinen Namen leitet Siefersheim vom fränkischen Sippenältesten Siefrt ab, wahrscheinlich war es aber schon in der Jungsteinzeit um 5000 bis 2000 v. Chr. besiedelt; urkundlich erwähnt wird es allerdings erst 1254. Das Wahrzeichen von Siefersheim steht in der Weinbergslage Heerkretz und ist ein außergewöhnlich großer, zinnenbewehrter Weinbergsturm, der Ajax-Turm. Sehenswert ist die romanische Kirche von 1569 mit einem ehemaligen Wehrturm als Chorturm.

Im Siefersheimer Naturschutzgebiet

Im Ortskern von Siefersheim geht es rechts ab zur Straußwirtschaft "Kleines Rheinhessen" im Weingut "Alte Schmiede". Gegenüber steht auf der linken Seite etwas zurückversetzt ein Kriegerdenkmal. Wenn Sie die Straße rechts daneben hineinfahren, kommen Sie zur Gutsschänke "Zimmermann". An der Hauptstraße geradeaus liegt rechter Hand die Straußwirtschaft "Moebus".

Die Straße führt Sie weiter nach Wonsheim, wo Sie links nach Wendelsheim und rechts nach Tiefenthal abbiegen können. In **Wendelsheim (T 17)**, müssen Sie rechts Richtung Mörsfeld abbiegen. Die Gutsschänke "Hahn" liegt an der nächsten Kreuzung rechts. Der Name von Wendelsheim leitet sich über Wendelinsheim, Wendelnesheim, Wentilesheim, Windelsheim, Wendilsheim aus dem Fränkischen her. Wendelsheim beherbergt einen romanischen Kirchturm aus dem

12. Jahrhundert, ein barockes Ensemble von Schloß und Rathaus, einen neugotischen Weinbergsturm mit Windschutzmauern um 1860 und außerdem einen für die Gegend typischen Trullo als Rundbau mit Kuppeldach. Ausflugsziel ist der Teufelsrutsch mit einem ehemaligen Bergwerksstollen.

Tiefenthal (T 18), die letzte Station der Trullo-Route, erreichen Sie von Wonsheim aus Richtung Fürfeld. Wenige Meter nach Hof Iben kommen Sie an eine Kreuzung, an der es links nach Rockenhausen geht. Zwei Kilometer weiter sind Sie in Tiefenthal, wo Sie gleich auf der rechten Seite die Gutsschänke "Zum Mühlenhof" finden. Tiefenthal wird erstmals 1051 in einer Besitzbestätigung Papst Leo IX als Daffindal erwähnt. Heute wohnen rund 100 Menschen hier. Tiefenthal bietet sehr schöne Wandermöglichkeiten in unverfälschter Natur.

Blick aus einem Trullo

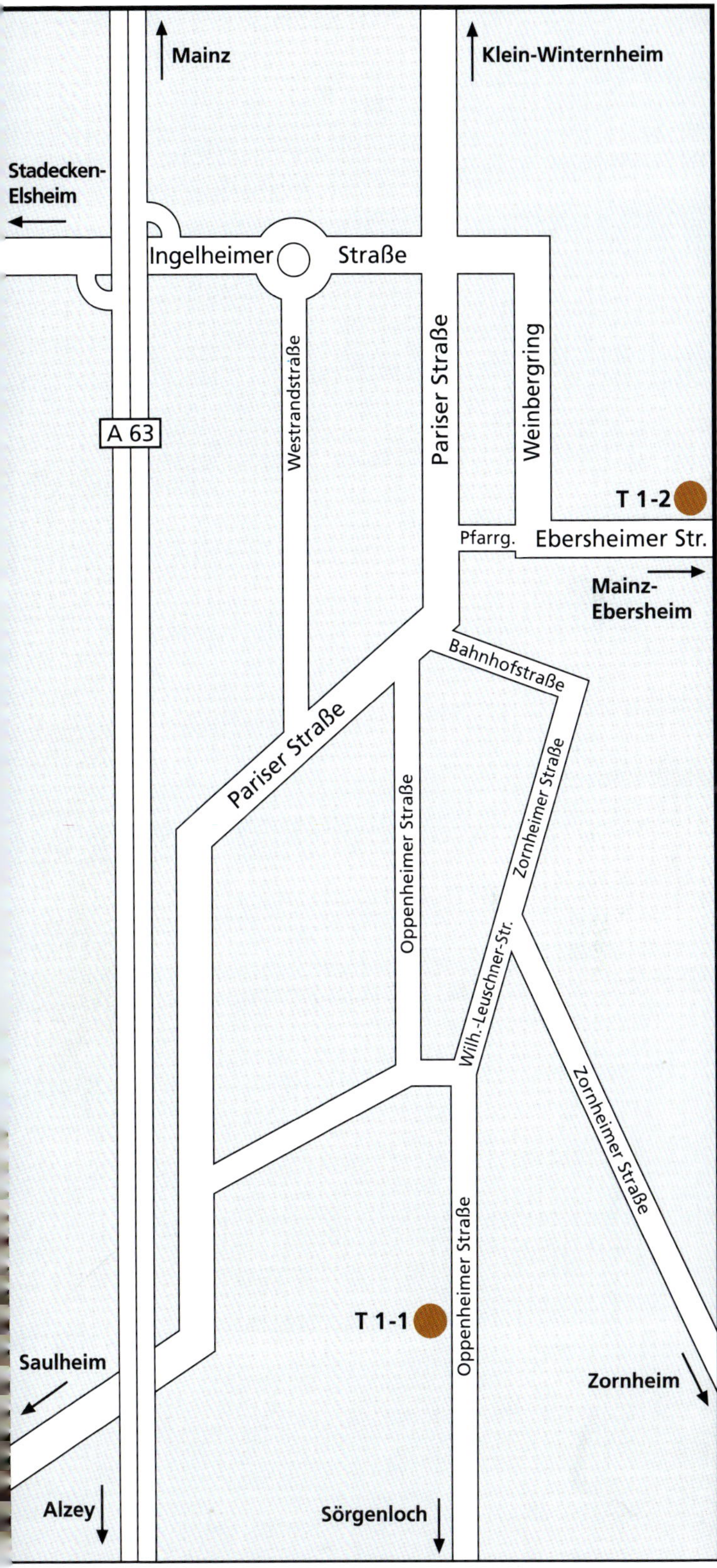
Mainz
Klein-Winternheim
Stadecken-
Elsheim
Ingelheimer
Straße
Westrandstraße
Pariser Straße
Weinbergring
A 63
T 1-2
Pfarrg.
Ebersheimer Str.
Mainz-
Ebersheim
Bahnhofstraße
Zornheimer Straße
Pariser Straße
Oppenheimer Straße
Wilh.-Leuschner-Str.
Zornheimer Straße
T 1-1
Oppenheimer Straße
Saulheim
Zornheim
Alzey
Sörgenloch

T 1-1 Straußwirtschaft Andreashof

55268 Nieder-Olm, Andreashof
Josef Becker ☎ 06136 - 3493 🖷 - 3493

1.Oktoberwochenende für 6 Wochen
Fr, Sa ab 18 Uhr, So/Fe ab 16 Uhr

Unmittelbar am Radweg von Ingelheim nach Köngernheim liegt das Weingut, dessen kleine, gepflegte und sehr gemütliche Weinstube für 60 Personen Platz bietet.

Aufgrund der Öffnungszeiträume im Herbst ist die Hofnutzung zur Bewirtung nur eingeschränkt möglich. Für die PKW der Gäste bietet der Hof ausreichend Abstellfläche.

Die Weinliste beginnt mit folgendem Rat: "Täglich Wein ist für alle Organe unseres Körpers Medizin und diese sollten wir ihm nicht vorenthalten". Um diesen Rat befolgen zu können, werden für den "Arzneischrank" Dornfelder, Spätburgunder, Portugieser, Silvaner, Rivaner, Riesling, Kerner, Bacchus, Ortega und Burgunderweine in Flaschen abgefüllt.

Eine kleine Auswahl an Speisen begleitet den Weingenuß.

T 1-2 Gutsschänke Horn

55268 Nieder-Olm, Ebersheimer Berg
Familie Franzen ☎ 06136 - 42484 🖷 - 5512

ganzjährig
Mo, Mi, Do, Fr, Sa ab 17 Uhr, So ab 11 Uhr

Die ursprüngliche Weinstube wurde um einen großzügigen, hellen und geschmackvoll bestuhlten Wintergarten erweitert. Man sitzt an unterschiedlich großen Tischen in angenehmer Atmosphäre zusammen und genießt die Angebote aus Küche und Keller.

Der Wintergarten kann zur schattigen Terrasse hin geöffnet werden, so daß man drinnen oder draußen sitzen kann. Kinderspielplätze, Wiesen und der weite Blick vom Ebersheimer Berg hinab ins Tal locken die Gäste hierher.

Auf rheinhessischen Böden werden Silvaner, Müller-Thurgau, Weißburgunder, Scheurebe, Kerner und Portugieser angebaut. Die angebotenen Rieslingweine durften an Mosel und an Nahe wachsen.

Nicht nur zur Spargelzeit werden die Zutaten für die Gerichte der Küche aus eigenem Anbau gewonnen. Tomatenbrot mit Kresse, Spunde- und Handkäs', Winzerschnitte, Wurstsalat und verschiedene Kartoffelgerichte werden auf der Speisekarte angeboten.

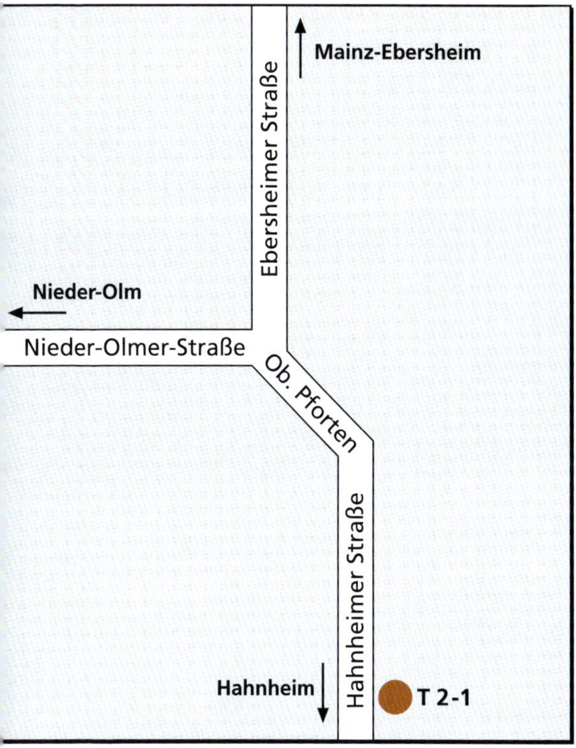

Gutsschenke Becker T 2-1

55279 Zornheim, Hahnheimer Straße 30
Wilfried Becker ☎ 06136 - 44790 Fax 06249 - 7624

1.Sonntag im Januar - Anfang Mai, Ende August - 4. Advent
Fr, Sa ab 18 Uhr, So ab 15 Uhr

Die im altdeutschen Stil gehaltene Gaststube ist mit viel Holz und einem offenen Kamin ausgestattet. Der Haupt- und Nebenraum sind durch eine offene Fachwerkwand voneinander getrennt. An unterschiedlich großen Tischen können insges. 80 Gäste sitzen.

Bei schönem Wetter werden unter Kirschbäumen und Pavillons Sitzgelegenheiten für 40 Personen bereitgestellt. Im Hof darf man auch sein Auto abstellen.

Mehr als 25 Weine stellen sich dem Geschmack der Kunden. Der trockene, im Barrique gereifte Dornfelder, der trockene Chardonnay, die Huxel Beerenauslese und der Silvaner Eiswein sind die besonderen Highlights der Weinkarte.

Die unterschiedlich belegten Mohn-, Salz- und Roggenstangen werden frisch gebacken. Die Spezialität der Küche ist der Spießbraten, den man als große oder kleine Portion bestellen kann. Der Winzerteller, die Gulaschsuppe und der gebackene Camembert runden das Angebot ab.

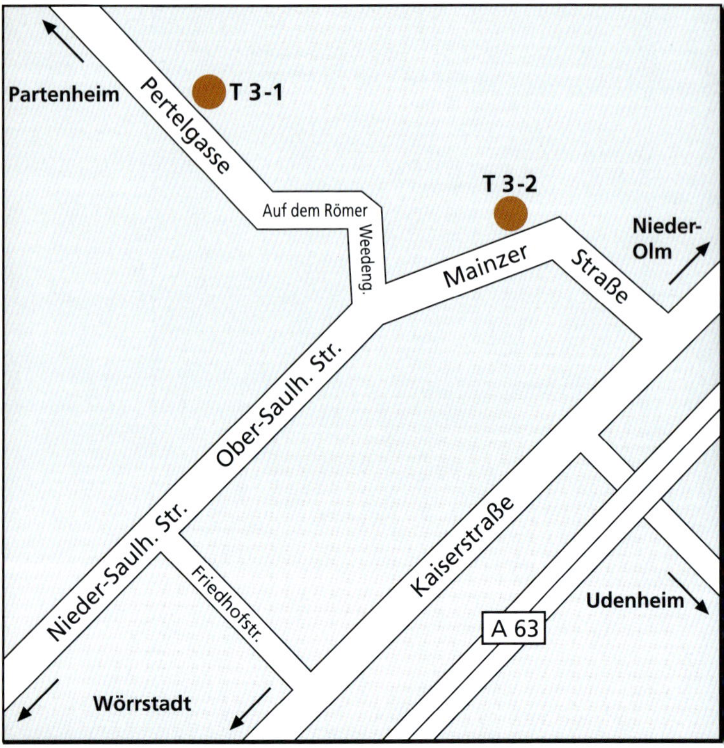

T 3-1 Gutsschänke Die Wei-Stubb

55291 Saulheim, Pertelgasse 15
Klaus Oehler ☎ 06732 - 5908 Fax - 951798

Fastnacht - Pfingsten, 2.WE September - November
Fr, Sa ab 18 Uhr, So ab 16 Uhr

Mit Tischen und Stühlen aufgelockert möbliert und von kreativer Hand ausgestattet, vermittelt die helle, im Landhausstil gehaltene Gaststube eine behagliche Atmosphäre für ca. 50 Besucher.

An warmen Tagen werden unter der Pergola Sitzgelegenheiten angeboten. Die Autos der Gäste dürfen im Hof abgestellt werden.

Aus einer umfangreichen Rebsortenauswahl werden von Landwein bis Beerenauslese alle Qualitätsstufen angeboten. Der Dornfelder, der Spätburgunder und der Weißburgunder Kabinett sind die besonderen Empfehlungen des Winzers.

Die Fischpfanne, verschiedene vegetarische Gerichte und wöchentlich wechselnde Spezialitäten werden von den fleißigen Händen in der Küche produziert.

Gutsschänke Walldorf-Pfaffenhof
55291 Saulheim, Mainzer Straße 50
Familie Walldorf ☎ 06732 - 5055 📠 - 63249

Februar - Ende Mai, 2.WE September - 2. Adventssonntag
Do, Fr, Sa ab 17 Uhr, So/Fe ab 16 Uhr

Im alten Kelterhaus wurde eine sehr geschmackvolle Gutsschänke für 80-100 Personen eingerichtet. Die Dekorationen wechseln im Jahresverlauf und verschaffen der besonderen Atmosphäre immer neue Gesichter. Der Wein- und Geschenkboutique sollte man auch einen Besuch abstatten.

Tipp: Fragen Sie nach dem Programm "Pfaffenhof Aktuell", darin erfahren Sie die lohnenswerten Spezialtermine der jeweiligen Öffnungszeiträume.

Die "1-Liter-Klasse" des Weingutes ist die sparsame und wohlschmeckende Glasfüllung für jeden Tag. Darüber hinaus hat man eine große Auswahl an Weiß- und Rotweinen. Der im Barrique ausgebaute Dornfelder oder die trockene Kanzler Auslese sollen nur stellvertretend für die übrigen Kellerköstlichkeiten genannt werden.

Spätestens beim Lesen der interessanten Speisekarte weiß der Gast, daß er in "Rhoihesse" gelandet ist. Die "MundArt" Gerichte klingen und schmecken einfach gut. Besonders zu beneiden sind die Matjes, die in Spätburgunder baden dürfen.

Hätten Sie gewußt,

dass nicht jede Rebsorte
in einem Weinanbaugebiet
angebaut werden darf, sondern
dass es dazu einer amtlichen
Zulassung bedarf?

T 4 Udenheim

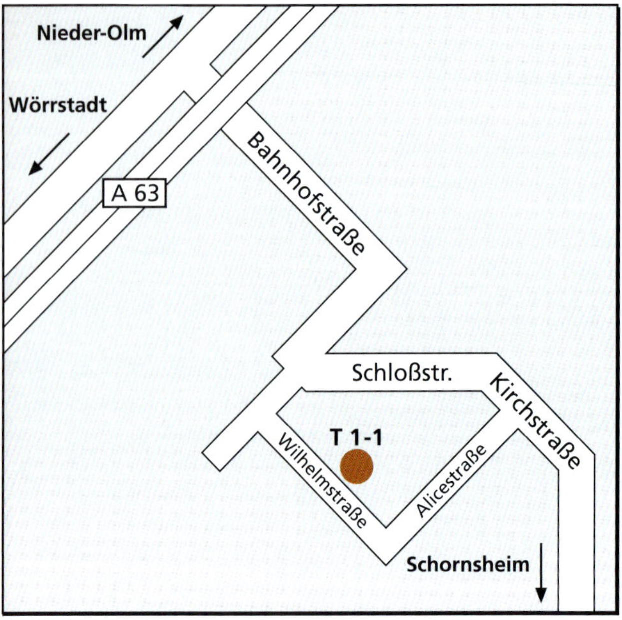

T 4-1 Straußwirtschaft Zaun

55288 Udenheim, Wilhelmstraße 8
Edwin Zaun ☎ 06732 - 4452 Fax - 4452

Ende Januar - 1 Woche vor Ostern, Ende Oktober - Mitte Dezember
Fr ab 19 Uhr, Sa ab 18 Uhr, So ab 16 Uhr

Die ebenerdig gelegene und bei Bedarf geheizte Scheune wird seit 1995 als Straußwirtschaft genutzt. Der große und normalerweise abgeteilte Raum läßt sich von 50 auf 100 Sitzplätze erweitern.

Die Öffnungszeiten lassen die Nutzung des Hofes zur Bewirtung üblicherweise nicht zu.

Seit drei Generationen wird in der Familie Weinbau betrieben. Die Ergebnisse der Weinbergs- und Kellerarbeit findet man in den mit Dornfelder, Portugieser, Silvaner, Riesling, Scheurebe, Huxel und Ortega abgefüllten Flaschen.

Am 1.WE im Februar ist Schlachtfest mit allem was dazu gehört. Die Dauerkarte bietet Mohnstangen mit Käse oder Schinken, Wurstsalat, Bratwurst und Schnitzel zum Verzehr an.

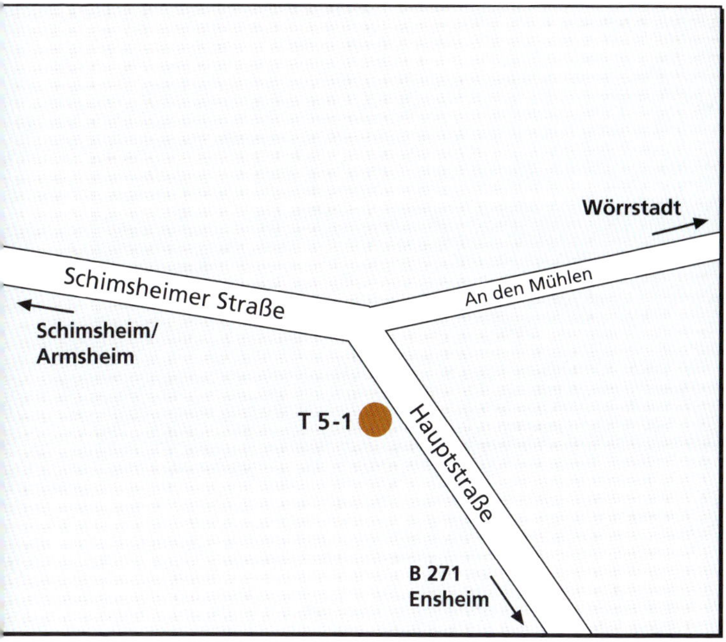

Weinstube Zum Woifässje T 5-1

55286 Wörrstadt-Rommersheim, Hauptstr. 5
Klaus Ullmer ☎ 06732 - 61179 Fax - 961622

ganzjährig
Fr, Sa ab 18 Uhr, So/Fe ab 17 Uhr

Die Weinstube befindet sich im ehemaligen Kuhstall. Die Gewölbedecke, das Bruchsteinmauerwerk und die rustikale Einrichtung für 46 Gäste schaffen das ideale Ambiente für "weinseelige" Stunden.

Der schön gepflasterte Hof dieser 1875 im fränkischen Stil erbauten Hofreite bietet bei gutem Wetter 30 Sitzplätze an.

Aus dem Weinangebot empfiehlt der Winzer den 98er Morio-Muskat Kabinett, die trockene 1998 eingegangene Verbindung von Ortega und Optima sowie den Dornfelder Rotwein.

Freitags gibt's Pellkartoffeln mit Quark. Die Hausmacher Wurst und Knoblauchgerichte wie z.B. die unterschiedlichen, warmen Knobistangen und das Knoblauchschnitzel sind zur übrigen Zeit die Favoriten der umfangreichen Speisekarte.

T 6 Spiesheim

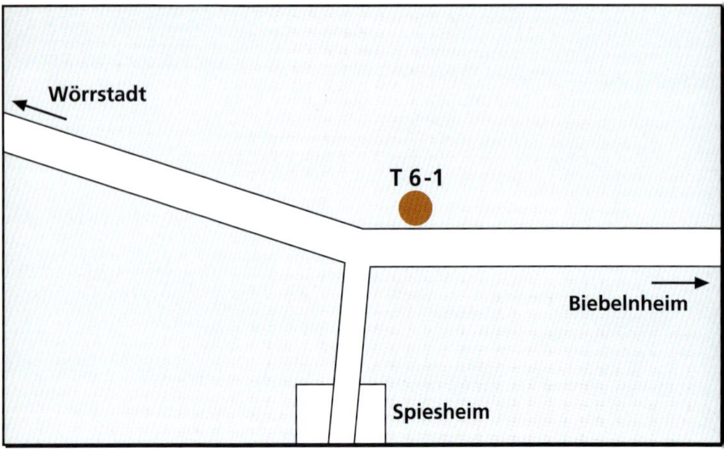

T 6-1 Straußwirtschaft Becker & Sohn

55288 Spiesheim, Außerhalb 12
Horst Becker & Sohn ☎ 06732 - 1460 Fax - 65453

April u. Mai, November u. Dezember
Fr, Sa ab 18 Uhr, So/Fe ab 16 Uhr

Diese auch unter dem Namen "Zum singenden Winzer" bekannte Straußwirtschaft bietet 150 Personen Platz. Der neue, große Gastraum wirkt durch das dekorative Oberlicht freundlich und hell. Der ursprüngliche Schankraum mit Kachelofen und "Zappeeck" ist eher rustikal gehalten.

Während des Sommers werden im großzügigen Hof 100 Sitzgelegenheiten mit grünem Umfeld geschaffen. Am Teich befindet sich ein großer Gartenpavillon.

6 trockene, 7 halbtrockene und 6 milde Weine kann man probieren. Der Winzer empfiehlt den halbtrockenen Spätburgunder, die halbtrockene Rivaner Spätlese und als "Krönung des Jahrgangs 1999" die Ortega Beerenauslese.

Die Wahl zwischen Spiesheimer Zappe, Mandel-Dinkel-Brisoletts und den Winzersteaks mit Bratkartoffeln fällt schwer. Den kleinen Hunger kann man z.B. mit der "Käseschnitte Gärtnerin auf Sonnenblumenbrot" erfolgreich und lecker bekämpfen.

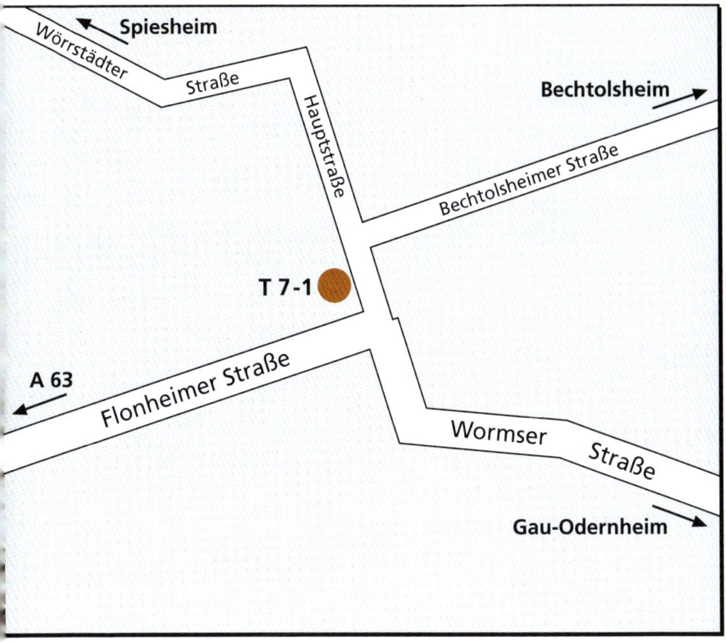

Straußwirtschaft Schlupfwinkel T 7-1

55234 Biebelnheim, Hauptstraße 10

Familie Udo Diel ☎ 06733 - 960053 Fax - 960055

Ende April - Mitte August

Sa ab 18 Uhr, So/Fe ab 16 Uhr

Auf die Gäste wartet eine gemütliche, kleine Weinstube im Obergeschoß des ehemaligen Kuhstalls. Das moderne Interieur mit italienischen Fliesen, der Blick auf den romantischen Winzerhof und die Vinothek im Erdgeschoß sind nur einige Gründe, weshalb man hier vorbeischauen sollte.

In dieser typisch rheinhessischen Hofreite wurde im Rahmen eines Dorferneuerungsprojektes die alte Bausubstanz restauriert. In dem begrünten idyllischen Hof finden 50 Erwachsene und gerne auch Kinder Platz.

Seit 1647 wird in der Familie Weinbau betrieben. Weiß- u. Grauburgunder, Riesling, Gewürztraminer, Dornfelder und Spätburgunder Rotweine werden nach der traditionellen Methode der Maischegärung hergestellt. 80 % der Weine werden trocken ausgebaut. Die halbtrockenen und die lieblichen Weine teilen sich mit je 10 % die restlichen Anteile.

In der Küche werden überwiegend Produkte aus dem hauseigenen Garten nach familieneigenen Rezepten verarbeitet. Die hausgemachten Käsespätzle nach dem Rezept der schwäbischen Großmutter sind die besondere Empfehlung gegen großen Hunger.

T 8 Gau-Odernheim

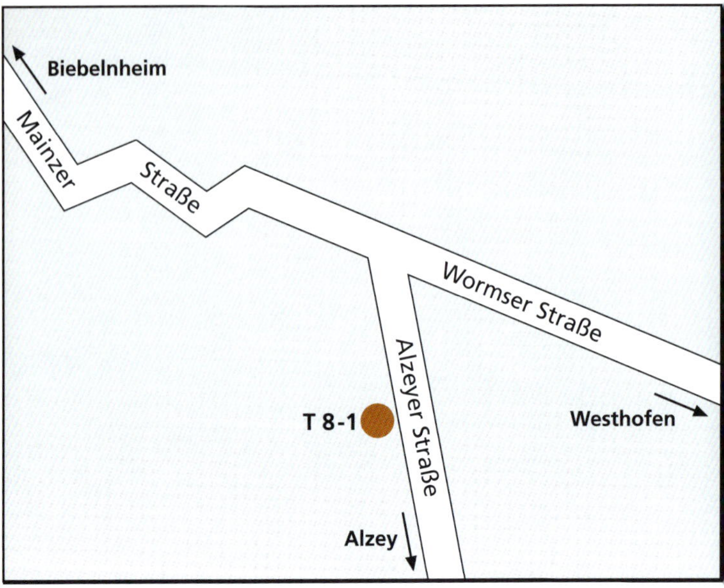

T 8-1 Weinstube Boos

55239 Gau-Odernheim, Alzeyer Straße 23
Wolfgang Boos ☎ 06733 - 6276 Fax - 961830

ganzjährig
Fr, Sa ab 18 Uhr, So ab 12 Uhr

Der rustikale Rauhputz, die Wanddekorationen aus landwirtschaftlichen Geräten und die schweren Tische, Bänke und Stühle aus massiver Eiche schaffen eine gemütlich rustikale Atmosphäre für 40 Personen.

Im Sommer werden im geschützten Hof Pavillons, Tische und Bänke aufgestellt.

Die Weinkarte bietet neben den typischen Weinen der Region auch Kanzler und Albalonga.
Tipp: Im Weingut Boos befindet sich auch die "Selztal Brennerei". Gebrannt werden leckerste Hochprozentige vom Obst, von der Rebe, aus Kräutern sowie Liköre.

Egal, ob man sich für Hausmacher Wurst, Toast, Rührei, Schnitzel, Rumpsteak oder den Strammen Max mit viel rohem Schinken entscheidet, satt wird man immer, und lecker ist alles.

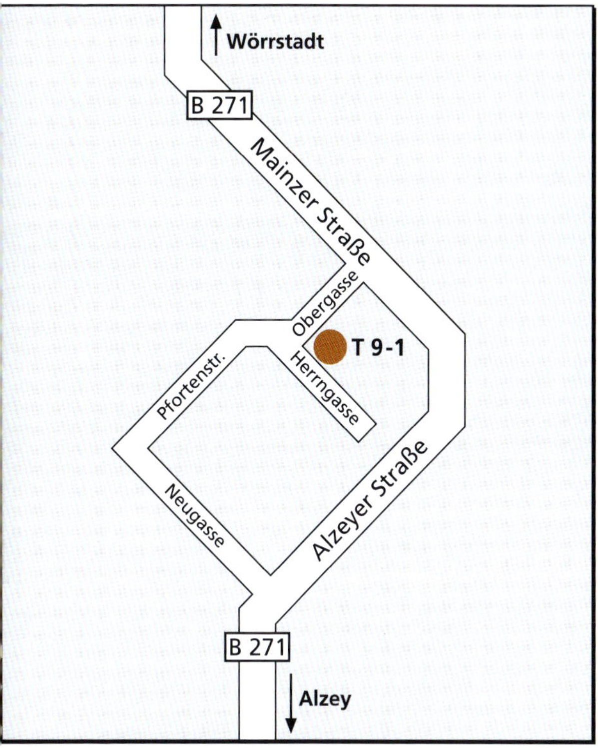

T 9-1

Straußwirtschaft s'Trauwemielche
55232 Ensheim, Herrgasse 9
Karl-Heinz Becker ☎ 06732 - 7895 Fax - 961940

März - April, November - Dezember
Sa ab 18 Uhr, So ab 17 Uhr

Im Weingut Rosenhof befindet sich - in einem um 1600 erbauten Tonnengewölbe - die hell eingerichtete, urige Straußwirtschaft für 32 Personen. Gleich neben der Tür befindet sich die kleine Theke, von welcher aus die Gläser der Gäste vom Winzer eigenhändig befüllt werden.

Aufgrund der Öffnungszeiten wird der Hof nur gelegentlich genutzt.

Durch fachkundige Untertitel findet der Kunde bereits in der Weinliste "Verwendungshinweise". 8 trockene, 4 halbtrockene und 10 Weine mit Prämierung werden angeboten. Der Dornfelder Rotwein, der Spätburgunder Kabinett Weißherbst und die süße Siegerrebe Auslese sind die besonderen Empfehlungen des Winzers.

Die Speisekarte bietet neben Cordon Bleu, Winzerschnitzel, Bratwurst und Winzersteak mit Bratkartoffeln auch kleine kalte Leckereien an.

T 10 Alzey

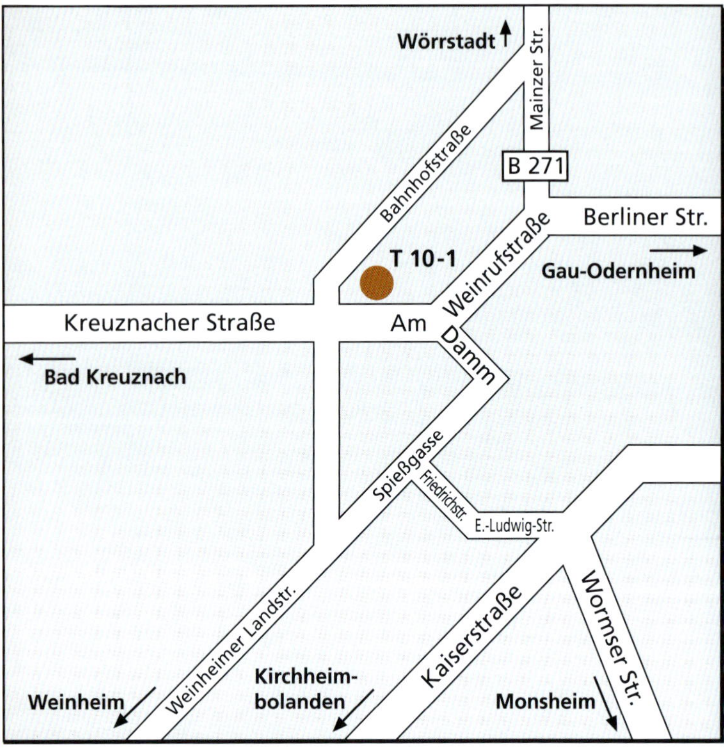

T 10-1 Gutsschenke Stock

55232 Alzey, Am Damm 20
Jürgen Stock ☎ 06732 - 1280

ganzjährig
Fr, Sa ab 18 Uhr, So ab 17 Uhr

Die große, helle und bis zum Dachstuhl offene Gaststube ist neu erbaut. Die einheitliche Bestuhlung bietet rund 50 Gästen Platz.

Im Sommer werden einige Sitzgelegenheiten im Hof aufgestellt. Parkplätze findet man im Hof oder auf der Straße.

Im Keller werden Müller-Thurgau, Scheurebe, Riesling, Morio-Muskat, Silvaner, Kerner, Chardonnay, Huxel, Bacchus und Ortega zu Weißwein verarbeitet. Die Früchte der Portugieser-, Spätburgunder- und Dornfelderrebe werden zu Rotwein vergoren.

Die Speisekarte bietet kalte und warme Gerichte zum Wein.

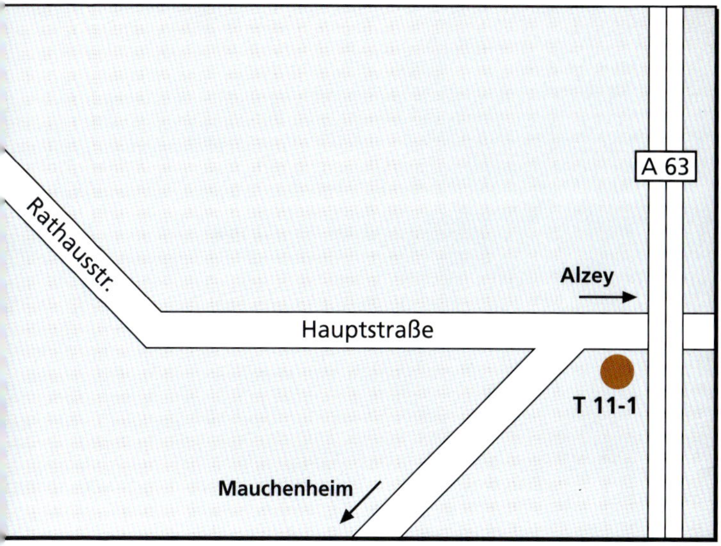

Weinstube Poppenschenke T 11-1
55232 Alzey-Weinheim, Hauptstraße 153
Familie Mayer ☎ 06731 - 43622

Ende Januar - Weihnachten
Mo, Fr, Sa, ab 18 Uhr, So ab 11 Uhr

Schon allein wegen der aufwendigen Holzarbeiten an Decke, Boden und an den Wänden ist die ehemalige kurpfälzische Mühle, die nach 1892 zum Weinlokal umgebaut wurde, einen Besuch wert. In den zwei miteinander verbundenen Räumen finden 100 Personen Platz.

Unter alten Bäumen und vor dem "Madonnenbrunnen" sitzt man im Sommer in diesem Hof sehr idyllisch und geschützt.

Typische rheinhessische Rebensäfte wie z.B. Kerner werden ausgeschenkt.

Die Küche bietet aus eigener Schlachtung Hausmacher Wurst in allen Varianten und Handkäs' an. Warme Speisen gibt es nicht.

T 12 Wahlheim

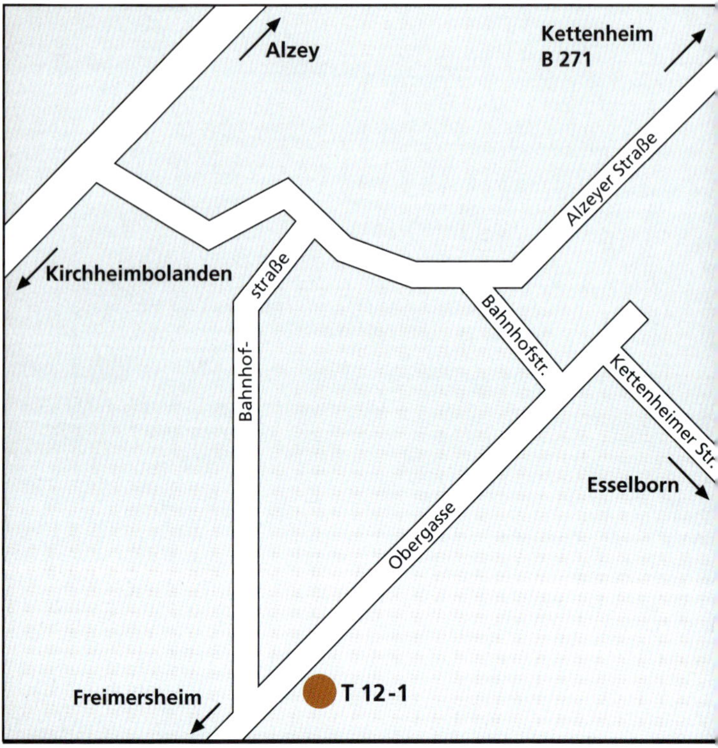

T 12-1 Gutsschänke Zur Sandmühle

55234 Wahlheim, Sandmühle
Familie Korfmann ☎ 06731 - 43165 Fax - 941766

Vorraussichtlich ab Mai 2001 geöffnet
Mo, Di, Fr, Sa, So ab 18 Uhr

Nach einer liebevollen und fachgerechten Renovierung wurde der ehemalige Kuh- und Pferdestall, der als Kreuzgewölbe um 1840 erbaut wurde, zu einem echten Schmuckstück. 60 Gäste finden hier Platz und haben sicher Verständnis dafür, daß die alten Materialien Zigarettenrauch nicht so gerne mögen.

In dem idyllischen Hof des Anwesens wird man gerne die lauen Sommerabende verbringen.

Der Freund des ehrlichen, süffigen und trockenen Zechweins und harmonischen Begleiters eines guten Essens findet hier seinen Idealwein. Die Vorliebe für trockenen Ausbau, teils noch im alten Eichenfaß und die Pflege alter und neuer Rebsorten machen das Weingut besuchenswert.

Man darf gespannt sein, welche Überraschungen an warmen und kalten Gerichten die Speisekarte füllen werden.

Wallertheim

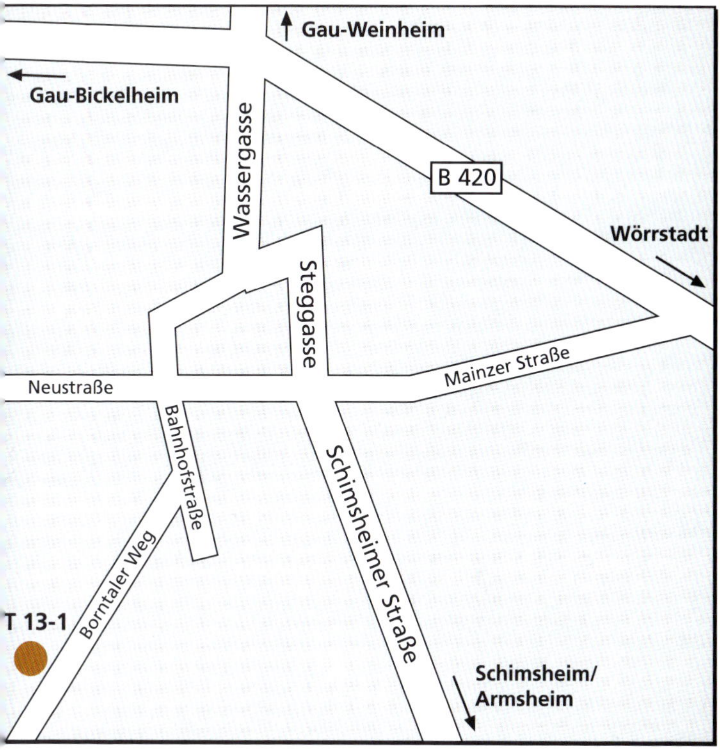

Straußwirtschaft Borntaler Hof T 13-1

55578 Wallertheim, Borntaler Weg
Heinz-Gunther Hoch ☎ 06732-1247 Fax - 951428

Mitte Juni - Mitte August, 2.WE September - 3.WE Oktober
Fr, Sa ab 18 Uhr, So/Fe ab 17 Uhr

In warmen Farbtönen gehalten, liebevoll dekoriert und mit hellen Buchenmöbeln ausgestattet, präsentiert sich der Gastraum im Borntaler Hof. Die Sitzplätze reichen für 45 Besucher.

Da dieser neue Hof komplett im Grünen liegt, bietet die große Hofanlage ausreichend Sitz- und Bewegungsmöglichkeiten für 50 große und kleine Gäste.

Das reichhaltige Weinangebot von knapp 15 Weinen hält für jeden Geschmack das richtige Tröpfchen bereit. Die besonderen Empfehlungen des Winzers sind die trockene Riesling Spätlese, der halbtrockene Portugieser und der 99er Silvaner Eiswein.

Aus der großen Speisekarte kann man sein Lieblingsgericht auswählen. Was als besondere Beilage nie fehlen sollte, sind die leckeren, knusprigen Bratkartoffeln.

T 14 Gau-Bickelheim

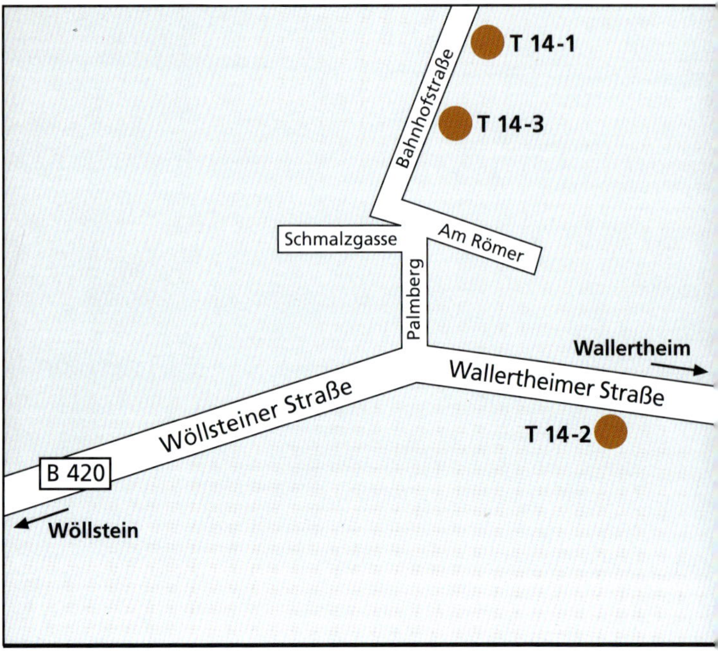

T 14-1 Straußwirtschaft Alfons Schnabel

55599 Gau-Bickelheim, Bahnhofstraße 31
Alfons Schnabel ☎ 06701 - 7582 Fax - 7534

Ende April - Mitte Juni, Mitte August - Ende September
Sa ab 18 Uhr, So/Fe ab 16 Uhr

Insgesamt 90 Besucher können sich auf die beiden Gasträume verteilen. Zum Teil wurden die Möbel aus alten Holzfässern hergestellt. Durch eine große Schiebetür kann der größere der Räume zum Hof geöffnet und somit als Erweiterung der Sonnenterrasse mitbenutzt werden.

Im großen, parkähnlichen Hof in ruhiger Ortsrandlage finden 50 Personen gemütliche Sitzplätze. Für die Kinder der Gäste gibt es Spielmöglichkeiten.

Von der Rebe bis zur Flasche liegt die Pflege der 30 Weine ausschließlich in den Händen der Familie. Die besonderen Empfehlungen des Winzers sind die trockene Chardonnay Spätlese, der trockene, im Barrique gereifte Dornfelder und der trockene Perlwein "Al Secco".

Alle Gerichte der großen Karte werden frisch zubereitet. Hier findet man zu jedem Tropfen den idealen, kulinarischen Begleiter.

Marlene's Gutsschänke T 14-2

55599 Gau-Bickelheim, Wallertheimer Straße 19
Marlene u. Hans-Paul Pfennig ☎ 06701 - 7428 Fax - 3565

März - 3. Advent
Do, Fr ab 18 Uhr, Sa ab 17 Uhr, So 12-14 + 16-22 Uhr,
nur Mai - Ende Oktober auch Mi. geöffnet

In Marlene's Gutsschänke können 40 Gäste bei Wein und rheinhessischen Spezialitäten "das gemütliche Ambiente mit besonderem Flair" genießen.

Die lauschige Hofwirtschaft wird im Sommer mit viel Grün und vielen Blumen zu einem einladenden Idyll mit 50 Sitzplätzen.

Viele fleißige Hände mußten in den Weinbergen und im Keller zupacken, um die 30 Weine der Weinliste herzustellen. Zu den besonderen Empfehlungen des Winzers zählen die 99er-Ausgaben des trockenen Dornfelders, der trockenen Riesling Auslese und des Riesling Eisweins.

Marlene's Winzersteaks mit Bratkartoffeln sind zweifellos die Renner der Karte. Seit diesem Jahr neu und ebenfalls hitverdächtig sind die Flammkuchen, die von Mai bis Ende Oktober an den Mittwochabenden aus der Küche kommen.

Gutsschänke Zum Nepomuk T 14-3

55599 Gau-Bickelheim, Bahnhofstraße 15
Edgar Beißmann ☎ 06701-1817 Fax - 2349

Ostern - Mitte August, letztes WE September - nach Fastnacht
Fr, Sa ab 18 Uhr, So/Fe ab 17 Uhr

Natursteinmauer, Holzbalken an Decke und Wänden und eine ansprechende Möblierung für 45 Personen schaffen eine wohlige Atmosphäre und laden zum Verweilen ein.

Im typischen, rheinhessischen Innenhof, der im Sommer ebenfalls zur Bewirtung genutzt wird, werden 40 Sitzplätze angeboten.

Die Trauben für die über 20 angebotenen Weine werden handverlesen. Aus diesen Kellerköstlichkeiten empfiehlt der Winzer besonders die trockene Riesling Auslese, die liebliche Morio-Muskat Auslese und die halbtrockene Chardonnay Spätlese.

Rustikale, rheinhessische Gerichte werden immer angeboten. Da noch selbst geschlachtet wird, werden viele Zutaten der Speisekarte selbst hergestellt. Die speziellen Termine der Schlachtfeste sind zu empfehlen.

T 15 Wöllstein

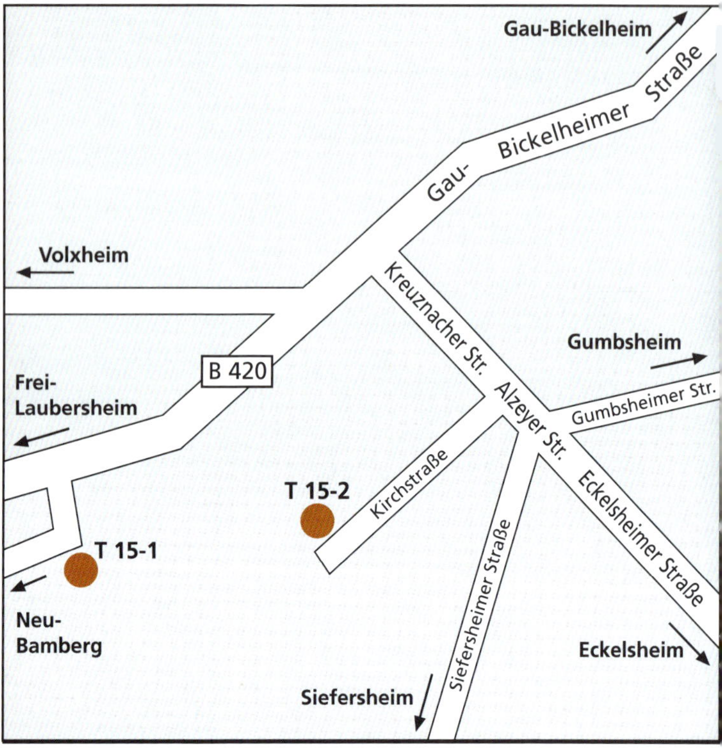

T 15-1 Straußwirtschaft Alte Ölmühle

55597 Wöllstein
Holger Schmitt ☎ 06703 - 1551 Fax - 1551

Anfang Mai - 1.WE September
Fr ab 18 Uhr, Sa ab 16 Uhr, So/Fe ab 15 Uhr

Mitten in der "Rheinhessischen Schweiz", am romantischen Appelbach und am Fuße des Ölbergs liegt die 1582 erbaute, alte Ölmühle. In der einfach eingerichteten Gaststube finden 40 Besucher Platz.

Ob nach dem Wandern oder ganz ohne sportliche Betätigung, der große Hof in idyllischer Lage ist ein idealer Ort zum Ausspannen. Die Anwesenheit der vielen Tiere ist nicht nur für die Kinder ein zusätzlicher Grund für einen Besuch.

Die Weinkarte bietet trockene, halbtrockene und milde Weine zur Verkostung an. Die besonderen Empfehlungen des Winzers sind der Dornfelder, der Dornfelder Barrique und der Portugieser.

Die Küche betont mit Stolz, dass alle angebotenen Speisen stets frisch zubereitet werden. Der Ölbergteller wird mit einem Hefetrester als "Magenfreund" gereicht.

Straußwirtschaft Wirth
55597 Wöllstein, Kirchstraße 72
Familie Wirth ☎ 06703 - 1510 Fax - 4999

Anfang Mai - Anfang September
Mo, Fr, Sa, ab 18 Uhr, So ab 16 Uhr

Der alte Rebenveredelungsschuppen wurde zur Straußwirtschaft umfunktioniert. An Tischen und Bänken können bis zu 70 Personen in rustikaler, ungezwungener Atmosphäre zusammen zechen.

Umsäumt von Rosen und unter alten Walnußbäumen stehen im Sommer Sitzplätze für 100 Gäste bereit.

Von Q.b.A. über Beerenauslese bis hin zum Eiswein kann man sich hier alles in die Gläser füllen lassen. Der trockene Dornfelder und die trockene Grauburgunder Spätlese sind die besonderen Empfehlungen des Winzers.

Die Speisekarte bietet überwiegend kleine Gerichte als Begleiter zum Weingenuß an. Auf besonderen Wunsch und nur nach Vorbestellung bietet Frau Wirth (sie ist Leiterin der Kräuterschule Herbala) auch Wildkräutergerichte an .

Hätten Sie gewußt,

dass der Riesling auch als Johannisberger, Hochheimer, Niederländer oder Pfefferl bezeichnet wird?

T 16 Siefersheim

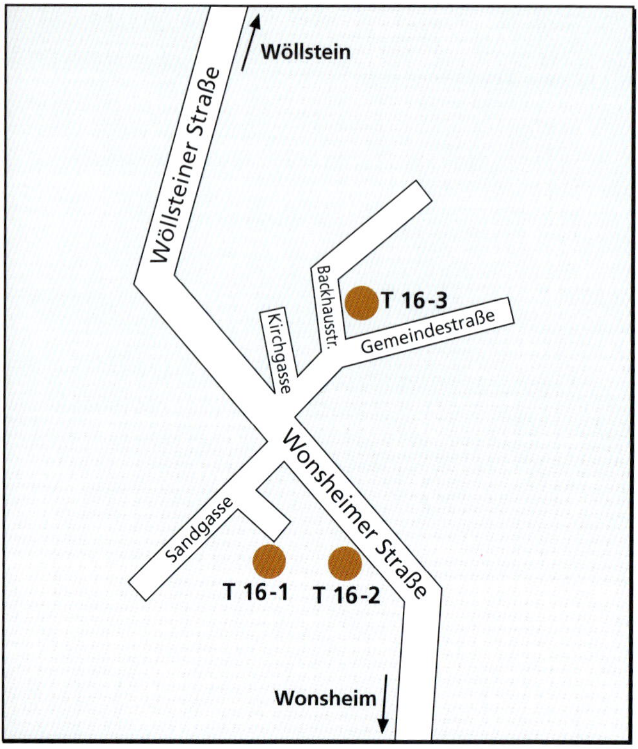

T 16-1 **Straußwirtschaft Kleines Rheinhessen**

55599 Siefersheim, Sandgasse 10

Familie Seybarth ☎ 06703 - 705 Fax - 715

Mai - August, November
Fr, Sa ab 18 Uhr, So/Fe ab 11 Uhr

Man blickt auf den schönen Innenhof, während man in dieser mit alten Möbeln stilvoll eingerichteten Straußwirtschaft sitzt. Bei entsprechender Witterung können sich bis zu 70 Gäste am Kaminfeuer wärmen.

Die Hofreite mit Bruchsteingebäuden und Trockenmauer hat einen schönen Innenhof mit Kopfsteinpflaster und Blick auf die Weinberge. 100 Gäste finden hier u.a. in einem alten Weinbergstrullo Platz.

Man braucht schon Stehvermögen, möchte man sich einmal quer durch die 30 Weine dieser Karte trinken. Als besondere Tropfen gelten die Chardonnay Spätlese, die Würzer Auslese und der Kirschwein.

Die angebotenen Wildspezialitäten sind zweifellos die Favoriten der umfangreichen Speisekarte.

Straußwirtschaft Moebus T 16-2

55599 Siefersheim, Wonsheimerstraße 13
Michael u. Christine Moebus ☎ 06703 - 665 Fax - 941816

2.WE März - 2.WE Juni
Sa ab 18 Uhr, So/Fe ab 16 Uhr

Im Winter 98/99 wurde der Gastraum, der sich in einem historischen Kreuzgewölbe aus dem Jahre 1841 befindet, auf 80 Plätze erweitert und umgestaltet. Sowohl die Säulen als auch die sonstige Ausgestaltung vermitteln mediterranes Flair und verführen die Besucher zum längeren Verweilen.

In der absoluten Hochzeit wie z.B. zum Tag der offenen Weinkeller können in diesem mit Naturpflaster schön gestalteten, gemütlichen und zum Teil überdachten Hof bis zu 300 Personen sitzen.

Die berufliche Gemeinsamkeit, daß beide Eheleute Winzer sind, ist in Winzerkreisen noch nicht die Regel, führt aber zu gegenseitigem Ansporn und findet ihren konstruktiven Abschluß in charakterstarken Weinen. Die Empfehlungen des Winzer-Teams sind der Weiße Burgunder, der Dornfelder Rotwein und der Grüne Silvaner.

Dass Frau Moebus zertifizierte "Kräuterhexe" ist, geht an der Speisekarte nicht spurlos vorüber. Wildkräuter-Spundekäs', Champignons mit Wildkräutern sowie Räucherlachs mit Kartoffeln und herzhaften Kräutern sind nur einige Vertreter der sehr leckeren Schlemmereien der Küche.

Gutsschänke Zimmermann T 16-3

55599 Siefersheim, Backhausgasse 3
Jörg u. Arthur Zimmermann ☎ 06703 - 960320 Fax - 960324

Pfingsten - Mitte August
Sa ab 18 Uhr, So/Fe ab 17 Uhr

Die stilvoll gestaltete Weinstube im ehemaligen Kreuzgewölbestall mit freigelegtem Bruchsteingewölbe bietet 42 Gästen Platz. Sollte mehr Raum benötigt werden, kann der Innenhof zum beheizbaren Wintergarten umgewandelt werden.

In dem bereits oben erwähnten, idyllischen Innenhof gibt es insgesamt 100 Sitzplätze. Während sich die Eltern oder Großeltern mit Wein und mehr beschäftigen, können sich die Kinder auf dem Spielplatz vergnügen.

Die besonderen Empfehlungen des Weinangebotes sind die Ortega Beerenauslese und der Eiswein. Wer's gerne prickelnd mag, kann sich durch die lebendige Frische des trockenen Perlweins "PAJA secco" verführen lassen.

Passend zum Weinangebot werden wechselnde warme und kalte Köstlichkeiten angeboten.

T 17 Wendelsheim

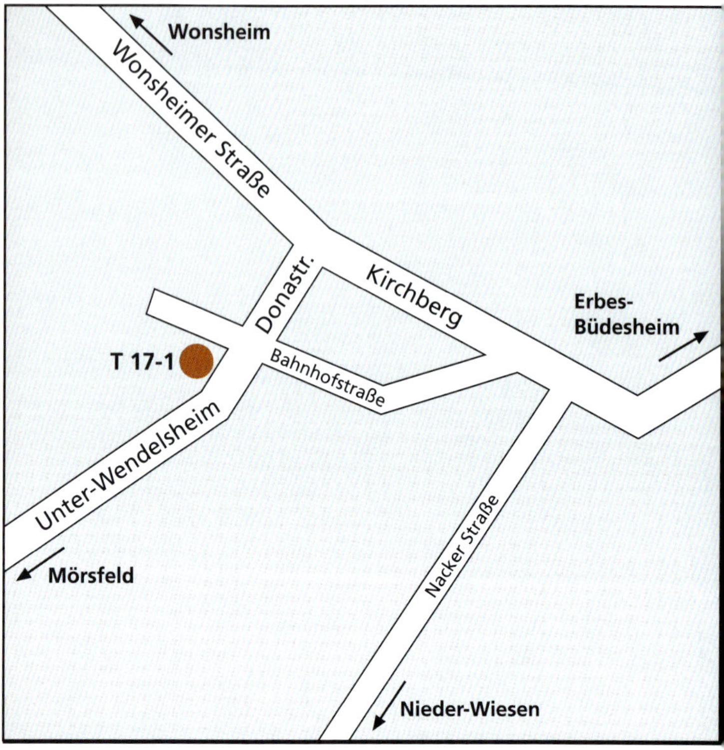

T 17-1 Gutsschänke Hahn

55234 Wendelsheim, Unterwendelsheim 1
Bernd Hahn ☎ 06734 - 8657 Fax - 8657

März - Juli, September - Dezember
Fr, Sa ab 18 Uhr, So/Fe 11 - 14 Uhr und ab 17 Uhr

Der ehemalige Kuhstall wurde umgebaut, mit viel Holz rustikal eingerichtet und beherbergt jetzt die Gaststube, in der knapp 40 Personen gemütlich ihre Gläser und Teller leeren können.

Im Hof ist ausreichend Platz für die Bewirtung von bis zu 150 Personen. Teilweise sind die Sitzplätze überdacht.

Die Weinkarte bietet einen typischen Querschnitt durch die rheinhessische Rebenlandschaft. Zur Herstellung der 11 Weißweine und der 3 Rot- bzw. Weißherbstweine werden Dornfelder, Portugieser, Müller-Thurgau, Rivaner, Silvaner, Scheurebe, Kerner, Morio-Muskat, Ortega, Riesling und Grauer Burgunder verwendet.

Die gut bürgerliche Küche hält neben verschiedenen Schnitzelarten und Kotelett auch Hausmacher Wurst gegen den großen und den kleinen Hunger bereit.

Tiefenthal

T 18

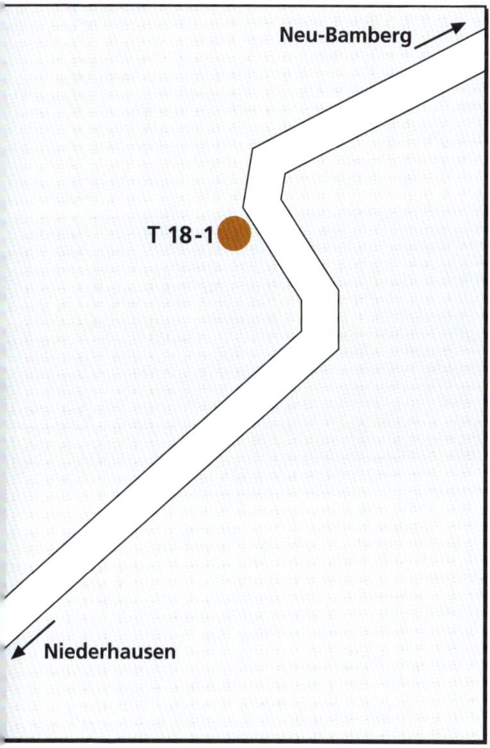

Gutsschänke Zum Mühlenhof T 18-1

55546 Tiefenthal, Münsterthaler Straße1

Karl-Heinz Weyell ☎ 06709 - 412 Fax - 430

ganzjährig

Mo - Fr ab 17 Uhr, So/Fe ab 11 Uhr

Im Hof befindet sich der Eingang zum ebenerdig gelegenen Gastraum, dessen Wände und Decken mit Holzbalken dekoriert sind. Die einfache und zweckmäßige Einrichtung bietet 80 Gästen Platz.

Im schönen Innenhof mit alten Bäumen sowie im Garten findet man Sitzgelegenheiten für 100 Personen.

Im Klima der sogenannten "Rheinhessischen Schweiz" gedeihen Kerner, Bacchus, Riesling, Ortega, Müller-Thurgau, Weißer Burgunder, Portugieser und Dornfelder. Die angebotenen Weine stammen ausschließlich aus den drei Lagen Dalsheimer Steig, Dalsheimer Sauloch und Tiefenthaler Graukatz.

Sowohl die große Auswahl an Speisen als auch die reichlichen Portionen lassen keinen Gast Hunger leiden. Die Wildgerichte sind die Spezialitäten der Küche.

Die Wonnegau-Route

Turm in den Weinbergen bei Flörsheim-Dalsheim

Die Wonnegau-Route verläuft hinter den Hügeln der Rheinterrassen parallel zum Rhein. Sie folgt zunächst der Rheinhessenstraße durch Mainz-Hechtsheim, führt dann über die Gaustraße bis Köngernheim und von dort bis Monsheim im Wonnegau, ins Hinterland der Nibelungenstadt Worms. In 12 Weinorten entlang der Route bieten 24 Winzer in ihren Straußwirtschaften bzw. Gutsschänken köstlichen Wein - und natürlich auch etwas wohlschmeckend Deftiges zum Essen an.

Ausgangspunkt der Route ist der Parkplatz gegenüber dem Mainzer Hauptbahnhof. Vom Parkplatz aus halten Sie sich rechts Richtung A 63 Kaiserslautern und dann Richtung Uni-Kliniken. Wenn Sie diese passiert haben, geht's Richtung **Mainz-Hechtsheim (W 1)**. Biegen Sie an der Ampel bei McDonalds links ab zum alten Ortskern dieses Mainzer Stadtteils. Die zweite Straße links ist die Lasallestraße, die in die Bachstraße übergeht, in der die Gutsschänke "Bachhof" liegt. Wenn Sie vor dem Bachhof rechts abbiegen, kommen Sie ins Zentrum. Hier teilt sich die Straße an der Ortsverwaltung. Wenn Sie sich rechts halten, kommen Sie in die Grauelstraße zur Straußwirtschaft "Stenner". Die nächste Straße rechts führt Sie dann noch zur Gutsschänke "Georgshof". Über Südstraße und Heuerstraße kommen Sie zurück zur Rheinhessenstraße.

Wingert im Wonnegau

Etwa vier Kilometer außerhalb von Mainz geht es rechts ab zum entferntesten Stadtteil, nach **Mainz-Ebersheim (W 2)**. Fahren Sie hier an der abknickenden Vorfahrt geradeaus und bis zur Vorfahrtstraße.

Hier geht es links in die Römerstraße und gleich wieder links in die Laurentiusstraße, wo am Ende der Straße rechter Hand die Straußwirtschaft "Schäfer" liegt. Die Hauptstraße führt geradeaus weiter nach Nieder-Olm und die letzte Straße am Ortsende rechts zur Straußwirtschaft "Worf & Sohn".

Die Rheinhessenstraße führt Sie weiter nach **Harxheim (W 3)**. Wie in vielen Orten rund um Mainz, so haben auch in Harxheim bereits die Römer Weinbau betrieben. Erstmals urkundlich erwähnt wurde der Ort im Jahre 767 als "Harasheim". Aber auch "Harawesheim", "Harwesheim" oder "Arasheim" (770) könnten Ursprungsnamen gewesen sein. Später hieß die Ansiedlung "Harahesheim" (813), "Hargesheim" (1367) und "Harxheym" (1480).

Lange stand Harxheim unter Kurmainzer Hoheit, dann unter der der Grafen von Falkenstein, unter lothringischer bzw. vorderösterreichischer; ab 1801 schließlich unter französischer und ab 1816 unter hessischer. Nicht jeder durfte sich früher in Harxheim ansiedeln. Im 19. Jahrh. mußte jeder Neuzuziehende ein bestimmtes Vermögen nachweisen, um das Ortsbürgerrecht zu erhalten - und zeitweise sogar ein Einzugsgeld entrichten. Sehenswert ist das 1725 als Fachwerkhof errichtete Schick'sche Haus.

Weinbergs-Neuanlage

Nehmen Sie direkt nach dem Ortseingang die erste Straße rechts. Hier finden Sie in der Mainzer Straße die Straußwirtschaft "Steigerhof" und geradeaus in der Obergasse die Gutsschänke "Reßler". Folgen Sie den über der Straße hängenden Römern, die Sie zur Hauptstraße zurückführen.

Von Harxheim aus erreichen Sie auch den vierten Weinort der Wonnegau-Route. **Lörzweiler (W 4)** ist nur einen halben Kilometer entfernt. Genießen Sie den weiten Blick über beinahe das gesamte Rheinhessische Hügelland.

Der Name des erstmals 812 urkundlich erwähnten Lörzweiler hat sich aus "Lorenzenuillare" über "Lorizenwilre" im 13. Jahrhundert und "Lurzwilre" entwickelt. Die Gemarkung "Königstuhl" hat ihren Namen anläßlich der Wahl Konrads II. zum deutschen König am 8. September 1024 erhalten.

Schräg gegenüber der Abzweigung nach Nackenheim liegt die Gutsschänke "Wolf", deren Chef Chormitglied der berühmten Mainzer Hofsänger ist. Etwas weiter geht rechts die Königstuhlstraße mit der Straußwirtschaft "Kastanienhof" ab. Auf der Hauptstraße geradeaus liegt fast am Ende des Ortes linker Hand die Straußwirtschaft "Haub".

Wenige Meter später geht es links in die Raiffeisenstraße zur Gutsschänke "Brückmer". Nach dem Ortsausgang finden Sie auf der linken Seite die Straußwirtschaft "Zum Römerlager".

Wenn Sie in Harxheim auf der Route bleiben, führt Sie die Gaustraße nach **Mommenheim (W 5)**, das mit seinem Golfplatz auch ein Ziel für Golfer ist. Biegen Sie im Ort links Richtung Nierstein-Schwabsburg ab. Rechter Hand liegt die Straußwirtschaft "Maurer".

Durch Mommenheim hindurch kommen Sie nach **Selzen (W 6)**. Halten Sie sich Richtung Hahnheim und biegen Sie rechts zur Radsporthalle

Fleckenmauer in Dalsheim

ab. Dahinter kommen Sie zum Aussiedlerhof mit der Straußwirtschaft "Westwieserhof". Wenn Sie auf der Hauptstraße geradeaus fahren, zweigt links erst die Kapellenstraße ab, in der die Gutsschänke "Wilmshof" liegt und dann die Kaiserstraße mit der Gutsschänke "Zur alten Kastanie".

Vorher schon geht es rechts ab nach **Hahnheim (W 7)**, das unmittelbar an Selzen anschließt. In Hahnheim wird bereits seit dem Jahr 764 Weinbau betrieben. Biegen Sie in der Ortsmitte links in die Hauptstraße ab, wo Sie vor der Dorflinde auf der linken Seite "Anke's Weinstube" finden.

In Selzen führt unsere Route entlang der Gaustraße weiter nach **Köngernheim (W 8)**. Fahren Sie an der abknickenden Vorfahrt rechts. Direkt gegenüber sehen Sie die Straußwirtschaft des Weingutes Hammen "Am Römer" und um die Ecke die Straußwirtschaft "Dietz".

Wenn Sie auf dieser Straße bleiben, kreuzen Sie die B 420 und erreichen auf der gegenüberliegenden Seite **Undenheim (W 9)**. Hier finden Sie auf der linken Seite die Weinstube "Kröhler". Halten Sie sich später in der Ortsmitte zunächst links, dann zweigt rechts die Tränkgasse ab, in der die Gutsschänke "St. Alban" liegt.

Undenheim leitet seinen Namen von dem fränkischen Adeligen "Undo" (767) ab. Lassen Sie sich die spätgotische Kirche mit fränkischer

Wehrmauer und das Feuchtbiotop "Eisweiher" mit 7000 Quadratmetern Wasserfläche nicht entgehen. Im Jahr 2000 ist Undenheim mit der Goldmedaille im Wettbewerb "Unser Dorf soll schöner werden - Unser Dorf hat Zukunft" ausgezeichnet worden.

Zurück auf der B 420 Richtung Nierstein geht es rechts ab nach Friesenheim. Jetzt sind Sie wieder auf der Route. Der Weg führt Sie weiter nach Weinolsheim (2 km), Dittelsheim-Hessloch (8 km) nach **Westhofen (W 10)**. Die erste Straße links heißt "Obere Blenz". Hier finden Sie die Straußwirtschaft "Auf der Blenz".

Westhofen besitzt mit 750 ha die größte Weinbergfläche in Rheinhessen. Mehr als 1000 Jahre wird hier schon Weinbau betrieben. Mitten im Ort entspringt der Seebach, mit 800 Litern pro Minute die stärkste Quelle Rheinhessens. Wahrscheinlich deswegen ist die Stelle seit der Steinzeit besiedelt. 774 wird sie als "Seeheim im Wonnegau" erstmals erwähnt, seit 991 heißt sie Westhofen.

Sehenswert sind die Ruine der Liebfrauenkirche aus dem 15. Jahrhundert, die Kellergasse mit ihren Gewölben aus dem 16. Jahrhundert, der Pulverturm und die denkmalgeschützten Fachwerkhäuser am Marktplatz. An der Kirche vorbei fahren Sie durch den Ortskern bis zu einem Kreisverkehr, den Sie rechts Richtung Monsheim verlassen. Zwei Kilometer nach Westhofen erreichen Sie Gundheim und wiederum zwei Kilometer später kommen Sie an ein T-Stück und sehen rechts schon **Flörsheim-Dalsheim (W 11)** liegen. Biegen Sie rechts in die Alzeyer Straße ein und wieder rechts in die Untergasse. Die nächste Gasse links führt Sie zur Gutsschänke "Schmitt".

Die Alzeyer Straße führt Sie nach rechts zur B 271. Fahren Sie links Richtung Monsheim, das Sie nach einem guten Kilometer erreichen. Von hier aus kommen Sie zum letzten Ort der Wonnegau-Route, **Hohen-Sülzen (W 12)**. Biegen Sie zunächst von der B 271 links nach Worms ab; kurz nach dem Ortsende zweigt die Straße nach Hohen-Sülzen ab. An der Hauptstraße liegt linker Hand die Gutsschänke "Ulmenhof".

Rathaus in Hohen-Sülzen

Mainz-Hechtsheim

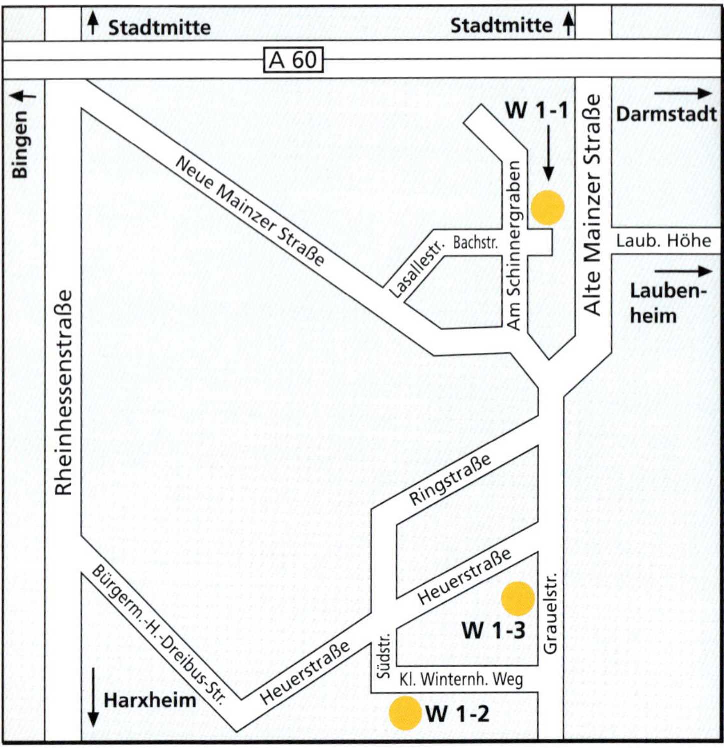

W 1-1 Gutsschänke Bachhof

55129 Mainz-Hechtsheim, Bachstraße 5
Karoline Stauder ☎ 06131 - 507336

ganzjährig
Fr, Sa, So ab 17 Uhr

1865 erbaut und seit 5 Generationen im Familienbesitz lädt der Bachhof mit seinen großzügig ausgebauten Räumlichkeiten zum Verweilen ein. Der anheimelnde Kamin, das rustikale Kreuzgewölbe und schöne, massive Möbel vermitteln den bis zu 120 Gästen eine urig-gemütliche Atmosphäre.

Der einladende Innenhof ist im Sommer schön begrünt und bietet 80 Personen Sitzgelegenheiten. Für die Kinder der Gäste sind Spielmöglichkeiten vorhanden. Parkplätze gibt es im hinteren Hof.

Zur Weißweinherstellung werden die Trauben von Silvaner, Faber, Riesling, Kerner, Chardonnay, Weiß- und Grauburgunder verwendet. Aus Portugieser und Spätburgunder werden die Roten gepreßt.

Kleine, kalte Leckerbissen werden ebenso angeboten wie Roastbeef, Zwiebelgulasch, Schweinenackensteaks und Schnitzeltopf. Für die Kleinen gibt es verschiedene Kinderteller. Nach dem Essen werden Kaffee, Tee und Eis gereicht.

Gutsschänke Georgshof W 1-2

55129 Mainz-Hechtsheim, Klein-Winternheimer Weg 4
Georg Leber ☎ 06131 - 507371 Fax - 581298

April - Mitte Dezember
Fr - Mo ab 16 Uhr

Eine hohe, mit viel Holz ausgestattete und trotz der Größe nicht ungemütliche Halle empfängt die Besucher. Im Hauptraum können 80 und im Nebenraum zusätzlich 40 Personen sitzen. Nette, jahreszeitbezogene Dekorationen und die großzügige Möblierung schaffen ein angenehmes Umfeld zum Verweilen .

Im großen Hof werden im Sommer Sitzplätze für 80 Gäste geschaffen. Trotz der Außenbestuhlung gibt es immer noch ausreichend Parkplätze für Fortbewegungsmittel aller Art.

Allein das üppige Rebsortenangebot, aus dem die fast 30 Weine gewonnen werden, lassen kaum Wünsche offen. Zusätzlich werden auch die unterschiedlichen Bedarfsmengen der Kunden berücksichtigt. Es gibt Weine in der Literflasche, in der klassischen 0,75 Literflasche und sogar in der "single-freundlichen" 0,25 Literflasche. Ein lobenswerter Service für "Solisten"!

Die Gerichte klingen interessant und schmecken lecker. Das "Arme Leit' Rumpsteak" sind gebackene Bratwurstscheiben mit Zwiebeln. Auf dem nach dem Seniorchef Georg benannten "Schorschedeller" liegt u.a. kalter Schweinebraten.

Straußwirtschaft Stenner W 1-3

55129 Mainz-Hechtsheim, Grauelstraße 11
Bernhard Stenner ☎ 06131 - 509166 Fax - 509149

2.WE Oktober - Anfang Dezember
Do, Fr, Sa ab 17 Uhr

Im ehemaligen Kuhstall wurde die gemütliche Straußwirtschaft mit 50 Sitzplätzen eingerichtet. Das hier aufmerksam und servicebewußt gearbeitet wird, erkennt man auch daran, daß die Weinpreislisten für den Bedarf zu Hause bereits auf den Tischen ausliegen und man nicht erst danach fragen muß.

Riesling, Weißer und Grauer Burgunder, Chardonnay, Scheurebe, Kerner und Silvaner werden in Weißweinflaschen abgefüllt. Dornfelder, Portugieser, Spätburgunder und St. Laurent werden zur Rotweinherstellung verwendet.

Jedes Jahr wird die achtwöchige Öffnungsperiode unter ein Motto gestellt. Darauf abgestimmt entwickelt die Küchencrew ein wöchentlich wechselndes Speisenangebot, das sich sehen und schmecken lassen kann. Zum Teil wird nach alten, fast vergessenen Rezepten gekocht

W 2 Mainz-Ebersheim

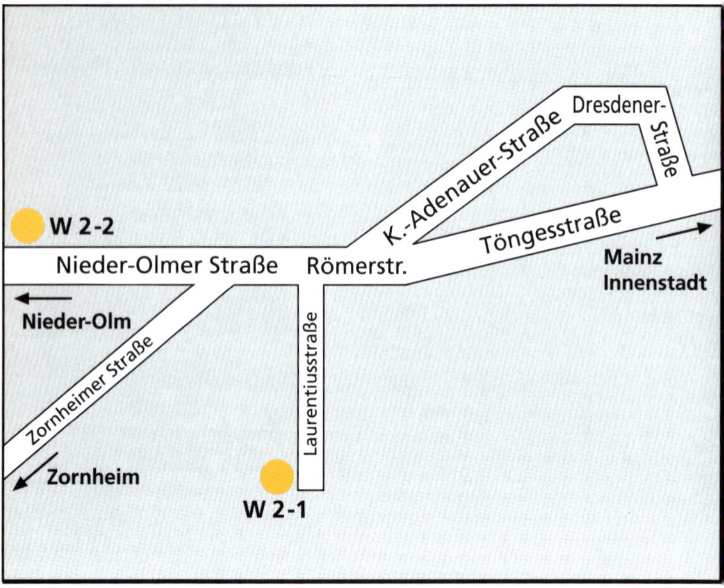

W 2-1 Straußwirtschaft Schäfer

55129 Mainz-Ebersheim, Laurentiusstraße 2
Horst Schäfer ☎ 06136 - 43363

Mai u. Juni, September u. Oktober
Fr ab 18 Uhr, Sa, So ab 16 Uhr

Der ehemalige Kuhstall wurde mit Holzbalkendecke, rustikalem Rauhputz und gemütlicher Bestuhlung für die Bewirtung hergerichtet. Die Gäste der beiden miteinander verbundenen Gasträume werden von der kleinen, am Eingang befindlichen Theke mit "flüssiger Nahrung" versorgt.

Wenn das Wetter mitspielt, wird der geschützte Innenhof ebenfalls zur Bewirtung bereitgestellt.

Aus dem Keller werden Riesling, Silvaner, Scheurebe, Bacchus, Huxel und Kerner in die Weiflweingläser gefüllt. Wer Rotwein bevorzugt, kann Portugieser und Schwarzriesling verkosten.

Die unumstrittene Spezialität des Hauses ist der Spießbraten vom Holzkohlegrill, der gerne in Begleitung des hausgemachten Kartoffelsalates auf die Teller gelangt. Für den kleinen Appetit werden auch Hawaiitoast und Strammer Max angeboten.

Straußwirtschaft Worf & Sohn W 2-2

55129 Mainz-Ebersheim, Nieder-Olmer Straße 63
Albert Worf ☎ 06136 - 42752

Ende April - Ende Juni, 2.WE September - Anfang Oktober
Fr ab 18 Uhr, Sa ab 17 Uhr, So ab 15 Uhr

Über 10 Jahre betreibt Familie Worf die Straußwirtschaft, in der bis zu 60 Personen Platz finden.

Bei entsprechenden Temperaturen können 25 bis 30 Gäste die Sitzgelegenheiten im Hof nutzen. Als Schutz gegen Sonne werden Pavillons aufgestellt.

Huxelrebe, Rivaner, Kerner, Grauer Burgunder und Silvaner werden im Keller zu Weißwein verarbeitet. Portugieser, Dornfelder und Rotling füllen die Rotweingläser.

Die abwechslungsreiche Speisekarte bietet kalte und warme Gerichte an. Je nach Hunger und Appetit sind Eierpfanne, Bratwurst, Kassler, Spundekäs', Tomatensalat oder Wingertsknorze die idealen Unterlagen für viele Gläschen in Ehren.

Hätten Sie gewußt,

dass vom Mittelalter bis ins 19. Jahrhundert der Elbling eine weit verbreitete Rebsorte in Deutschland war?

W 3 Harxheim

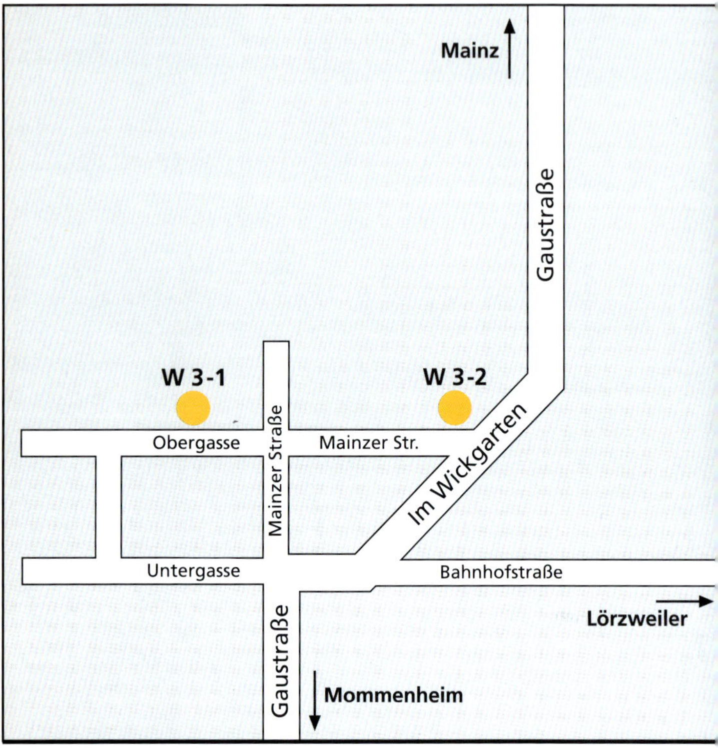

W 3-1 Gutsschänke Reßler

55296 Harxheim, Obergasse 21
Friedrich u. Sven Reßler ☎ 06138 - 7155 Fax - 7191

ganzjährig
Fr ab 18 Uhr, Sa, So ab 17 Uhr

Im Elternhaus der Rheinhessischen Weinkönigin 2000/2001, Simone Reßler, wurde eine Scheune zur Gutsschänke ausgebaut. Man sitzt bequem und großzügig in diesem gemütlichen Gastraum, der 120 Personen mühelos aufnehmen kann.

Im Anschluß an den Gastraum gelangt man auf die schöne, ruhige, an die Weinberge angrenzende Terrasse für 50 Personen. Die Parkplätze befinden sich am Terrasseneingang.

Der Grundstein der Weine ist eine sorgsame und umweltgerechte Pflege der Rebstöcke. Das Angebot reicht von Riesling und Silvaner bis zu Gewürztraminer und Chardonnay bei den weißen Rebsorten. Hinzu kommt ein reichhaltiges Rotweinsortiment.

Ob großer Hunger, kleiner Hunger oder einfach nur Appetit auf ein Häppchen - das Richtige läßt sich in der großen, für Rheinhessen typischen Speisekarte sicher finden.

Straußwirtschaft Steigerhof

55296 Harxheim, Mainzer Straße (An der L 425)
A. Ackermann ☎ 06138 - 6841 Fax - 7062

April, Mai, Juni und September
Fr ab 18 Uhr, Sa ab 17 Uhr, So/Fe ab 15 Uhr

In der seit mehr als 10 Jahren von Familie Ackermann betriebenen Straußwirtschaft können 60-70 Gäste sehr gemütlich zusammensitzen.

Auf der Terrasse wird bei schönem Wetter ebenfalls eingedeckt. Auch hier reichen die angebotenen Sitzgelegenheiten für 60-70 Personen.

Seit Generationen widmet man sich in diesem Familienbetrieb dem Weinbau. Alle angebotenen Weine werden in den eigenen Weinbergen geerntet und schonend nach modernsten Gesichtspunkten ausgebaut. In der Rotweinkarte findet man neben Portugieser, Dornfelder und Spätburgunder auch Schwarzriesling.

Das Angebot der Küche umfaßt eine reichhaltige Auswahl an warmen und kalten Speisen.

Hätten Sie gewußt,

dass der Graue Burgunder
oder Ruländer
auch als Tokaier
bekannt ist?

W 4 Lörzweiler

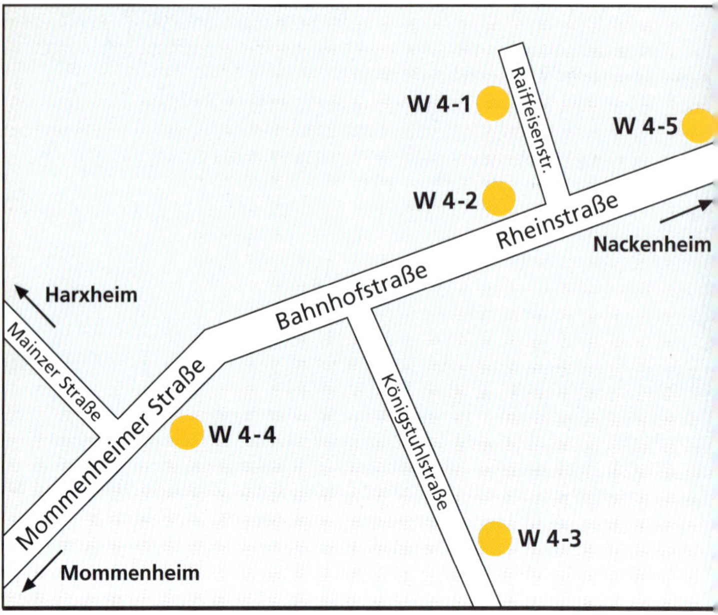

W 4-1 Gutsschänke Brückmer

55296 Lörzweiler, Raiffeisenstraße 10
Norbert Brückmer ☎ 06138 - 6243 Fax - 7072

Januar - Mitte September, Mitte Oktober - Dezember
Di - So ab 15 Uhr

Das gesellige Ambiente dieser Gutsschänke können insgesamt 90 Gäste in zwei miteinander verbundenen Räumen auf sich wirken lassen. Hier ist auch willkommen, wer sein Essen selbst mitbringt. Die nötigen Utensilien wie Teller und Besteck werden gestellt.

Während der warmen Jahreszeit werden draußen Tische und Stühle für 70 Besucher aufgestellt.

Von den 8 trockenen, 4 halbtrockenen und 11 milden Weinen wurden 10 Weine mit Prämierungen ausgezeichnet. Die besonderen Empfehlungen des Winzers sind der Rheinhessen Silvaner "RS", die auch für Diabetiker geeignete halbtrockene Scheurebe sowie die halbtrockene Weißburgunder Auslese.

Die große Karte bietet ausreichend Auswahl an warmen und kalten Speisen. Ob man sich für das Nackensteak, den Flammkuchen oder das leckere Rieslingsüppchen entscheidet, ist reine Geschmacksache. Tipp für Besucher mit Kids: Die Pommes sind super lecker!

Straußwirtschaft Haub W 4-2

55296 Lörzweiler, Rheinstraße 28

Regina u. Steffan Haub ☎ 06138 - 7443 Fax - 980267

2. WE nach Ostern - Pfingsten: Fr, Sa ab 17 Uhr, So/Fe ab 15 Uhr
1. Sept. - letztes WE Okt.: Mi - Fr ab 17 Uhr, Sa, So/Fe ab 15 Uhr

In einem einst von der Kelterhalle abgeteilten Raum befindet sich heute die mit einfachen Sitzgelegenheiten ausgestattete Straußwirtschaft, die Insidern auch als "Do nin" bekannt ist. Die familienfreundliche Atmosphäre lockt Jung und Alt gleichermaßen hierher. Die Tische, Bänke und Stühle reichen für 50 Gäste.

Der Hof der Haubs ist ein idealer Spielplatz für Kinder - hier ist immer was los. Deshalb findet man unter den Gästen weniger die Ruhesuchenden, als vielmehr junge Familien. Das Sitzplatzangebot reicht für 50 Besucher.

Das Steckenpferd des Winzers ist der Rotwein. Dornfelder, Schwarzriesling und Blauer Spätburgunder werden für diese Passion verwendet. Für die Weißweinherstellung stehen Riesling, Bacchus, Scheurebe, Rivaner, Huxel, Morio-Muskat, Müller-Thurgau, Grauburgunder, Gewürztraminer und Chardonnay zur Verfügung.

Die kleine Karte, deren ungekrönter König der Spundekäs' nach Hausrezept ist, bietet leckere Begleiter zum Weingenuß an.

Straußwirtschaft Kastanienhof W 4-3

55296 Lörzweiler, Königstuhlstraße 44

Patrik Bisch ☎ 06138 - 6695 Fax - 981841

1.Mai - Mitte Juli, Mitte September - Ende Oktober
Do, Fr, Sa, So/Fe ab 15 Uhr

Sowohl die schöne Bruchsteintheke als auch die Tische und Stühle aus heller Buche schaffen ein freundliches und gemütliches Umfeld. Es werden 60 Sitzplätze angeboten.

Direkt am Radweg Nierstein - Lörzweiler gelegen bietet die mit gemütlichen Gartenmöbeln ausgestattete Sonnenterrasse neben 70 Sitzplätzen auch freie Sicht auf Weinberge und Felder.

Aus dem aktuellen Weinangebot, welches 8 trockene, 5 halbtrockene und 11 milde Weine umfaßt, gelten die trockene Grauburgunder Spätlese und die liebliche Silvaner Auslese als die besonderen Empfehlungen des Winzers.

Damit man eine ordentliche Unterlage zum Zechen hat, werden sowohl Wurstsalat als auch Spießbraten mit herzhaften Bratkartoffeln angeboten. Der Winzerteller, bestehend aus Hausmacher Wurst, Zwiebelmett, Schinken, Käse und Spundekäs', bringt seinen "Verdauungshelfer" gleich mit.

W 4-4 **Gutsschänke Wolf**
55296 Lörzweiler, Bahnhofstraße 40
Mathias Wolf ☎ 06138 - 6258 Fax - 981649

ganzjährig
Fr, Sa ab 18 Uhr, So/Fe ab 16 Uhr

1991 wurde die urgemütliche Weinstube fertiggestellt. Die gelungene Einrichtung für 40 Personen und die darauf abgestimmten Details und Dekorationen schaffen eine harmonische Atmosphäre, in der man gerne länger verweilt.

Eine kleine, vom Straßenlärm verschonte und gemütlich bestuhlte Terrasse erwartet die Besucher im Sommer.

In der Weinkarte findet man unter der Rubrik Besonderheiten u.a. das "Stimmbandtröpfchen", den Wein der Mainzer Hofsänger. Da der Winzer selbst aktives Mitglied in diesem weit über die Grenzen Rheinhessens hinaus bekannten Chor ist, hat sich die Entwicklung dieses musikalischen Tropfens geradezu aufgedrängt.

Aus der Küche werden kalte und warme Gerichte zum Wein gereicht.

W 4-5 **Straußwirtschaft Zum Römerlager**
55296 Lörzweiler, Rheinstraße 45
Familie Kerzel ☎ 06138 - 981837 Fax - 981838

Anfang Mai - Ende September
Do, Fr, Sa, So ab 16 Uhr

Der Aussiedlerhof wurde 1995 neu gebaut. Zwei Jahre später wurde dann die familienfreundliche Straußwirtschaft mit ihren 45 Sitzplätzen eröffnet.

Auf der großen Terrasse haben bis zu 100 Gäste Platz und genießen einen schönen Blick ins Grüne. Kinder können sich zusammen mit den Hühnern, Gänsen, Pfauen und Hasen auf dem großen Grundstück frei bewegen.

Die Trauben der Rebsorten Müller-Thurgau, Silvaner, Riesling und Portugieser liefern den Rohstoff zur Rot- und Weißweinherstellung.

Die Mohnstangen nach Art des Hauses, das Winzersteak mit Bratkartoffeln und Knoblauchquark, die Bratwurst und das Winzerbrot sind die Verlockungen der Römerlager-Speisekarte.

Mommenheim

W 5

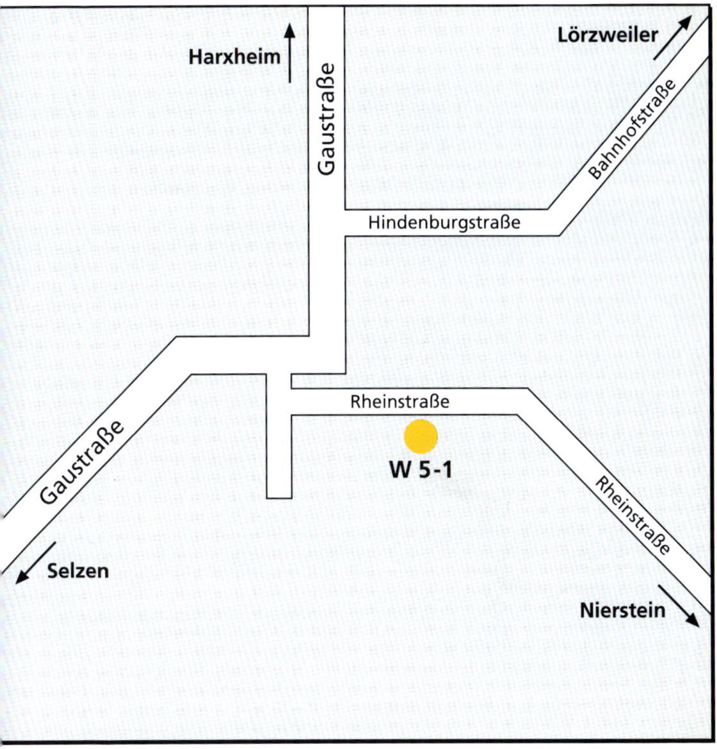

W 5-1

Straußwirtschaft Maurer
55278 Mommenheim, Rheinstraße 25
Margit Maurer ☎ 06138 - 8154 - 8137

2.WE März - letztes WE Mai, 3.WE August - 2.WE September
Fr, Sa ab 18 Uhr, So ab 16 Uhr

Die Räumlichkeiten der erst im 3. Jahr bestehenden Straußwirtschaft sind liebevoll dekoriert und vermitteln eine familiäre Atmosphäre. Sowohl Ausstattung als auch Möblierung wurden auf 50 Gäste ausgerichtet.

Bei schönem Wetter können 30 Besucher in dem mit Pflanzen geschützten Hof Platz nehmen. Parkplätze sind ebenfalls vorhanden.

Als besondere Empfehlungen des Winzers gelten der halbtrockene Riesling Kabinett, der trockene Portugieser Rotwein und der liebliche Portugieser Weißherbst.

Die Zutaten der rustikalen Gerichte werden zum Teil aus eigenem Anbau gewonnen. Für den Kartoffelschmauß werden Champignons, gekochter Schinken, Zwiebeln mit Sahne und Käse überbacken. Wingertsknorze, Handkäs' oder Käsewürfel sind wirksame Mittel gegen den kleinen Hunger.

W 6 Selzen

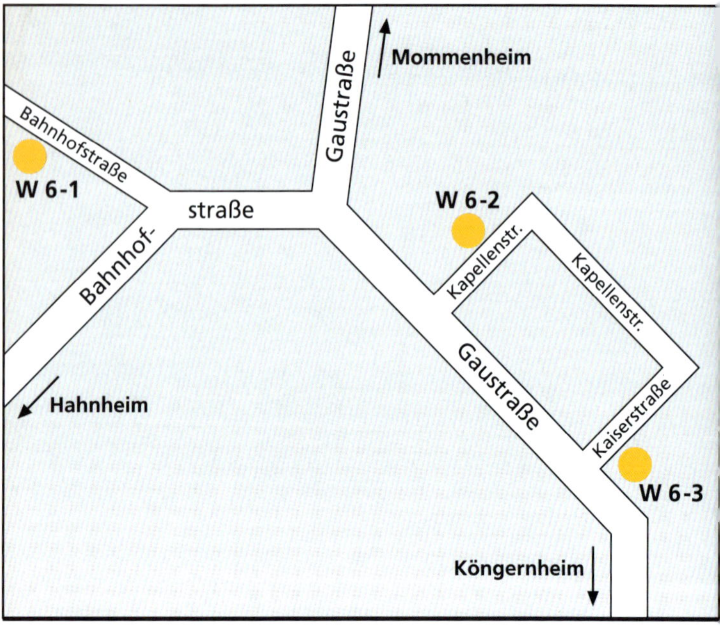

W 6-1 Straußwirtschaft Westwieserhof

55278 Selzen, Außerhalb 19
Armin Feldmann ☎ 06737 - 8444 Fax - 8444

Anfang März - Ende Mai
Fr ab 18 Uhr, Sa ab 17 Uhr, So ab 16 Uhr

In einem Aussiedlerhof befindet sich die 1993 erbaute und mit Lärchenholz und Sandstein ausgestattete Straußwirtschaft, in der 60 Besucher bequem und angenehm zusammen sitzen können.

Sobald es das Wetter zuläßt, werden im Freien Sitzplätze für 40 bis 60 Weinfreunde geschaffen. Auch das Abstellen von Fahrzeugen aller Art bereitet hier "Außerhalb" keine Schwierigkeiten.

Aus Dornfelder und Portugieser werden die Rotweine gekeltert. Für die Weißweingewinnung werden Müller-Thurgau, Kerner, Riesling, Huxel, Silvaner, Scheurebe und Bacchus angebaut.

In der Küche werden kleine, zum Wein passende Speisen zubereitet.

Gutsschänke Wilmshof W 6-2

55278 Selzen, Kapellenstraße 14

Werner Binzel ☎ 06737 - 338 Fax - 761016

1.WE April - 1.WE August, 2.WE September - Anfang Dezember
Fr ab 17 Uhr, Sa, So/Fe ab 16 Uhr

Dank eines gelungenen Umbaus finden im ehemaligen Kuhstall mit dem um 1890 erbauten Kreuzgewölbe und in der liebevoll umgestalteten Scheune insgesamt 100 Gäste Platz. Die ehemalige Scheune wurde mit einer großen Glastür versehen, so daß man in den schönen Hof blicken kann.

Oberstes Ziel der Familie ist es, daß die Gäste sich wohl fühlen. Dementsprechend wurde auch der Hof urgemütlich gestaltet. Unter begrünter Pergola stehen 40 Sitzplätze bereit.

Die in Weinberg und Keller geleistete Arbeit wird mit über 20 Weinen belohnt. Als besondere Empfehlungen gelten der Dornfelder Rotwein, der Spätburgunder Rosé und der Weißburgunder, allesamt trocken ausgebaut.

Die kleine Speisekarte bietet neben Knoblauchwurst vom Grill, Kartoffel-Lauch-Auflauf, selbstverständlich auch Tartar, Handkäs' und andere kalte Appetithappen an.

Gutsschänke Zur alten Kastanie W 6-3

55278 Selzen, Kaiserstraße 5

Birgit Büttel ☎ 06737 - 8652 Fax - 8979

April - Mitte August, Oktober - Weihnachten
Fr ab 18 Uhr, Sa, So/Fe ab 17 Uhr

Im ehemaligen Kuhstall wurde mit viel Liebe zum Detail eine Stätte der Gastlichkeit geschaffen. Selbst wenn alle der 60 Plätze besetzt sind, ist man bei der Auswahl des richtigen Tröpfchens und der passenden kulinarischen Köstlichkeiten gerne behilflich.

Unter dem Blätterdach der für den Namen der Gutsschänke verantwortlichen alten Kastanie können im Sommer 40 Personen sitzen.

Aus 11 trockenen, 6 halbtrockenen und 5 milden Weinen kann man sich seinen Lieblingswein aussuchen. Die Rotweine und die Burgunderweine sind die besonderen Empfehlungen des Winzers.

Flammkuchen, Kartoffelpfännchen und Blechkartoffeln stehen stellvertretend für die vielen Leckereien der umfangreichen Speisekarte.

W 7 Hahnheim

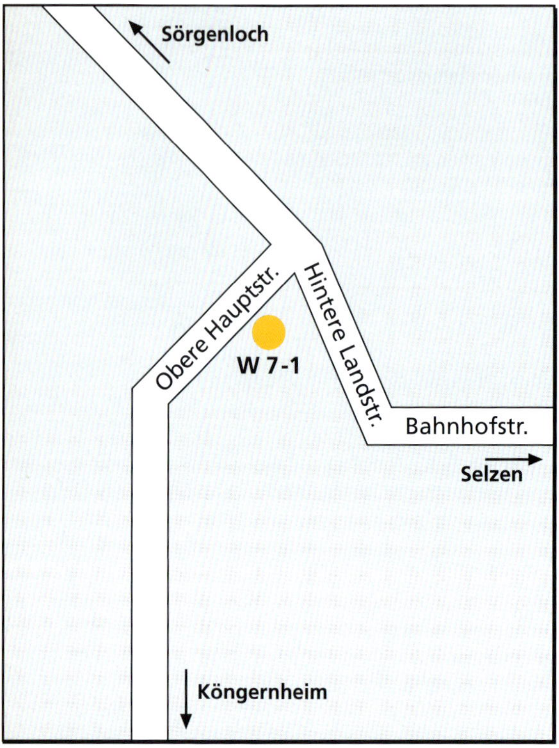

W 7-1 Anke's Weinstube

55278 Hahnheim, Untere Hauptstraße 1
Anke Held ☎ 06737 - 363 Fax - 9971

März - Ende Juni, 2. WE August - Ende Oktober
Fr ab 18 Uhr, Sa ab 17 Uhr, So ab 16 Uhr

Der große, auch für Raucher freigegebene Gastraum ist rustikal eingerichtet. Wenn der große Kamin brennt, wird's besonders gemütlich. Für Nichtraucher gibt es zusätzlich einen modern gestalteten Raum. Insgesamt können sich 50 Weinfreunde von dem jungen Team verwöhnen lassen.

Bei entsprechender Witterung wird die Sommerausstattung im begrünten Innenhof aufgestellt. An den einzelnen Tischen können 60 Besucher Platz nehmen. Zur Unterhaltung der Kids werden Kinderspiele zur Verfügung gestellt.

Die zur Auswahl stehenden 26 Weine werden aus den Rebsorten Müller-Thurgau, Morio-Muskat, Scheurebe, Riesling, Silvaner, Rivaner, Kerner, Huxel, Bacchus, Faber, Dornfelder und Portugieser gewonnen. Die besonderen Empfehlungen des Winzers gelten dem Dornfelder und der trockenen Kerner Spätlese.

Ein typisches Beispiel für die Gerichte der frischen Küche ist der Salatteller "Atlantik". Wöchentlich wechselnde Zusatzangebote runden das Angebot der Speisekarte ab. Mai und Juni stehen ganz im Zeichen des aus eigenem Anbau stammenden Spargels.

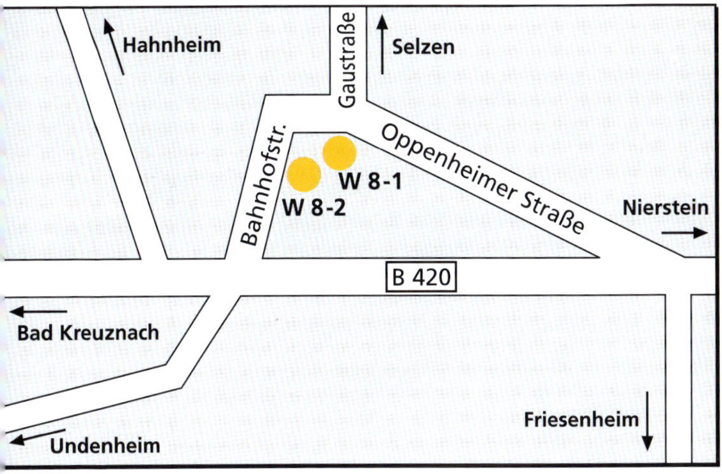

Straußwirtschaft Am Römer W 8-1

55278 Köngernheim, Römer 2

Peter u. Andrea Hammen ☎ 06737 - 250 Fax - 250

Mitte Mai - Ende Juli, Mitte Oktober - Ende November
Fr, Sa ab 18 Uhr, So/Fe ab 16 Uhr

Eine lebhafte Atmosphäre herrscht in dem mit Backsteinmauerwerk und Holz rustikal ausgestatteten alten Kelterhaus. Die Anzahl der zur Verfügung stehenden Sitzplätze schwankt zwischen 50 und 90.

Im Sommer stehen direkt vor dem Haus Tische und Bänke für 40 Besucher. Da sich unmittelbar vor dem Haus auch eine Bushaltestelle befindet, kann man zechen, ohne den Führerschein zu gefährden.

In der Weinliste steht bereits die richtige Empfehlung: "Besser als Arznei un' Trobbe, sin' em Peter sei gude Roihessewoi-Schoppe". Egal für welchen der knapp 20 Weine man sich entscheidet, durch den sortentypischen Ausbau wird der besondere Charakter jeder Rebsorte betont.

Die umfangreiche Karte der Küche bietet neben Spundekäs', Winzersteak mit Bratkartoffeln noch eine Reihe weiterer Speisen. Auf die jeweiligen Tagesempfehlungen weist eine Tafel hin.

W 8-2 **Straußwirtschaft Dietz**

55278 Köngernheim, Bahnhofstraße 2
Walter Dietz ☎ 06737 - 1735 Fax -1735

1. WE nach Ostern für 8 Wochen, 1. WE Oktober für 8 Wochen
Fr, Sa ab 18 Uhr, So ab 16 Uhr

Aus dem ehemaligen Schweinestall mit typischer Gewölbedecke wurde ein gemütlicher Gastraum für 40 Personen. Sowohl die überschaubare Größe als auch die nette, familiäre Atmosphäre sind das Markenzeichen dieser Straußwirtschaft.

Bei entsprechenden Temperaturen werden sowohl im Hof als auch in der Scheune Sitzmöglichkeiten geschaffen.

Für die Rotweinherstellung stehen dem Winzerteam Dornfelder, Spätburgunder und Portugieser zur Verfügung. Um die weißen Tropfen auspressen zu können, geben Müller-Thurgau, Riesling, Silvaner, Kerner, Bacchus, Huxelrebe und Weißburgunder ihre Trauben her. Die besondere Empfehlung entfällt hier auf die sortentypische Kerner Spätlese.

Spundekäs' ist nicht die einzige Köstlichkeit, die als idealer Begleiter zum Weingenuß aus der Küche kommt.

Hätten Sie gewußt,

dass der Blaue Spätburgunder auch als Schwarzer Riesling bezeichnet wird - nicht zu verwechseln mit dem Schwarzriesling, der auch Müllerrebe genannt wird?

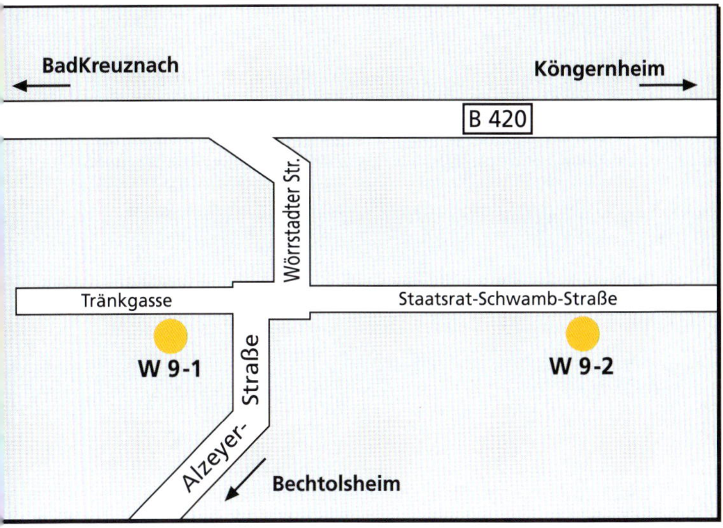

Gutsschänke St. Alban W 9-1
55278 Undenheim, Tränkgasse 4
J. Schwamb ☎ 06737 - 234 Fax - 809182

ganzjährig
Fr, Sa ab 18 Uhr, So ab 17 Uhr

Die Geschichte des Gutshofes, der seit dem 12. Jahrhundert dem Mainzer Benediktinerkloster St. Alban gehörte, zeugt von einer langen Tradition. Unter Kreuzgewölben zwischen alten Säulen kann man gemütlich sitzen und die an den Wänden hängenden, vom Chef selbst gemalten Bilder betrachten.

Im Sommer kann man auf der begrünten Hofterrasse sitzen und das Ambiente dieses historischen Anwesens auf sich wirken lassen. Das Auto darf auch mit in den Hof.

Es gibt Vesperweine aus der Literflasche und - für den gehobeneren Anspruch - Rot- und Weißweine aus der üblichen 0,75 l Flasche. Der Weintrinker bekommt durch die Kurzbeschreibungen in der Weinliste Orientierungshilfen bei der Auswahl seines Weines.

Zwischen Rumpsteak, Toastgerichten und den speziellen Tagesangeboten an der Tafel kann man sich entscheiden. Es werden auch kleine, kalte Gerichte angeboten.

W 9-2 **Weinstube Kröhler**

55278 Undenheim, Staatsrat-Schwamb-Str. 35
Anna Kröhler ☎ 06737 - 260

ganzjährig
Fr ab 18 Uhr, Sa, So/Fe ab 17 Uhr

Sind die Tücken der alten Stalltür erst einmal überwunden, dann können in der urig ausgebauten ehemaligen Scheune bei "Tante Anna" 45 Personen gemütlich zechen.

Der idyllische Innenhof wird durch die vielen Pflanzen während der warmen Jahreszeit zu einem Treffpunkt für Freiluft-Weinfreunde.

Aus eigenem Anbau stammen die angebotenen Weine aus Silvaner, Kerner, Müller-Thurgau und Dornfelder.

Die gut bürgerliche Küche bietet hausgemachten Kartoffelsalat, Bratkartoffeln, Hacksteak, Schnitzel, Bauernomelett, Salat mit Putenstreifen sowie belegte Brote.

Hätten Sie gewußt,

dass der Portugieser wahrscheinlich aus Portugal stammt, dort aber heute keine Rolle mehr im Weinbau spielt?

Westhofen

W 10

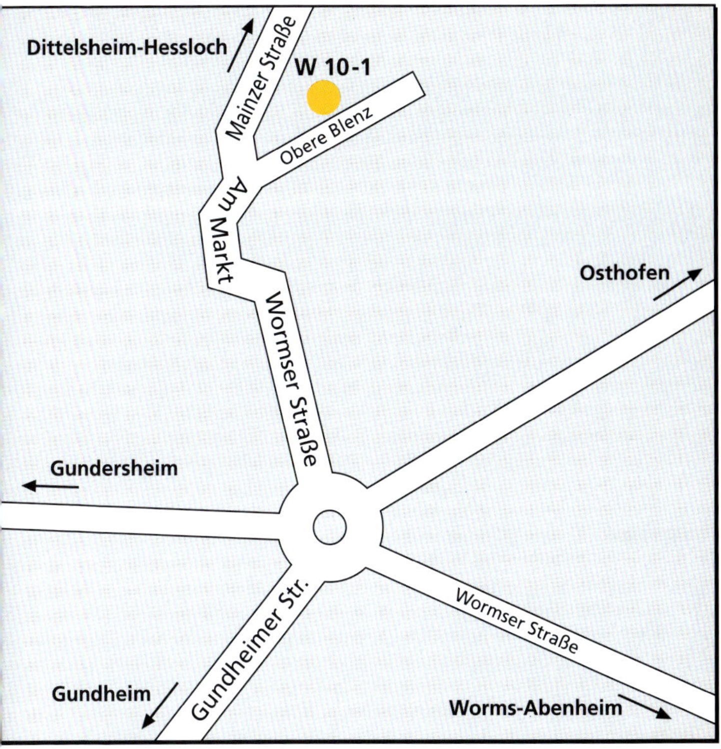

Straußwirtschaft Auf der Blenz **W 10-1**

67593 Westhofen, Obere Blenz 4
Kurt u. Heidi Balz ☎ 06244 - 7506 📠 - 905554

Anf. Febr. - Ende Aug., Anf. Nov. - letztes WE vor Weihnachten. Sa ab 18 Uhr, So/Fe ab 16 Uhr. Reservierungen werden empfohlen.

Die Straußwirtschaft befindet sich in einem schönen, alten Kreuzgewölbe aus dem 16. Jahrhundert. In dieser familiären Umgebung können sich 45 Gäste sehr nett und aufmerksam verwöhnen lassen.

Hof und Scheune werden im Sommer ebenfalls zur Bewirtung hergerichtet. Das Auto kann auf dem 150 m entfernten Parkplatz abgestellt werden.

Neben der gelungenen Jubiläum Beerenauslese, auf die man besonders stolz ist, werden auf der Weißweinkarte Morio-Muskat, Silvaner, Bacchus, Scheurebe, Riesling, Grauer Burgunder und Ortega angeboten. Portugieser und Dornfelder werden für die Rotweinkarte ausgebaut.

Aus der Küche kommen deftige kalte und warme Speisen auf die Teller. Egal ob Winzersteak, Hacksteak oder Kellermeister-schmauß, die leckeren Gerichte lassen sich sehr gut mit den hausgemachten Bratkartoffeln kombinieren.

W 11 Flörsheim-Dalsheim

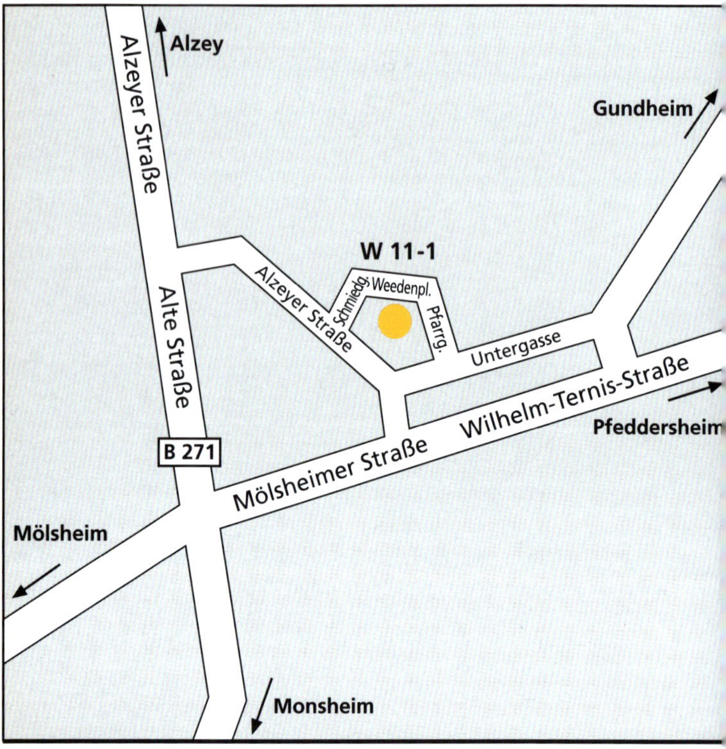

W 11-1 Gutsschänke Schmitt

67592 Flörsheim-Dalsheim, Weedenplatz 1
Familie Schmitt ☎ 06243 - 8515 Fax - 6180

30.3. - Muttertag, 3.WE September - 2. Advent
Fr ab 18 Uhr, Sa ab 18 Uhr, So ab 17 Uhr

Großzügig, hell und modern wurde die Gutsschänke gestaltet. Die beiden Gaststuben sind mit hellen Möbeln und passenden Wohnaccessoires ausgestattet. Bei Bedarf kann die Trennwand entfernt werden, so daß ein großer Raum entsteht.

Bei entsprechender Witterung kann auch im Hof bewirtet werden.

Wer das üppige Angebot des Kellers verkosten möchte, braucht Zeit und Stehvermögen, denn es werden über 50 Weine angeboten. Der Lieblingswein des Winzers ist ein halbtrockener Riesling Kabinett, der liebevoll "Flörie" genannt wurde.

Die umfangreiche Karte bietet für jeden Geschmack das Richtige. Die Wildschweinsülze mit Bratkartoffeln ist sehr zu empfehlen. Zu bestimmten Terminen werden Sondergerichte angeboten. Die Informationen und den Veranstaltungskalender kann man anfordern.

Hohen-Sülzen

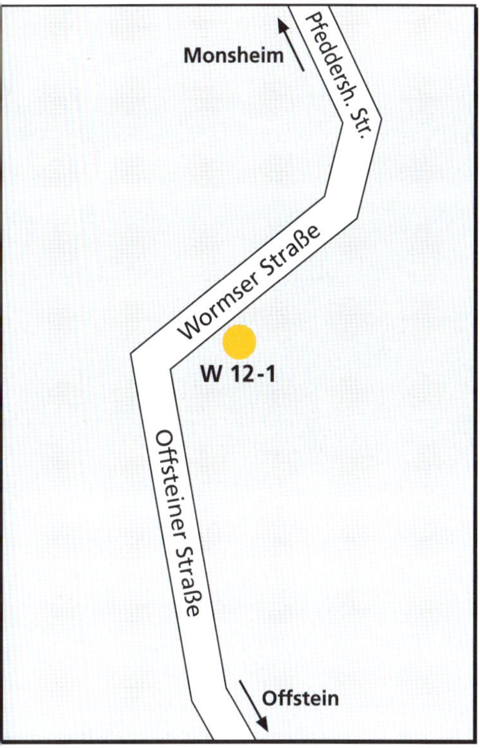

W 12-1

Gutsschänke Ulmenhof
67591 Hohen-Sülzen, Wormser Straße 57
H.G. Mitzenheim ☎ 06243 - 8644 o. 6264 Fax - 5907

Februar - Dezember
Fr, Sa ab 18 Uhr, So ab 17 Uhr

In den zwei mit Steinfliesenböden, Fußbodenheizung und je einem offenen Kamin ausgestatteten Gasträumen können sich 70 Gäste in gehobener Atmosphäre die angebotenen Speisen und Weine schmecken lassen.

Eine schöne Sonnenterrasse, blühende Stauden, Rosen und Oleander sowie herrliche Bäume schaffen ein fast südlich anmutendes Flair. In dieser kinderfreundlichen Umgebung finden 75 Besucher Sitzplätze.

Die fruchtigen Weine für das tägliche Weinvergnügen werden mit Schraubverschlüssen und die Weine mit großem Alterungspotential mit hochwertigen Korken verschlossen. Die trockenen Rotweine aus Spätburgunder, Dornfelder, St. Laurent, Cabernet-Sauvignon und Portugieser gelten als die Spezialitäten dieses Weingutes.

Rindfleisch, Lammfleisch, Fisch und Geflügel gelangen frisch vom Grill auf die Teller. Die knackigen und vitaminreichen Beilagen gibt es am Salatbuffet. Wer nur kleinen Hunger oder gar nur Appetit verspürt, dem bietet die Küche leckere Kleinigkeiten, wie z.B. Schnecken in Rieslingsud an.

Die Rhein-Route

Blick von den Weinbergen auf den Rhein

Die Rhein-Route verläuft entlang des Rheins nach Süden bis in die beschauliche, alte Nibelungenstadt Worms. Sie folgt im wesentlichen der B 9 und führt Sie vorbei an den Rheinterrassen und dem Roten Hang in insgesamt 13 Weinorte, u.a. zu den berühmten Städten Nierstein und Oppenheim. 48 Winzerlokale laden Sie auf dieser Route zum Weingenießen ein.

Ausgangspunkt der Rhein-Route ist der Parkplatz gegenüber dem Mainzer Hauptbahnhof. Sie fahren auf die Hauptstraße und ordnen sich sofort ganz links in die Kaiserstraße ein. Nicht geradeaus Richtung Centrum fahren! Der Weg führt Sie vorbei an der Christuskirche und direkt auf den Rhein zu. Wenn Sie rechts einbiegen, fällt Ihr Blick auf die im alten Stil renovierte Rheinbrücke, ehe Sie rechter Hand das Kurfürstliche Schloß passieren. 100 Meter weiter stehen die Sandsteingebäude des Landtages und des Deutschhauses, wenig später erst folgen der Pulverturm und dann der Holzturm. Auf der linken Seite fahren Sie am mächtigen Fort Malakoff vorbei und rechts am Museum für antike Schifffahrt, in dem die beeindruckenden Römerschiffe ausgestellt sind.

Nach 6 km verlassen Sie Mainz und fahren auf der B 9 Richtung Worms bis zur Ausfahrt **Mainz-Laubenheim (R 1)**. Fahren Sie links nach Laubenheim hinein, durch die Bahnunterführung und über die Ampelkreuzung. Halten Sie sich danach rechts in Richtung Hechtsheim; nach 100 Metern liegt rechter Hand die Straußwirtschaft "Möhn".

Zurück an der Ampelkreuzung biegen Sie rechts ab und fahren zum zweiten Ort auf der Rheinroute, **Bodenheim (R 2)**. Bodenheim ist einer der ersten Orte der Region, von dem der Weinbau urkundlich bezeugt ist (8 Jhd.). Sein Name wird erstmals 754 genannt, als der Franke Rantulf dem Fuldaer Kloster einen Weinberg in Villa Batenheim schenkte. Bodenheim beherbergt eine ganze Reihe von sehenswerten Bauwerken, angefangen mit Mühlenbauten aus dem 13. Jahrhundert über sehr schön erhaltene Fachwerkhäuser aus dem 17. und 18. Jahrhundert bis zu prächtigen Barockbauten. Besonders erwähnenswert sind sicher das Rathaus, das 1608 als Gerichtsgebäude errichtet wurde und das Anwesen Schönborn.

Anwesen in Bodenheim

Am Ortseingang von Bodenheim befindet sich ein Kreisverkehr; kurz danach liegt auf der linken Seite die Weinstube "St. Albanshof". Wenn Sie den Kreisverkehr gleich wieder rechts verlassen, kommen Sie in die Mainzer Straße und zum Gutsausschank "Klosterhof". Schon davor geht links die Ölmühlstraße ab, in der die Straußwirtschaft "Am Pavillon" des VdP-Weingutes Kühling-Gillot liegt. Die Mainzer Straße stößt wieder auf die Hauptstraße, die Sie am Kreisverkehr verlassen haben. Wenn Sie dieser weiter folgen, zweigt nach dem Bahnhof rechts die Straße nach Gau-Bischofsheim ab, in der Sie sechs Winzerschänken finden, und zwar die Straußwirtschaft "Kern", die Weinstube "Zur Dutt", die Weinstube "Zur Angela" und die Weinschänke "Zum urigen Weinkeller", die Straußwirtschaft "Zum tiefen Keller", den Gutsausschank "Johannishof" und etwas außerhalb die Straußwirtschaft "Ludwig".

Kurz vor der Straußwirtschaft Ludwig steht rechts ein weißes Hinweisschild. Hier fahren Sie rechts in den Schreiberweg zur Straußwirtschaft "Zur guten Stube" und zum Gutsausschank "Haub". Vom Schreiberweg zweigt die Straße "In der Hüttstätt" ab, in der die Straußwirtschaft "Gruber" liegt. Wenn Sie den Schreiberweg zurückkommen, fahren Sie nicht bis zur Hauptstraße, sondern rechts den Feldweg parallel zur Straße hinein und hinauf zum Gutsausschank "Im Wingert".

Altes Postamt in Bodenheim

Wenn Sie wieder nach Bodenheim hineinfahren, fahren Sie bis zur Ampel in der Langgasse. Hier kreuzt die Kirchbergstraße; links hinunter geht es zur Weinstube "Zum Rebstock", rechts hinauf zum Gutsauschank "Kapellenhof" und weiter zur Hellmerichstraße und zur Straußwirtschaft "Nikolaus May". Schräg gegenüber in der Steinstraße liegt die Weinstube "Zur Vroni". Von der Hellmerichstraße biegen Sie wieder rechts in die Hauptstraße ein, der Sie bis zur Wormser Straße folgen. Biegen Sie rechts ab.

Jesuitenhof in Bodenheim

700 Meter nach Bodenheim erreichen Sie **Nackenheim (R 3)**, den Geburtsort des berühmten Schriftstellers Carl Zuckmayer, dessen Stück "Der fröhliche Weinberg" hier spielt. Nackenheim blickt auf eine zweitausendjährige Geschichte zurück, wird aber erst 722 anläßlich einer Schenkung von vier Weinbergen zweier Edelleute an das Kloster Lorsch urkundlich erwähnt, und zwar mit dem Namen Nachheim. Nackenheim liegt nicht direkt am Rhein, sondern an einem Seitenarm, dem sogenannten Mühlarm, in dem früher die Schiffsmühlen lagen, um Energie zu erzeugen.

Im Ortskern zweigt rechts die Straße nach Mommenheim ab. Eineinhalb Kilometer außerhalb von Nackenheim liegt die Straußwirtschaft "Bernardshof". Zurück in Nackenheim biegen Sie in der Kurve rechts ab. Die rechte Straße ist die Weinbergstraße, in der die Straußwirtschaft "Schneider" und die Gutsschänke "Dr. Dietrich Im Park" liegen. Die linke Straße ist die Carl-Zuckmayer-Straße, die Sie zurück zur Hauptstraße, der Wormser Straße, führt. Fahren Sie nach rechts Richtung Worms und die nächste Straße wieder rechts zur Straußwirtschaft "Binz".

Wenn Sie der Hauptstraße weiter Richtung Worms folgen, erreichen Sie nach 1 km die B 9 und nach weiteren 2,5 km Nierstein. **Nierstein (R 4)** war schon in römischer Zeit Sitz eines höheren Beamten, eines beneficiarius consularis und Standort römischer Soldaten. Die einzige erhaltene, provinziale Badeanlage nördlich der Alpen zeugt noch heute davon. Die Franken nutzten die Überreste des römischen Vicus Buconica und nannten die Siedlung Narinstaine. 1196 wird Nierstein zum erstenmal

Blick auf Nierstein

als Stadt erwähnt. Im Mittelalter war Nierstein Königshof und Vogtei; der Niersteiner Adel war reichsunmittelbarer Lehensträger. Die barocken Adelshöfe aus jener Zeit bestimmen noch heute das Straßenbild im Ortskern. Sehenswert sind die älteste Hofanlage, der Metternich'sche Hof, das barocke Herrenhaus Haxthäuser Hof, das Schloß von der Leyen und das Dalberg-Herding'sche Schloß. Ein paläontologisches und ein Schifffahrtsmuseum laden zum Besuch ein.

Nehmen Sie die erste Möglichkeit, um rechts ins Zentrum abzubiegen. An der Straße liegen auf der linken Seite die Straußwirtschaft "Fritz Reichert I." und die Straußwirtschaft "Strub". Ein Stück weiter zweigt rechts die Karolingerstraße ab und links die Langgasse. Rechts kommen Sie zur Gutsschänke "Am Kranzberg", links, direkt an der Ecke, zur Weinstube "Haxthäuserhof" und in der nächsten Straße links zur Gutsschänke "Glockenspiel".

Auf der Hauptstraße weiter kommen Sie rechts an der Straußwirtschaft "Zur Saalpforte" vorbei und gleich danach an den Tempelhof mit den Gutsschänken "Buhl" und "Staiger". Weiter geradeaus liegt die Straußwirtschaft "Zwitscher Stubb". Fahren Sie zurück Richtung Ortsmitte und nehmen Sie die Schmiedgasse nach rechts. Sie stoßen auf die B 420, die Sie zunächst nach rechts befahren. Ein Kilometer außerhalb von Nierstein finden Sie die "Weinschänke im Ullrichshof". Zurück in Nierstein geht rechts der Paterweg zu "Mayer's Weinstube" ab.

Fahren Sie zurück bis zum Rhein und biegen Sie rechts ab Richtung Worms. Am Ortsende von Nierstein beginnt das 750 Jahre alte **Oppenheim (R 5)**, einst römische, später fränkische Ansiedlung. Der Ort erhielt 1008 das Marktrecht, 1218 die Stadtrechte, wurde 1225 Freie Reichsstadt und Mitglied des Rheinischen Städtebundes. Oppenheim hat eine sehenswerte Altstadt mit vielen Fachwerkhäusern, mit Türmen und Mauern und mit einem jahrhundertealten, unterirdischen Gangsystem, das als Lagerraum, Zufluchtsstätte und Refugium diente. Die Stadt am Rhein bietet außerdem einen artenreichen Auwald mit zwei Naturschutzgebieten und ein südländisches Klima mit Mandel- und Feigenbäumen.

Folgen Sie dem Hinweisschild Altstadt und fahren Sie an der T-Kreuzung links in die Wormser Straße zur Gutsschänke "Dietz". Zurück führt die Straße geradeaus in die Altstadt, vorbei am Weinbaumuseum und links in die Rathofstraße zur Gutsschänke "Zur Rathofkapelle". An der Wormser Straße geradeaus liegt links die Straußwirtschaft "Zum alten Keller". Fahren Sie weiter durch die Altstadt und folgen Sie dann den Schildern nach Worms.

Oppenheimer Altstadt

Am Ortsende von Oppenheim beginnt **Dienheim (R 6)**. An der Durchfahrtstraße liegt auf der rechten Seite die Straußwirtschaft "Marienhof".

Zwei Kilometer nach Dienheim erreichen Sie **Ludwigshöhe (R 7)**. Im Ort geht es die erste links und gleich wieder links zur Straußwirtschaft "Hofer-Holzky".

Auf der B 9 erreichen Sie nach eineinhalb Kilometern **Guntersblum (R 8)**, das durch sein stimmungsvolles Kellerwegfest weithin bekannt ist. Fahren Sie in Guntersblum rechts Richtung Weinolsheim. Am Ortsende liegt auf der Anhöhe die Gutsschänke "Reblausstube".

Zurück auf der B 9 Richtung Worms nehmen Sie nach eineinhalb Kilometern die Abfahrt Kühkopf nach **Gimbsheim (R 9)**, das Sie 2 km später erreichen. In der Ortsmitte geht rechts die Friedrich-Ebert-Straße ab, in der die Straußwirtschaft "Nitschmann-Knewitz" liegt.

Die Hauptstraße geradeaus führt aus Gimbsheim hinaus und 2 km weiter nach **Eich (R 10)**, das Sie nur durchfahren. Halten Sie sich dabei Richtung Ortsteil Sandhof, der eineinhalb Kilometer außerhalb auf der linken Seite liegt. Hier finden Sie die Straußwirtschaft "Günther".

Wenn Sie die Landstraße weiterfahren, erreichen Sie nach einem Kilometer die B 9, die Sie links Richtung Worms nehmen und die Sie 700 Meter weiter Richtung Alzey wieder verlassen, um nach **Bechtheim (R 11)** zu kommen. Gleich nach dem Ortseingang links liegt die Straußwirtschaft "Hofmann". Folgen Sie den zwei scharfen S-Kurven durch den Ort und fahren Sie dann halb rechts in die Straße "Spitzenberg" bis "Im Bongarten" mit der Straußwirtschaft " Zur Küferschänke". Halten Sie sich danach immer links bis zum Gasthaus "Zum Schwanen", und biegen Sie hier rechts ab nach Osthofen. Unten rechts finden Sie die Straußwirtschaft "Dreißigacker".

Bechtheim ist mit 550 ha eine der größten Weinbaugemeinden in Rheinhessen. Seit 1.200 Jahren wird hier schon Wein angebaut. Seinen Namen verdankt der Ort dem fränkischen Adligen Bero; 793 wird er als Beraheimo marca erstmals urkundlich erwähnt. Die romanische Pfeilerbasilika Lambertus wurde im 11. Jahrhundert erbaut und war im Mittelalter Wallfahrtsort, an dem die Reliquien des Heiligen Lambertus verehrt wurden. Die Weinlage Pilgerpfad erinnert noch heute daran. Neben der kulturhistorisch wertvollen Basilika ist auch die barockisierte evangelische Jugendstilkirche von 1910 sehenswert. Interessant ist auch der Brunnenweg im Ort. Das sich auf den umliegenden Hochebenen sammelnde Regenwasser speist noch immer zwei Brunnen als Quellen.

Fahren Sie weiter in Richtung **Osthofen (R 12)** und in Osthofen am Stopschild rechts. Sie sind jetzt schon auf der richtigen Straße und kommen ein paar Meter weiter auf der linken Seite zur Gutschänke "Zum wilden Erich" im Weingut "Magdalenenhof".

Wenn Sie zurückfahren, verlassen Sie Osthofen wieder und stoßen bei Rheindürkheim auf die B 9. Sie fahren jetzt wieder am Rhein entlang Richtung **Worms**. In der alten Nibelungenstadt sollen schon vor mehr als 7.000 Jahren Menschen gesiedelt haben. Der älteste überlieferte Name der Stadt stammt allerdings erst von den Kelten, Borbetomagus. Den Kelten folgten die Römer, die Burgunder und die Franken. Heute wohnen 83.000 Menschen in Worms.

Worms war jahrhundertelang Stützpunkt der deutschen Kaiser und Könige sowie führendes Mitglied des 1255 gegründeten Rheinischen Städtebundes. Der Sage nach war Worms um 1200 der Mittelpunkt der schicksalhaften Ereignisse am Hof der Burgunder, die das Nibelungenlied beschreibt. Auf einem der bedeutsamsten Reichstage, die in Worms abgehalten wurden, vertrat Martin Luther 1521 seine Lehre vor Kaiser und Reich. Von 1789 bis 1814 gehörte Worms zu

Kreuzgang des Andreasstifts in Worms

Frankreich, 1816 wurde es großherzogliche hessische Stadt. Im Laufe der Geschichte wurde die Stadt zweimal zerstört: So im Jahre 1689 und 1938.

Eindrucksvoll ist der Dom St. Peter, neben Mainz und Speyer die großartigste Schöpfung romanischer Baukunst, mit dem Kaiserportal im Norden und der Darstellung des Streits von Krimhild und Brunhild im Nibelungenlied, dem gotischen Portal im Süden sowie dem Hochaltar von Balthasar Neumann. Sehenswert sind außerdem die Andreaskirche, eine dreischiffige romanische Basilika mit geradem "Wormser" Chorabschluß, die bedeutende spätgotische Liebfrauenkirche, die Synagoge im ehemaligen Ghetto (Judengasse) aus dem 12. Jahrhundert, der Judenfriedhof "Heiliger Sand", das Lutherdenkmal von Ernst Rietschel und seinen Schülern (1868) und das Hagenstandbild am Rheinufer nördlich der Brücke.

Sie folgen der Straße vorbei an der Nibelungenbrücke und verlassen diese erst an der Ausfahrt Richtung A 61 Koblenz. Halten Sie sich danach links weiter Richtung A 61. Biegen Sie anschließend rechts und wenig später noch einmal rechts Richtung Worms-Weinsheim ab.

Nach dem Ortskern von Weinsheim geht es rechts nach **Worms-Wiesoppenheim (R 13)**. Am Rathaus zweigt rechts die Oberwiesenstraße ab, an deren Ende die Straußwirtschaft "Hammerstein" liegt, die letzte auf der Rhein-Route.

Liebfrauenkirche in Worms

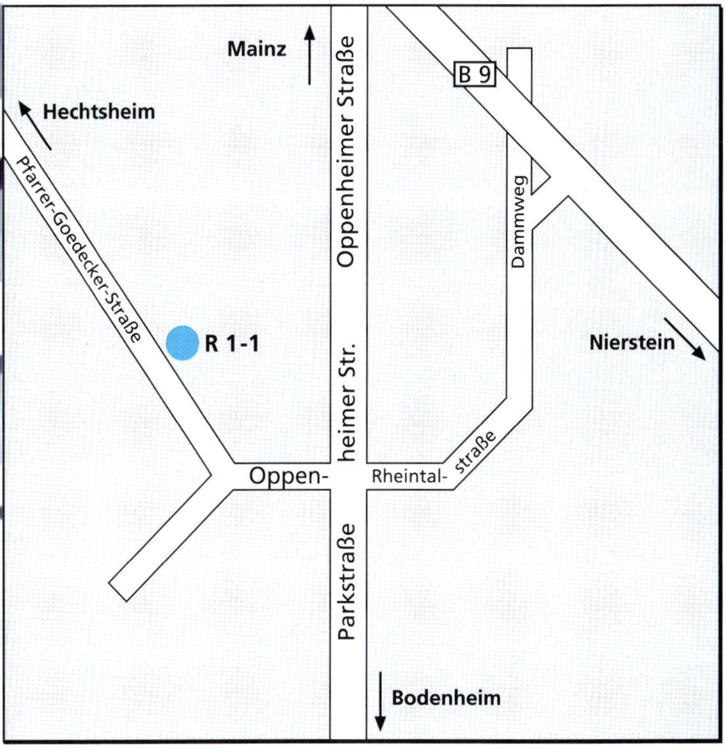

Straußwirtschaft Möhn R 1-1

55130 Mainz-Laubenheim, Pfarrer-Goedecker-Straße 12/13

Berthold Möhn ☎ 06131 - 883003 Fax - 698314

März - April, September - Oktober

Fr, Sa, So ab 16 Uhr

Die Straußwirtschaft befindet sich im ersten Stock und besteht aus einem kleinen Gastraum mit Theke und der ehemaligen, heute durch eine Fensterfront geschlossenen Terrasse. Insgesamt finden hier 90 Gäste Platz.

Über 20 Weine kann man hier probieren, wovon über die Hälfte Weißweine sind. Die Weinkarte ist angenehm übersichtlich. Durch drei Farben gekennzeichnet findet man sofort die wichtige Information bezüglich Weißwein, Rotwein oder Weißherbst.

Wingertsknorze, Riesling-Camembert und Spundekäs' werden von der Küche angeboten.

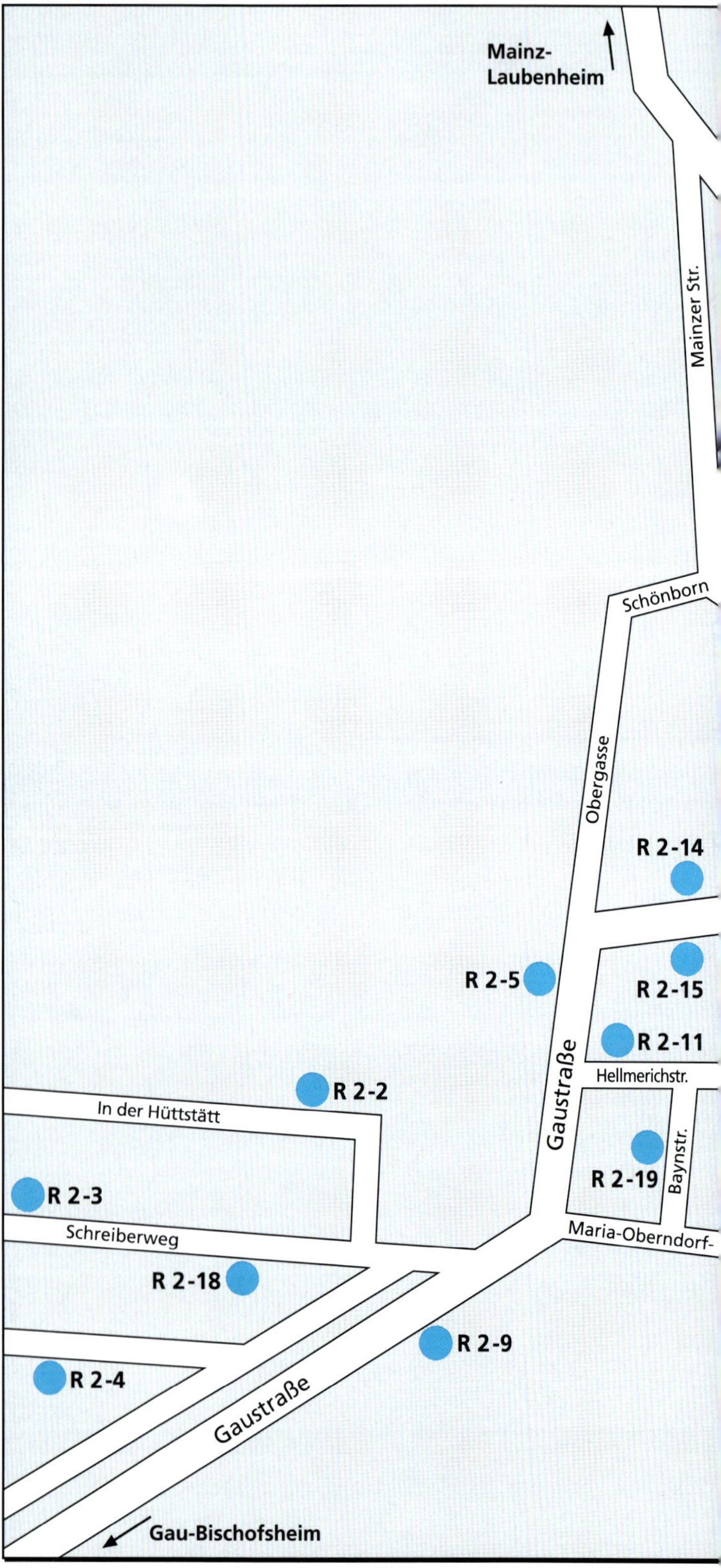

Mainz-
Laubenheim
Mainzer Str.
Schönborn
Obergasse
R 2-14
R 2-5
R 2-15
R 2-11
Hellmerichstr.
Gaustraße
R 2-2
In der Hüttstätt
R 2-19
Baynstr.
R 2-3
Schreiberweg
Maria-Oberndorf-
R 2-18
R 2-9
R 2-4
Gaustraße
Gau-Bischofsheim

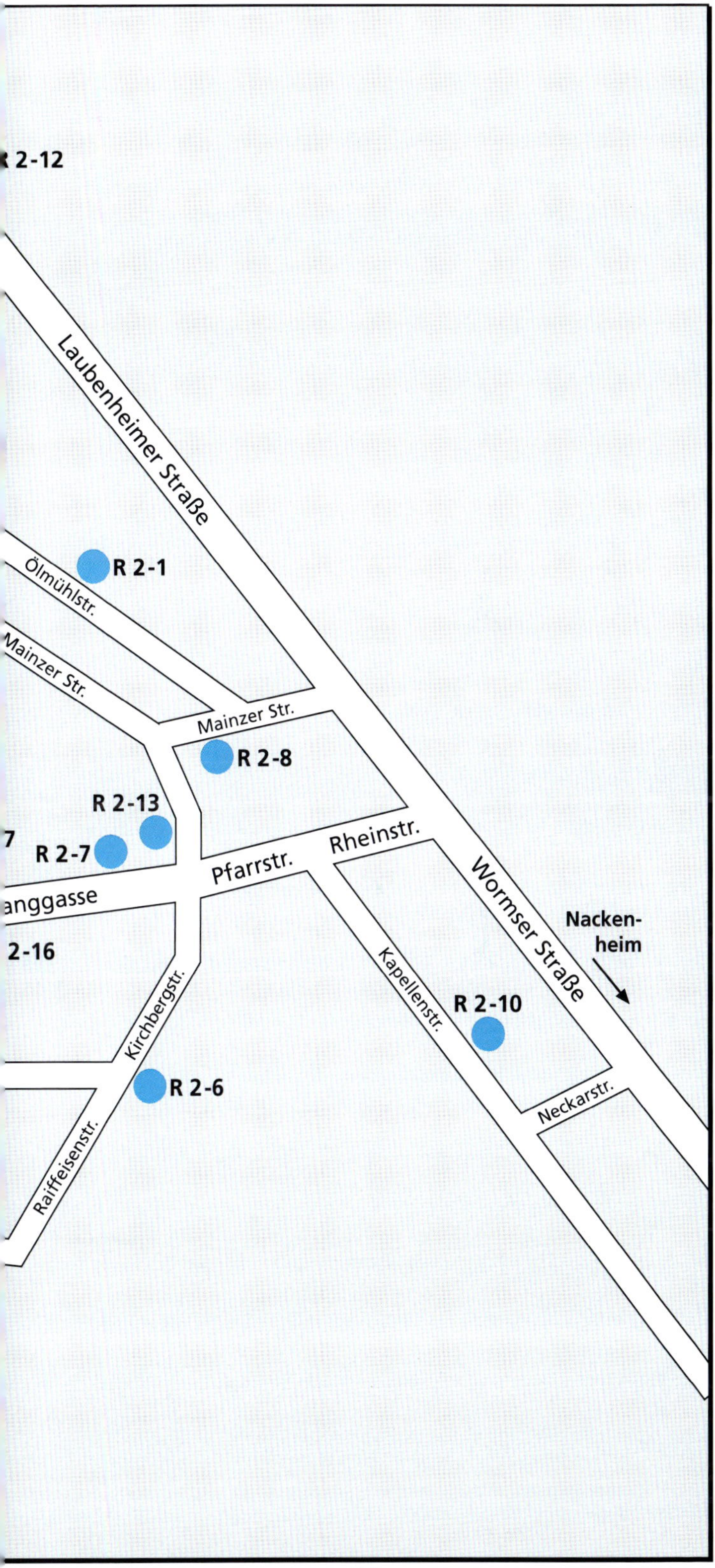
R 2-12
Laubenheimer Straße
R 2-1
Ölmühlstr.
Mainzer Str.
Mainzer Str.
R 2-8
R 2-13
7
R 2-7
Rheinstr.
Pfarrstr.
anggasse
Wormser Straße
Nacken-
heim
2-16
Kapellenstr.
R 2-10
Kirchbergstr.
R 2-6
Neckarstr.
Raiffeisenstr.

R 2-1 **Straußwirtschaft Am Pavillon**

55294 Bodenheim, Ölmühlstr.25

Familie Kühling-Gillot ☎ 06135 - 2333 Fax - 6463

Juli und August
Fr, Sa, So ab 17 Uhr

Lediglich zwei Monate im Jahr kann der Gast in der Fachwerkstube mit dem 150 Jahre alten Kachelofen und dem großen Wintergarten die ausgezeichnete Gastfreundschaft der Familie Kühling-Gillot und das großartige Ambiente dieses Anwesens genießen.

Im vorderen Teil des parkähnlichen Gartens stehen für die Gäste Tische und Stühle bereit. Ein Jugendstilpavillon bildet den Mittelpunkt dieser überaus sehenswerten Anlage, von der bisher noch jeder Besucher begeistert war.

Das Weingut ist Mitglied im Verband Deutscher Prädikats- und Qualitätsweingüter (VDP). Von all den hervorragenden Weinen ist einer besonders hervorzuheben: Die 97er Spätburgunder Auslese Barrique, die beim Deutschen Burgunderpreis 2000 den 1. Platz erzielt hat. Daneben empfiehlt der Winzer den trockenen 99er Oppenheimer Riesling und die trockene Chardonnay-Spätlese.

Der Gourmet-Teller vom Lamm, die geräucherte Entenbrust an Blattsalaten und der Saumagen auf Rheinhessische Art sind die adäquate Antwort der Küche, sie müssen den Vergleich mit den Köstlichkeiten im Glas nicht scheuen.

R 2-2 **Straußwirtschaft Gruber**

55294 Bodenheim, In der Hüttstädt 8

Familie Gruber ☎ 06135 - 2371 Fax - 2379

April - Juni, Mitte September - Ende Oktober
Fr, Sa ab 17 Uhr, So/Fe ab 15 Uhr

Die Gaststube befindet sich in einem neu erbauten Gebäude. Die stilvolle Einrichtung und der herrliche Ausblick in die Weinlandschaft lassen die maximal 50 Gäste gerne hier verweilen.

Das Weingut liegt am Ortsrand von Bodenheim in ruhiger Lage inmitten von Weinbergen. Wer hier im Freien sitzt, hat einen herrlichen Fernblick bis in den Taunus. Parkplätze findet der motorisierte Besucher direkt am Weingut.

Die umfangreiche Sortenvielfalt bietet für jeden Gaumen das Richtige. Allein im Jahr 2000 haben 8 Weine Prämierungen der Landwirtschaftskammer Rheinland-Pfalz erhalten. Für die Weinprobe zu Hause bietet der Winzer sortierte Kartons mit jeweils 6 Flaschen an.

Die richtigen Weinbegleiter bietet die Küche mit dem Schwarzwälder Schinkenspeck, der Hausmacher Wurst und der Sülze mit Bratkartoffeln.

Gutsausschank Haub **R 2-3**

55294 Bodenheim, Schreiberweg 11
Maria Haub ☎ 06135 - 2874 Fax - 950560

März - Mitte Dezember
Mo, Di, Fr ab 16 Uhr, Sa,So ab 15 Uhr

Die ungezwungene, stimmungsvolle Atmosphäre lädt zum fröhlichen Beisammensein ein. Platz nehmen können die Gäste in zwei Räumen. Sollte es trotzdem mal eng werden, rückt man gerne zusammen.

Die Lage inmitten zauberhafter Weinberge verleitet zu einem Spaziergang in diese idyllische Rebenlandschaft. Anschließend sucht man sich einen Platz an den Tischen im Hof.

Mit seinen knapp 30 Weinen bietet das Weingut eine üppige Auswahl. Der edelsüße Silvaner Eiswein wurde mit der goldenen Kammerpreismünze ausgezeichnet und wird vom Winzer als "eine Rarität unter den Weinen" bezeichnet.

Die Bratwurst und der Kartoffelsalat sind immer ein Grund für einen Besuch. Gegen den kleinen Hunger kann der Gast belegte Wingertsknorze oder Roggenstangen bestellen.

Gutsausschank Im Wingert **R 2-4**

55294 Bodenheim, Gaustraße 77
Anne Holdenried-Bub ☎ 06135 - 934385 Fax - 931492

Januar - Ende Oktober
Fr, Sa ab 16 Uhr, So/Fe ab 15 Uhr

Viel Platz haben die Gäste in dieser, auf 110 Personen ausgerichteten Gutsschänke. Ein aufwendiges, buntes Bleiglasfenster mit Weinmotiven schmückt den Gastraum. Wer einen Fensterplatz bekommt, hat zusätzlich einen herrlichen Panoramablick.

Unmittelbar nach einem Spaziergang in der Rebenlandschaft, kann man auf der großen Terrasse Platz nehmen. Der Fernblick in Richtung Frankfurt ist sehenswert.

Eine große Auswahl an Rot- und Rieslingweinen findet man auf der Weinkarte. Der Schwarzriesling Rotwein wird trocken und halbtrocken angeboten und sollte nicht unprobiert bleiben.

Verschiedene Roggenstangen, die Weinsuppe mit Croutons, das Rippchen mit Kraut oder die Fleischwurst mit Brot bieten gute Grundlagen für den Weingenuß. Die Besondere Empfehlung sind die gefüllten Kartoffelklöße.

R 2-5 **Gutsausschank Johannishof**
55294 Bodenheim, Gaustraße 19
Karl Leber ☎ 06135 - 3764 Fax - 951792

ganzjährig
Mo, Do, Fr ab 17 Uhr, Sa ab 16 Uhr, So ab 12 Uhr

Die Gutsschänke befindet sich in einem 1769 erbauten ehemaligen Gutshaus des Mainzer Johannisstiftes. Neben dem eigentlichen Wirtsraum für 80 Personen gibt es den mit 15 Sitzplätzen ausgestatteten Nichtraucherraum.

Bei schönem Wetter kann man sich im Innenhof unter einem Dach aus Reben die Zeit vertreiben.

Der Winzer lädt den Weinfreund ein, mit seiner Weinliste auf Entdeckungsfahrt zu gehen. Da ist man bei einem Angebot von über 25 Weinen eine Weile unterwegs.

Zu den Besonderheiten der Küche gehören das "Rumpsteak Knofi", der "Knobitopf-Quark" und für den Liebhaber der deftigen Küche die "Fuhre Mist".

R 2-6 **Gutsausschank Kapellenhof**
55294 Bodenheim, Kirchbergstraße 22
Hannelore Kirsch ☎ 06135 - 2257 o. 6538 Fax - 1621

ganzjährig (Ende Juli sind 2 Wochen Betriebsruhe)
Mi - Sa ab 16 Uhr, So ab 15 Uhr

In zwei Räumen kann man sich hier bewirten lassen. Im unteren Raum finden 30 Personen Platz, ohne die Wendeltreppe nach oben überwinden zu müssen. In dem langen Gastraum oben werden weitere 40 Weinfreunde sehr aufmerksam bedient. Kleine Sonderwünsche werden gerne erfüllt.

Im Hof gibt es auch Sitzgelegenheiten, wobei man im Sommer lieber auf die dazugehörige Straußwirtschaft im Schreiberweg 2 (siehe unter R 2-18) ausweicht.

Das Weinangebot ist abwechslungsreich und vielfältig. Die "Creation", eine Komposition aus ausgewählten Burgunderweinen, darf man ruhig probiert haben.

Maultaschen, Bratwurst, Wurstsalat und viele andere Speisen werden von der Küche in reichhaltigen Portionen auf die Teller gebracht.

Straußwirtschaft Kern **R 2-7**

55294 Bodenheim, Langgasse 5

Heini Kern & Sohn ☎ 06135 - 3237

Ostern - Ende Oktober
Mi, Do, Fr, Sa ab 15 Uhr, So/Fe ab 13 Uhr. Mo + Di Ruhetage

Eine urtypische Straußwirtschaft erwartet die Gäste hier. Der rustikale Gastraum bietet 70 Sitzplätze. Zusätzlich können 60 Personen im gemütlichen Weinprobierkeller untergebracht werden.

Der romantische Winzerhof mit vielen Blumen und Grünpflanzen bietet unter dem "großen Rebendach" 70 Personen ein schattiges Plätzchen.

Die Extra-Abfüllung "Lukullus" ist der Wein zum gleichnamigen Spargel. Der trockene Graue Burgunder ist ebenfalls eine Empfehlung aus dem Weinregal.

Die Speisekarte bietet Winzerschinken mit hausgemachtem Kartoffel- bzw. Krautsalat und Bratwurst nach Art des Hauses aus eigener Schlachtung. Saisonale Schlemmereien sind die Spargelgerichte, der frische Zwiebelkuchen und - während der Lese - die eingelegten Heringe.

Gutsausschank Klosterhof **R 2-8**

55294 Bodenheim, Mainzer Straße 18

Markus Riebel ☎ 06135 - 2232 Fax - 2066

Anfang Februar - Ende Juni, 3.WE September - Ende Oktober
Fr, Sa ab 17 Uhr, So/Fe ab 15 Uhr

Im 13. Jahrhundert erstmals erwähnt und früher als Zisterzienserinnen-Kloster genutzt, wurde der jetzige Hof 1770 neu erbaut. Über 19 Stufen gelangt man in einen, über dem Kelterhaus gelegenen und zur Gaststube umgebauten Spitzboden. Die Kapazität reicht für 70 Personen.

Im Sommer wird der Hof aufgerüstet. Wer zwar draußen, aber nicht direkt in der Sonne verweilen möchte, wird die Sitzplätze unterm Laubdach sehr schätzen.

Für den täglichen Bedarf gibt es den roten oder weißen Klosterschoppen in der Literflasche. Aus Scheurebe, Faber, Riesling, Bacchus, Müller-Thurgau, Kerner, und Silvaner werden die Weißweine gewonnen. Zur Rotweinherstellung werden die Trauben von Spätburgunder, Dornfelder und Blauer Portugieser herangezogen.

Die Extras der Küche kann man einer Tafel am Eingang entnehmen. Die Dauerkarte bietet neben belegten Weinstangen, Tomatentoast, Bratwurst, Frühstückswurst mit Zwiebeln auch die für diese Region ganz typische warme und kalte Fleischwurst an.

R 2-9 **Straußwirtschaft Ludwig**
55294 Bodenheim, Gaustraße 72
Familie Ludwig ☎ 06135 - 4525

Ende Mai - Ende September
Fr, Sa, So/Fe ab 15 Uhr

Wo früher landwirtschaftliche Maschinen und Gerätschaften standen, wird heute kräftig gezecht. Der Natursteinboden, die Rundbogenfenster und die einfache und zweckmäßige Einrichtung prägen das Bild dieser typischen und ebenerdigen Straußwirtschaft.

Bei entsprechender Witterung werden Tische und Stühle für ca. 40 Personen in die Hofeinfahrt gestellt. Zwischen Gebäude und einigen Rebstöcken sitzt man geschützt und unmittelbar dort, wo die Trauben wachsen.

Neben 7 Rot- und Weißherbstweinen hat man auch eine umfangreiche Auswahl an Weißweinen - auch mit Prädikat. Der Beste aus dem Jahrgang 1999 ist eine trockene Kerner Auslese.

Verschieden belegte Roggenstangen, Hausmacher Wurstteller, Handkäs' mit Musik, Rindswurst, Lachsbrot, Schmalzbrot und der mit und ohne Käse angebotene Wurstsalat gehören zum Standardprogramm der Küche. Die Extras werden jeweils auf der ausliegenden Zusatzkarte angepriesen .

R 2-10 **Gutsausschank May**
55294 Bodenheim, Kapellenstraße 42
Helga May ☎ 06135 - 2335 📠 - 8423

ganzjährig
Mo - Sa ab 18 Uhr. Sonntag Ruhetag

In ruhiger Lage von Bodenheim liegt das Weingut und Gästehaus. Eine rustikale Weinstube und ein heller, liebevoll eingerichteter Wintergarten können 60 Personen aufnehmen.

Ein lauschiger Ort zum Verweilen ist der schöne Hofgarten mit Teich. An kleinen Tischen sitzen die 50 Gäste gut verteilt. Ganz nach dem persönlichen Gusto gibt es sowohl Sonne als auch Schatten.

Die Weine sind überwiegend trocken und halbtrocken ausgebaut. Hauptsächlich werden Riesling, Kerner und Blauer Spätburgunder angeboten.

Neben einer phantasievollen Standardkarte gibt es kreative Saisongerichte aus der Frischküche.

Straußwirtschaft Nikolaus May R 2-11
55294 Bodenheim, Hellmerichstraße 13
Waltraud May ☎ 06135 - 3239 Fax - 3269

1.Mai - 30.Juni, Mitte August - Mitte Oktober
Sa ab 16 Uhr, So/Fe ab 13 Uhr

Eine Mischung aus modernem und rustikalem Ambiente erwartet die Gäste in dieser Straußwirtschaft. Die angebotenen Sitzgelegenheiten reichen für 60 Personen gut aus.

Der Innenhof wird im Sommer für 80 Personen hergerichtet.

Drei Weine dieses innovativen Weingutes wurden prämiert. Als Empfehlung aus dem Keller gelten die trockene Riesling Spätlese, der halbtrockene Rivaner und der trockene Dornfelder. Eine nachahmenswerte Idee ist das Angebot an Singleweinen in der 0,5 l Flasche.

Als die Spezialität des Hauses gelten die eingelegten Steaks mit hausgemachtem Kartoffelsalat. Außerdem gibt es saisonale Angebote wie z.B. das Tomaten-Basilikum-Brot oder die Kürbiscremesuppe.

Weinstube St. Albanshof R 2-12
55294 Bodenheim, Laubenheimer Straße 35
Familie Kerz & Sohn ☎ 06135 - 2581 Fax - 6151

Mitte Jan. - Ende Aug., Mitte Okt. - 2 Wochen vor Heiligabend
Fr, Sa ab 16 Uhr, So ab 15 Uhr

Für die Einrichtung wurde überwiegend massive Eiche verarbeitet. Die Rundbogenfenster mit Bleiverglasung und der Rauhputz unterstützen den rustikalen Eindruck. Ein mit Holz gefeuerter Kachelofen schafft in der kühlen Jahreszeit wohlige Wärme für 85 Besucher.

Im Sommer gibt es 50 Sitzplätze in den Weinbergen am Haus. Hier kann man von Reben umgeben den Wein erleben. Parkplätze gibt es reichlich.

Das Angebot umfaßt 7 trockene, 3 halbtrockene und 6 milde Weine. Der feinherbe Rivaner wurde im Jahr 2000 Top-Drei-Sieger in Bodenheim. Demnächst findet man in diesem Weingut auch Merlot auf der Karte.

Die besondere Spezialität der Küche ist die Auswahl an verschiedenen Toasts. Von Rumpsteak und Spießbraten werden auch halbe Portionen angeboten. Belegte Brote und Wingertsknorze stellen den kleinen Hunger zufrieden.

R 2-13 **Weinstube Zum Rebstock**
55294 Bodenheim, Kirchberg 3-5
Heribert Schornstheimer ☎ 06135 - 5391

Karfreitag - Ende September
Mi, Do, Fr, Sa ab 17 Uhr, So/Fe ab 15 Uhr

In der rustikalen Gaststube können 60 Gäste unterhaltsame Abende verbringen. Zu den vier tollen Tagen an Fastnacht wird den Gästen Stimmungsmusik geboten. Das ist aber nur ein Beispiel von vielen. Tipp: Fordern Sie den Terminkalender für die speziellen Veranstaltungen an.

Im Sommer geht's draußen weiter.

Unter 13 Weinen kann man auswählen. Aus den Trauben von Müller-Thurgau, Morio-Muskat, Silvaner, Scheurebe, Bacchus, Riesling, Kerner und Chardonnay werden die Weißweine vergoren. Portugieser, Dornfelder und Herold werden für die Rotwein- bzw. Weißherbstproduktion herangezogen.

Als Ergänzung zur Speisekarte, auf der Hand- und Schafskäse, Thunfisch- oder Nudelsalat zu finden sind, gibt es wöchentlich wechselnde Spezialitäten.

R 2-14 **Straußwirtschaft Zum tiefen Keller**
55294 Bodenheim, Langgasse 19
Josef Kern ☎ 06135 - 2051

Anfang Mai - Mitte Juli, August u. September
Mi - Fr ab 17 Uhr, Sa ab 16 Uhr, So/Fe ab 15 Uhr

Seit über 300 Jahren besteht dieses Weingut, in dessen rustikaler Weinstube 35 Weintrinker frei nach dem Motto des Winzers "Lieber besoffen und lustig als nüchtern und durstig" bewirtet werden können.

Der bewachsene Innenhof bietet 60 Personen Sitzplätze im Grünen.

6 trockene, 2 halbtrockene und 10 milde Weine kann der Winzer anbieten. Die Spezialität dieses Weingutes sind die Burgunderweine.

Die Küche bietet kalte und warme Brotmahlzeiten an. Darunter findet man so deftige Magenfüller wie Russische Eier, Mainzer Handkäs', Spundekäs', Bauernschmauß und Winzersteak.

Weinschänke Zum urigen Weinkeller

R 2-15

55294 Bodenheim, Langgasse 20
Adam Weber ☎ 06135 - 3497 Fax - 1634

Mitte Januar - Mitte Dezember
Di - Fr ab 17 Uhr, Sa ab 16 Uhr, So ab 12 Uhr

Hier ist der Name Programm. Im alten Holzfaß-Gewölbekeller befindet sich ein uriger Gastraum, im ebenerdigen Eingangsbereich die Theke sowie zusätzliche Sitzgelegenheiten. Insgesamt können in dieser Gutsschänke 90 Gäste verköstigt werden.

Im Sommer bietet der Winzer 150 Sitzgelegenheiten in seinem von Weinlaub umrankten und schön gepflasterten Innenhof an.

Riesling und Dornfelder gehören u.a. zum Weinangebot, welches aus insgesamt 6 trockenen, 4 halbtrockenen und 4 milden Weinen besteht.

Kleinere kalte und warme Gerichte kann man bestellen. Der überbackene Blattspinat ist die Empfehlung der Küchenfeen.

Weinstube Zur Angela

R 2-16

55294 Bodenheim, Langgasse 18
Michael Kerz ☎ 06135 - 2654 Fax - 8512

März - November
Mo, Do, Fr, Sa ab 17 Uhr, So ab 15 Uhr

In einem Gehöft aus dem 17. Jahrhundert sitzt man in den reich mit Blumen geschmückten Innenräumen. Kachelofen und Wintergarten runden das gemütliche Ambiente ab. Zusammen finden in Haupt- und Nebenraum 100 Besucher gemütlich Platz.

Der rebenumrankte Innenhof lädt zum Verweilen ein.

Das Weingut Kerz bewirtschaftet rund 10,5 ha in den besten Lagen der Gemeinden Bodenheim, Laubenheim und Nackenheim. Unter den Rebsorten dominieren der Riesling, der Weiße Burgunder und der Blaue Spätburgunder. Seit 1998 gibt es außerdem Cabernet Sauvignon und Merlot Rotwein. Alle Rotweine werden im Holzfaß ausgebaut und gelagert.

Die Speisenauswahl ist üppig und variantenreich. Alles, was auf die Teller kommt, ist frisch zubereitet.

R 2-17 Weinstube Zur Dutt
55294 Bodenheim, Langgasse 17
Fam. Duttenhöfer-Rüger ☎ 06135 - 3775 o. 931533 Fax - 931534

Januar und Februar Fr, Sa ab 16 Uhr, So ab 15 Uhr
März - Dezember Mo, Di, Mi, Sa ab 16 Uhr, So/Fe ab 15 Uhr

Die ehemaligen Stallgebäude wurden zu einer gemütlichen Weinstube umfunktioniert. Die beiden mit Holzböden ausgestatteten und über 4 Stufen miteinander verbundenen Räume können insgesamt 90 Personen aufnehmen.

Der Innenhof ist malerisch von Weinlaub umrankt und urgemütlich. Wer einen der 80 Plätze ergattert hat, bleibt gerne länger.

Für Weißweintrinker gibt es neben Müller-Thurgau, Scheurebe, Silvaner, Bacchus, Kerner, Rivaner, Riesling auch Ortega und Gewürztraminer. Als Rheinischer Land-Rotwein wird Portugieser und Dunkelfelder in die Flaschen gefüllt.

Auf der Karte findet der hungrige Gast neben belegten Mohn- und Rieslingroggenstangen auch Bratwurst, Schnitzel, Saumagen, Hackbraten und Spießbraten, den man auch als halbe Portion ordern kann.

R 2-18 Straußwirtschaft Zur guten Stube
55294 Bodenheim, Schreiberweg 4
Heribert Kirch ☎ 06135 - 6538

Mai - Ende September (Ende Juli 2 Wochen Betriebsferien)
Mi, Do, Fr, Sa ab 16 Uhr, So ab 15 Uhr

Bei schlechtem Wetter kann man in der Gutsschänke Kapellenhof (siehe R 2-6) einkehren, die ebenfalls von Familie Kirch betrieben wird.

Am Beginn kilometerlanger, betonierter Wanderwege durch die Weinberge liegt diese Straußwirtschaft. In dem liebevoll hergerichteten Hof stehen Tische und Stühle auf Kies.

Das Weinangebot ist abwechslungsreich und vielfältig. Die "Creation", eine Komposition aus ausgewählten Burgunderweinen, darf man ruhig probiert haben.

Schinkenplatte, Spundekäs', Handkäs' mit und ohne Musik bietet die Küche zur Stärkung.

Weinstube Zur Vroni

55294 Bodenheim, Steinstraße 5
Veronika Becker ☎ 06135-3164 Fax - 8765

ganzjährig
Mo - Fr ab 16 Uhr, So ab 15 Uhr. Samstag Ruhetag

In der gemütlichen und lebhaften Weinstube herrscht ein rauher aber herzlicher Ton. Man legt Wert darauf, dass sich die Gäste zusammensetzen. An den Wänden hängen Bilder und sonstige Zeitzeugen der Mainzer Fastnacht.

Die 70 Plätze auf der Hofterrasse sind vor Regen und Kälte geschützt. Man kann bis zum Herbst "im Freien" sitzen.

6 trockene, 3 halbtrockene und 10 milde Weine, wovon 10 Weine ausgezeichnet wurden, zeigen die Tendenz des Weingutes Becker. Die Winzerempfehlung ist der mehrfach ausgezeichnete 98er Rheinhessen Silvaner.

Neben dem pikanten Winzersteak wird eine breite Palette kleinerer und mittlerer Speisen angeboten. Die täglichen Zusatzangebote stehen auf der Tafel an der Wand.

Hätten Sie gewußt,

dass es sich bei
Weißem Burgunder
und Pinot blanc um dieselbe
Rebsorte handelt?

R 3 Nackenheim

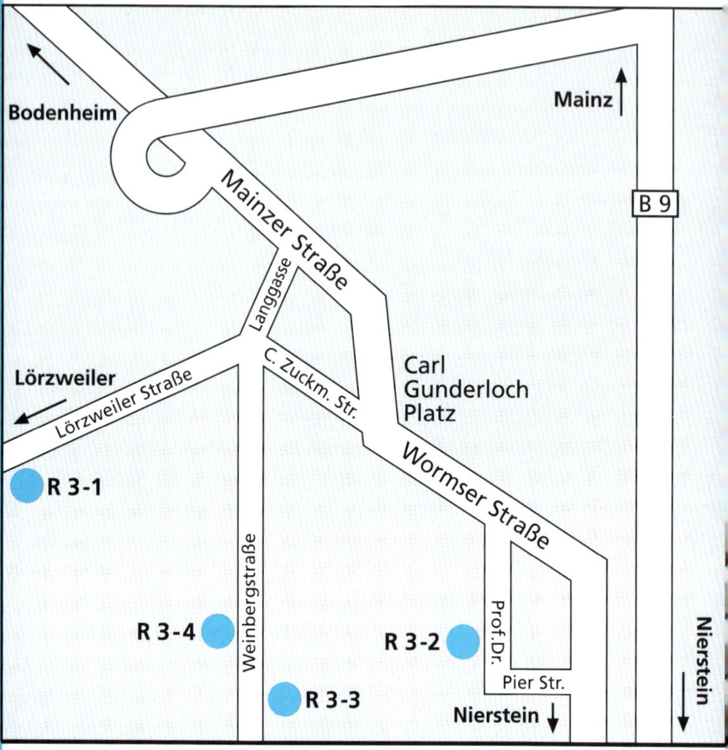

R 3-1 Straußwirtschaft Bernardshof

55299 Nackenheim, Am Teuerborn
Hans Bernard ☎ 06135 - 3712

3. WE Mai - 1.WE Oktober
Mo-Fr ab 17 Uhr, So/Fe ab 14 Uhr. Samstag Ruhetag

Ein offener und einfach ausgestatteter Raum bietet Sitzgelegenheiten für maximal 50 Personen.

Im Freien sitzt man auf der kleinen Terrasse und blickt auf Äcker und Felder. Einen Spielplatz für die Kleinen gibt es auch.

Knapp 10 Weine werden zur Verkostung angeboten. Mit dem in der Literflasche als Landwein angebotenen trockenen Silvaner beginnt die Weinliste. Spätlesen und Auslesen gesellen sich dazu. Zwei Rotweine und ein Spätburgunder Rosé bilden den Abschluß.

Auf der kleinen Speisekarte findet man Fleisch- und Rindswurst, Quark und eine Hausmacher Platte.

Straußwirtschaft Binz

R 3-2

55299 Nackenheim, Prof.-Dr.-Pier-Straße 27
Manfred Binz ☎ 06135 - 2619

Mitte April - 1.WE September
Fr, Sa ab 17 Uhr, So/Fe ab 15 Uhr

Ausreichend Platz finden die Besucher in der großzügigen und gemütlich eingerichteten Weinstube. Insider kennen diese Schankstätte auch unter dem Namen Straußwirtschaft "Am Rothenberg".

Idyllische Sitzplätze findet man im Hof unter alten Bäumen. Durch ein Schild wird man rechtzeitig auf den gesonderten Parkplatz aufmerksam gemacht.

6 trockene, 3 halbtrockene und 5 milde Weine sind das Ergebnis der Arbeit in Weinberg und Keller. Q.b.A. bis Beerenauslese kann sich der Weinfreund in die Gläser füllen lassen.

Die Küchengeister arbeiten fleißig an dem umfangreichen Speisenangebot. Jägertoast, Grillsteak oder Spundekäs' gibt es täglich. Freitags werden zusätzlich Pellkartoffeln gekocht und mit Quark, Heringen oder Hausmacher Wurst angeboten.

Gutsschänke Dr. Dietrich im Park

R 3-3

55299 Nackenheim, Weinbergstraße 50
Peter Dietrich ☎ 06135 - 2279 Fax - 8412

1.Mai - 30.September
täglich ab 18 Uhr, außer Freitag

In der nach 1700 als Obermühle bekannten, ältesten Gutsschänke Rheinhessens findet man in gemütlichen Sitznischen oder im stilvoll eingerichteten Gastraum Platz.

Der lauschige Weingarten im Park befindet sich inmitten von Weinbergen. Hier, wo der Mühlbach und die Bäume rauschen, findet man den richtigen Rahmen, um den Sommer zu genießen. Tipp: Infos zum Sommer-Theater anfordern.

Für absolute Qualität verbürgt sich Winzermeister Peter Dietrich auf Etikett und Korkbrand mit seinem Namen. Über 20 Weine stellen sich den Anforderungen der fachkundigen Nasen und Gaumen der Kenner.

Die schmackhaften kalten Gerichte unterstützen den Weingenuß.

R 3-4 **Straußwirtschaft Schneider**

55299 Nackenheim, Weinbergstraße 43
Albert Schneider ☎ 06135 - 3922

Anfang Mai - Ende August
Mo - Sa ab 17 Uhr, So ab 15 Uhr

Der Hof war von 1702 für 100 Jahre im Besitz des Mainzer Kollegiatstifts St. Johannes und trägt daher den Namen Johannisstiftshof. In einer Halle werden die Gäste in der auch als "Dreimädelhaus" bekannten ursprünglichen Straußwirtschaft bewirtet.

Im Winzerhof stehen ebenfalls Sitzgelegenheiten zur Verfügung.

Die Weinkarte bietet ausschließlich Weißweine an. Die verwendeten Rebsorten sind Kerner, Scheurebe, Riesling und Silvaner.

Heiße Fleischwurst mit Brötchen wird ebenso angeboten wie Griebenschmalzbrot, Handkäs', Hausmacher Wurst und Strammer Max.

Hätten Sie gewußt,

dass es sich beim
österreichischen Grünen Zierfandl
einfach nur um Silvaner
handelt?

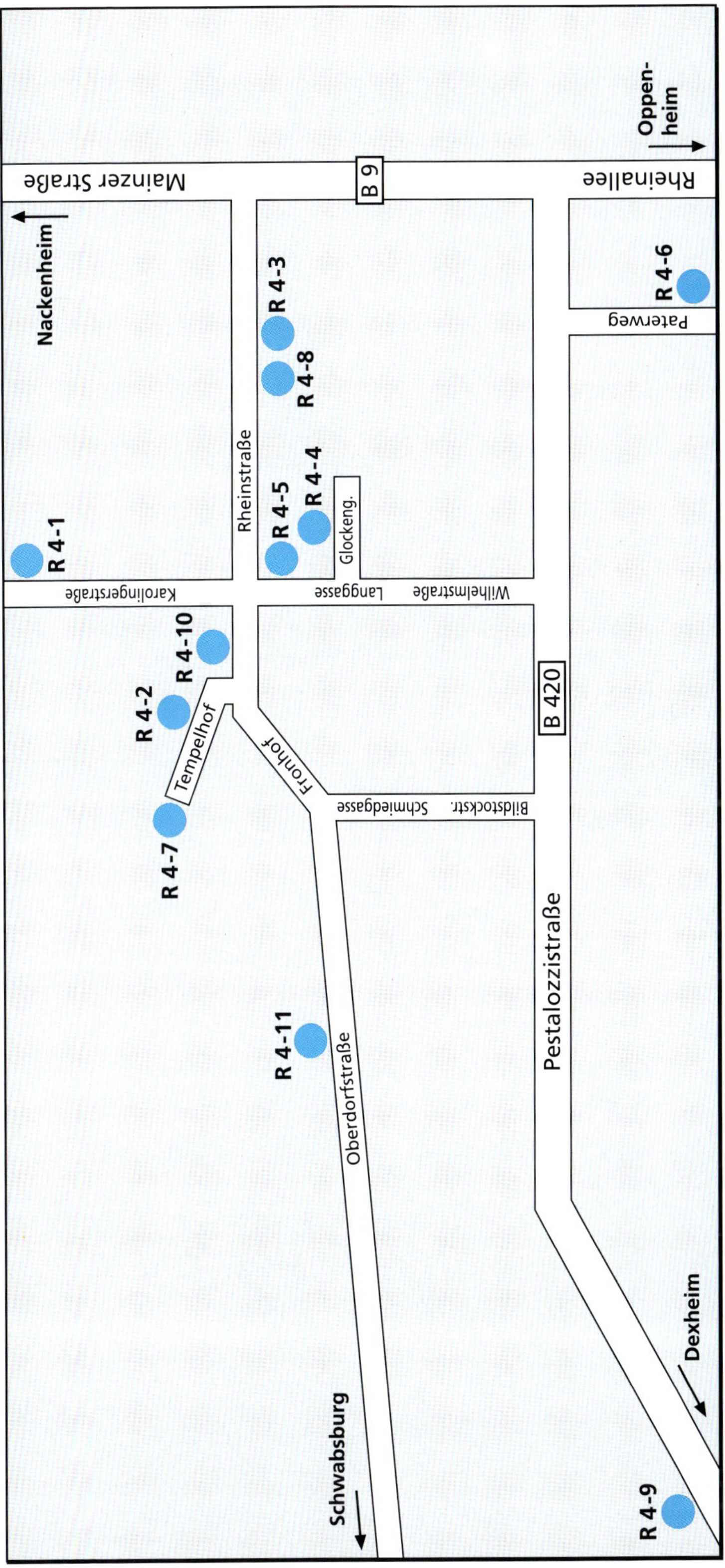
Mainzer Straße
B 9
Rheinallee
Oppen-
heim
Nackenheim
R 4-1
R 4-3
R 4-8
R 4-5
R 4-4
R 4-6
Paterweg
Rheinstraße
Glockeng.
Karolingerstraße
Langgasse
Wilhelmstraße
R 4-10
R 4-2
Tempelhof
Fronhof
B 420
R 4-7
Schmiedgasse
Bildstockstr.
Pestalozzistraße
R 4-11
Oberdorfstraße
Dexheim
Schwabsburg
R 4-9

R 4-1 **Gutsschänke Am Kranzberg**
55283 Nierstein, Karolingerstraße 15
Ingrid Heise ☎ 06133 - 5587 Fax - 60493

1. WE März - letztes WE Oktober
Fr ab 18 Uhr, Sa*, So ab 15 Uhr. (*Samstags bitte reservieren)

Der helle Raum ist mit Parkett, alten Möbeln und Holzpfosten ausgestattet. Ein schönes Ambiente für die 80 Gäste, die hier gemütliche Abendstunden verbringen möchten.

Direkt am Weinberg und an den Wanderwegen gelegen, können insgesamt 100 Gäste auf den beiden Terrassen bewirtet werden.

"Wein ist mehr als eine Ware, er gehört zum Leben". Diese Weisheit findet man am Anfang der Weinliste, in welcher sich auch Weine vom "Roten Hang" befinden. Als Empfehlungen aus dem Keller sind die trockene Graue Burgunder Spätlese, die halbtrockene Kerner Auslese und der feinherbe Riesling Kabinett zu nennen.

Die kleine aber feine Karte bietet u.a. Weinkäse auf Tomaten mit frischer Kräutermarinade und Spundekäs' mit Brezeln an.

R 4-2 **Gutsschänke Buhl**
55283 Nierstein, Tempelhof 7
Wilfried Buhl ☎ 06133 - 50476 o. 59577 Fax - 927466

Anfang Mai - Dezember
Di - Fr ab 15 Uhr, Sa ab 13 Uhr, So/Fe ab 11 Uhr. Montag Ruhetag

Seit diesem Jahr wird die ehemalige Straußwirtschaft als Gutsschänke geführt. Die rustikal eingerichtete und schön mit Rosen dekorierte Weinprobierstube kann 50 Personen aufnehmen.

Im großen und saisonal unterschiedlich geschmückten Hof sind 40 der insgesamt 100 Sitzplätze überdacht. Der große Weinstock, der Pavillon und der schöne Blick auf Bäume und Weinlaub laden zum Verweilen ein.

Silvaner, Müller-Thurgau, Morio-Muskat, Riesling, Scheurebe und Kerner werden als Füllung für die Weißweingläser bereit gehalten. Für den Weißherbst werden die Trauben der Dornfelderrebe verarbeitet.

Die Küche bietet ausschließlich kalte Winzergerichte an.

Straußwirtschaft Fritz Reichert I. R 4-3

55283 Nierstein, Rheinstraße 30-32
Helmut Reichert ☎ 06133 - 50171 📠- 60280

1.März - 3.Advent
Fr ab 17 Uhr, Sa ab 14 Uhr, So ab 11 Ihr

Sehr stilvoll und auf mehrere Räume verteilt sitzt man inmitten von Geschichte und Tradition. Dunkel gebeiztes Holz und die alte Möblierung schaffen ein wunderschönes Ambiente. Tipp für alle Kunstfreunde: Alle 7 Wochen stellt sich ein neuer Künstler mit seinen Werken dort vor.

An den warmen Tagen kann man in dem schönen Innenhof geschützt unter Bäumen sitzen.

Das Weingut bewirtschaftet 9 ha Rebfläche mit den klassischen Rebsorten, wie Riesling, Silvaner, Burgunderarten und Rotweinsorten. Es werden auch Weine vom "Roten Hang" angeboten. Wer es knackig trocken mag, für den ist der Müller-Thurgau "Zero" mit 0 g Restsüße ein Geheimtipp.

Die hausgemachten, regionalen Küchenspezialitäten wechseln wöchentlich. Deftige Brotzeiten, Pellkartoffeln mit Quark oder Hausmacher Wurst werden ständig angeboten.

Gutsschänke Glockenspiel R 4-4

55283 Nierstein, Glockengasse 10
Familie Schwibinger ☎ 06133 - 5502

März - Dezember
Di - So ab 12 Uhr. Montag Ruhetag

An dem mit Freskenmalerei geschmückten Gutshaus hängen 16 Glocken aus feinster Goldbronze. Zu festgesetzten Zeiten erklingen täglich der Tageszeit angepaßte Melodien. Mit einer rundum laufenden Bank und mehreren Tischen ist die alte Weinstube auf den Besuch von 40 Gästen ausgerichtet.

Neben dem Gutshaus befindet sich ein kleiner, rebenüberdachter Innenhof, der für maximal 45 Besucher zur Verfügung steht.

Seit Generationen wird in dieser Familie Weinbau betrieben. Traditionell werden die Trauben von Hand gelesen und auf einer pneumatischen Kelter schonend gepreßt. Neben den Weinen vom "Roten Hang" werden auch Weine vom "Rotenberg" sowie Weißburgunder und Chardonnay empfohlen.

Hausmacher Wurst, kalte, nicht gebratene sondern gekochte Hausmacher Bratwurst und der Glocken-Teller mit Wurst, Käse und Schinken gehören zu den Hausspezialitäten.

R 4-5 **Weinstube Haxthäuserhof**

55283 Nierstein, Langgase 35
Familie Wernher ☎ 06133 - 5631

letztes WE April - Pfingsten, August - Oktober
Sa ab 14 Uhr, So ab 11 Uhr

Das barocke Herrenhaus wurde 1670 an die Reichsritter von Haxthausen übergeben und ist seit 1804 im Besitz der Familie Wernher. Der ähnlich einer Wohnstube eingerichtete Schankraum befindet sich im umgebauten ehemaligen Schweinestall und bietet 45 Personen Platz.

Im großen Hof und in der dann offenen Scheune werden im Sommer Tische und Stühle aufgestellt, so daß man mit oder ohne Dach über dem Kopf seine Weine genießen kann.

Die Weine werden aus den Rebsorten Silvaner, Bacchus und Riesling gewonnen, die ausschließlich in Niersteiner Lagen angebaut werden.

Es werden ausschließlich kalte Gerichte, wie belegte Brote oder Würstchen mit Brot angeboten.

R 4-6 **Mayer's Weinstube**

55283 Nierstein, Paterweg 20
Erhard u. Ingrid Mayer ☎ 06133-5204 Fax - 58591

ganzjährig
Mo, Do, Fr, So, ab 17 Uhr

Mit Wagenrädern und Faßböden ist diese typische und sehr persönlich geführte Weinstube dekoriert. Man wird freundlich und aufmerksam bedient. "Neue Gesichter" werden herzlich aufgenommen und bekommen vom Chef persönlich gerne eine Einführung in die Weinkarte.

Im Sommer wird das große Eisentor geöffnet, und bis zu 100 Gäste können im Winzerhof Platz nehmen.

7 trockene, 4 halbtrockene und 7 liebliche Weine bilden das Weißweinangebot. Darüber hinaus hat man 5 Rotweine und 2 Weißherbste zur Auswahl. Die Weine werden in der Weinkarte im 0,1 l oder im 0,2 l Gläschen angeboten. Wer mehrere Sorten probieren möchte, dem kommt das sehr entgegen.

Rumpsteak, Schnitzel, Fleischwurst und kalte Gerichte werden durch tägliche Extras der Küche ergänzt. Die leckere Spezialität der Küche wird in Versform angepriesen: "Schreibt auf Euer Fähnchen, Mayer`s haben die besten Hähnchen". Das stimmt!

Gutsschänke Staiger R 4-7

55283 Nierstein, Tempelhof 5
Hermann Staiger ☎ 06133 - 5410 Fax - 58506

ganzjährig. Mo, Di, Mi, Fr ab 16 Uhr,
Sa ab 14 Uhr, So ab 10 Uhr. Donnerstag Ruhetag

In der zweckmäßig eingerichteten Gutsschänke finden 50 Personen im Hauptraum und 25 Personen im Nebenzimmer Platz.

Der kleine Hof bietet für 40 Personen Sitzgelegenheiten. Parkplätze findet man auf dem ca. 80 m entfernten Marktplatz.

Bei dieser üppigen Auswahl hat man lange zu tun, bis man die 6 trockenen, 5 halbtrockenen und 20 milden Weine probiert hat. Von Kabinett bis Beerenauslese bzw. Eiswein bietet der Keller alle Qualitätsstufen an. Selbst einen Schwarzriesling findet man auf dieser Weinkarte.

Jeden 4. Freitag im Monat wird zum Haxenessen geladen. Jeden 2. Freitag in den Monaten von September bis Mai gibt es Schlachtfest. Außerhalb dieser Sondertermine bietet die große Karte genügend Auswahl für kleine und große Hungerattacken.

Straußwirtschaft Strub R 4-8

55283 Nierstein, Rheinstraße 36
Susanne Strub u.Thomas Berst ☎ 06133-59684 Fax -927925

Mai - Juni, September - Oktober
Fr ab 18 Uhr, Sa, So/Fe ab 17 Uhr

Seit 300 Jahren wird von der Familie Strub Weinbau betrieben. In der kleinen, rustikalen und gemütlichen Gaststube können 35 Gäste bewirtet werden.

Bei entsprechenden Temperaturen finden 60 Personen im romantischen Hof der ehemaligen lutherischen Kirche aus dem Jahr 1729 einen Sitzplatz. Die Kinder der Gäste finden im Garten ausreichend Platz zum Spielen.

Das überwiegende Angebot richtet sich an den Weißweintrinker. Zur Herstellung werden Silvaner, Müller-Thurgau, Morio-Muskat, Weißer Burgunder, Riesling und Bacchus verwendet.

Überwiegend kalte Speisen werden von der Küche angeboten. Schweinesülze mit Bratkartoffeln, Fleischwurst mit hausgemachtem Kartoffelsalat oder Pellkartoffeln mit Begleitung nehmen es mit dem großen Hunger auf. Erfrischungsbrot, Tomaten mit Mozarella oder das Quarktöpfchen sind für zwischendurch.

R 4-9 **Weinschänke im Ullrichshof**
55283 Nierstein, Außerhalb 17
Christel u. Hans-Richard Ullrich ☎ 06133 - 5671 Fax - 59086

März - Dezember
Sa, So ab 16 Uhr

Inmitten von Weinbergen liegt diese Gutsschänke. Alte Weinbaugeräte, Jagdtrophäen und ein offener Kamin schaffen eine anheimelnde Atmosphäre. In dieser Umgebung können bis zu 80 Besucher rheinhessische Winzergastlichkeit genießen.

Im Innenhof oder auf der Panoramaterrasse mit Blick bis hin zum Taunus und Odenwald können 80 Gäste sitzen. Auf dem Gelände des Weingutes gibt es Parkplätze für 50 PKW.

Überwiegend Weißweine findet man unter den 3 trockenen, 4 halbtrockenen und 9 milden Weinen dieser Weinkarte. Als Rotwein wird Dornfelder trocken und halbtrocken angeboten.

Die Spezialität des Hauses ist der Schwenkbraten frisch vom Grill. Der Niersteiner Saumagen mit Kraut und Brot oder die deftige rheinhessische Winzerversper kann man sich auch schmecken lassen.

R 4-10 **Straußwirtschaft Zur Saalpforte**
55283 Nierstein, Saalpförtchen 2
Familie Klein ☎ 06133 - 60091 Fax - 60526

1.Mai - Ende Oktober
Fr ab 17 Uhr, Sa ab 15 Uhr, So/Fe ab 12 Uhr

Das 350 Jahre alte, denkmalgeschützte Gebäude war einst pfälzische Kollektur und von 1822-1900 evangelische Schule. Die 35 Personen fassende Straußwirtschaft befindet sich in einem kleinen, gemütlichen und vom Hof ebenerdig zu begehenden Raum.

Man blickt auf die Kirche, wenn man im Hof sitzt. Die Blumen und die Windlichter auf den Tischen schaffen eine angenehme "Verweilatmosphäre" - auch für Familien, denn die Kleinen finden vielfältige Unterhaltungsmöglichkeiten.

Auch in diesem Weingut findet man Rebensäfte vom "Roten Hang". 15 Weißweine und 3 Rot- bzw. Weißherbstweine werden angeboten. Mit den Beerenauslesen und den Eisweinen läßt sich die Schatzkammer im Keller gut auffüllen.

Überbackener Schafskäse, Pellkartoffeln, Salate und Handkäs' sind nur Beispiele der üppigen Auswahl an kleinen warmen und kalten Gerichten.

Straußwirtschaft Zwitscherstubb
55283 Nierstein, Oberdorfstraße 57
Hans Andreas Strub ☎ 06133 - 59765 Fax - 1316

2.WE im März für 8 Wochen, 3.So im September für 8 Wochen
Fr ab 18 Uhr, Sa ab 17 Uhr, So ab 16 Uhr

In Keller und Scheune können 50 Besucher den Flair dieser gemütlich und rustikal eingerichteten Straußwirtschaft auf sich wirken lassen.

Direkt an den Weinbergen liegt dieses Weingut, dessen romantischer Innenhof im Sommer 50-70 Personen zur Verfügung steht.

5 trockene, 3 halbtrockene und 7 milde Weine kann man probieren. Der trockene Gewürztraminer, der trockene Riesling, die Silvaner Auslese und die Huxel Beerenauslese sind die Winzerempfehlungen.

Die kleine Karte der Küche bietet neben warmer Fleischwurst mit Kartoffelsalat, Spundekäs' mit Brezel die üblichen kulinarischen Weinbegleiter an.

Hätten Sie gewußt,

dass der Rote Traminer eine Weißweinsorte ist, bei uns auch besser bekannt unter dem Namen Gewürztraminer?

R 5 Oppenheim

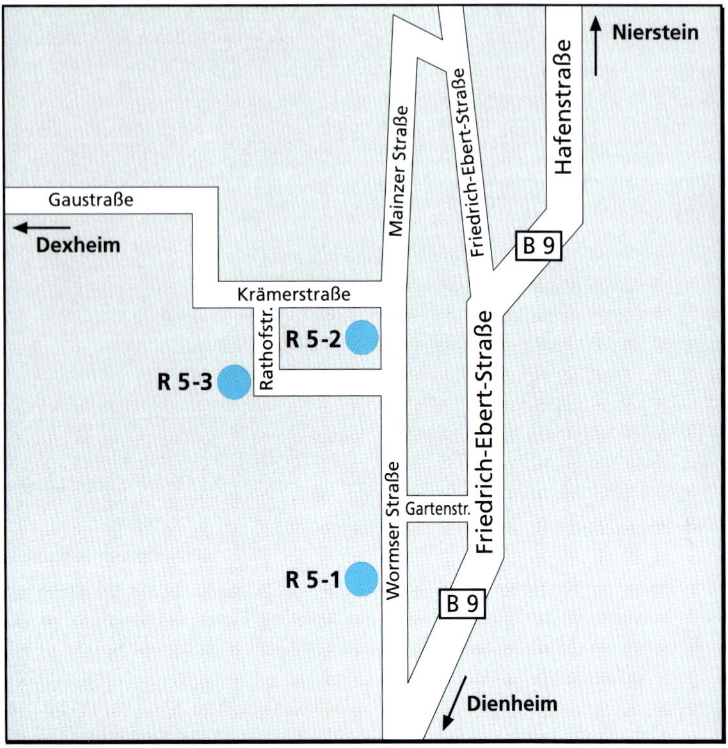

R 5-1 Gutsschänke Dietz

55276 Oppenheim, Wormser Str. 85
Bernd Dietz ☎ 06133 - 3385 Fax - 3385

Mitte Januar - Mitte Dezember
Do, Fr, Sa ab 17 Uhr, So/Fe ab 12 Uhr

Seit 1857 ist die Familie dem Weinbau zugetan. Über die Treppe gelangt man ins Dachgeschoß mit dem nach oben offenen Spitzboden. Die geschmackvolle Einrichtung und die handgeschriebenen Karten sind nur zwei Elemente eines angenehmen und harmonischen Gesamtbildes.

Bei entsprechenden Temperaturen kann man im schönen Innenhof sitzen.

Die Weinkarte sollte man nicht nur der Weine wegen gelesen haben. Viele Informationen über den Werdegang von der Traube bis zum Wein kann man darin finden. Das Weinangebot umfaßt vom Q.b.A. bis Beerenauslese, Trockenbeerenauslese und Eiswein alle Qualitätsstufen.

Die Speisekarte bietet kleine, kreative Gerichte an. Auch für Freunde der fleischlosen Kost wird gesorgt.

Straußwirtschaft Zum alten Keller R 5-2

55276 Oppenheim, Wormer Straße 23
Luwig Schmitt ☎ 06133 - 3026

Mitte Mai - September
Sa, So ab 16 Uhr

Seit Ende der 70er Jahre wird die Straußwirtschaft betrieben, deren Hauptaktivitäten draußen stattfinden. Die eigentliche Weinstube im alten Kelterhaus ist für 20 Personen ausgelegt, wird aber kaum noch genutzt.

Ein Teil des Hofes ist überdacht und dort können teils an Biertischgarnituren, teils an Gartentischen ca. 30 Personen die rheinhessische Sommerzeit genießen.

Kerner und Riesling werden als Füllung für Weißweingläser angeboten. Wer lieber Roséwein trinkt, dem steht ein halbtrockener Blauer Spätburgunder zur Verfügung.

Mit den herzhaften Wurst- und Käsesorten, dem Winzerteller und dem Rauchfleisch bietet die Küche ausschließlich kalte Gerichte an.

Gutsschänke Zur Rathofkapelle R 5-3

55276 Oppenheim, Rathofstraße 21
Familie Dahlem ☎ 06133 - 2001 Fax - 1668

1.WE März - Ende Dezember
Do, Fr ab 18 Uhr, Sa,So ab 16 Uhr

Die Kapelle stammt aus dem 11. Jahrhundert und war ursprünglich als Synagoge gebaut, bevor sie im Mittelalter christianisiert wurde. Heute dient sie als Gutsschänke und bietet Platz für 50 Personen. Die Verbindung von Wein, Geschichte und Kultur schafft das besondere Ambiente.

In der warmen Jahreszeit bietet sich die ruhige Winzerterrasse zum Draußensitzen an.

Seit mittlerweile 300 Jahren betreibt Familie Dahlem Weinbau in den allerbesten Weinbergslagen von Oppenheim und Dienheim. Der Rieslingrebe, der Königin unter den Rebsorten, wird hier ein Großteil der Weinberge gewidmet. Daneben werden Burgunderweine, Gewürztraminer, Spätburgunder, Portugieser, Dornfelder und Regent angeboten.

In der ehemaligen Klosterküche werden zum Wein passende Speisen zubereitet. Vom Griebenschmalzbrot über Salate, Pellkartoffeln mit Begleitung bis hin zu Schweinelendchen gibt es alles gegen den kleinen und den großen Hunger.

R 6 Dienheim

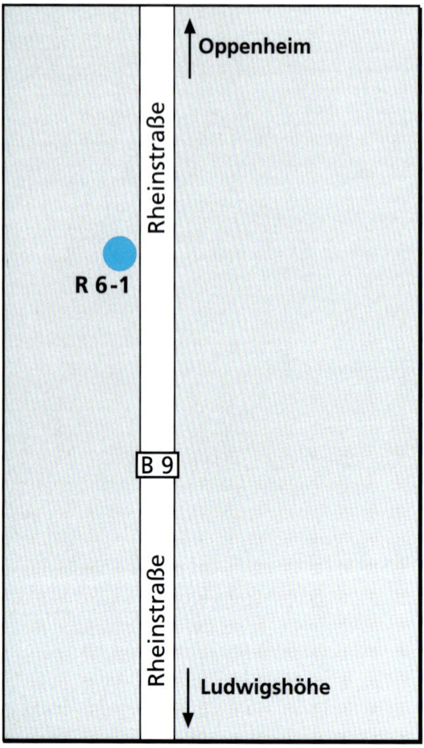

R 6-1 **Straußwirtschaft Marienhof**
55276 Dienheim, Rheinstraße 48
Franz-Joseph Duttenhöfer ☎ 06133 - 1366 Fax - 1388

Juli - Oktober
Sa ab 18 Uhr, So ab 15 Uhr

Eine Mischung aus alten und neuen Möbeln prägen das Bild dieser Gaststube, in der an langen oder an runden Tischen knapp 60 Personen Platz finden.

Je nach Wetterlage und Bedarf wird der begrünte Hof für 100 bis 120 Gäste hergerichtet. Die meisten Plätze sind überdacht und bieten somit ausreichend Sonnenschutz.

Das Weingut ist Mitglied bei ECO VIN und betreibt seit 24 Jahren ökologischen Weinbau. Die Weinauswahl von 34 Weinen läßt kaum Wünsche offen. Die Empfehlung des Winzers ist die rote Neuzüchtung Rondo.

Die Küche liefert als Unterstützung des Weingenusses kleine, kalte Gerichte.

udwigshöhe

R 7

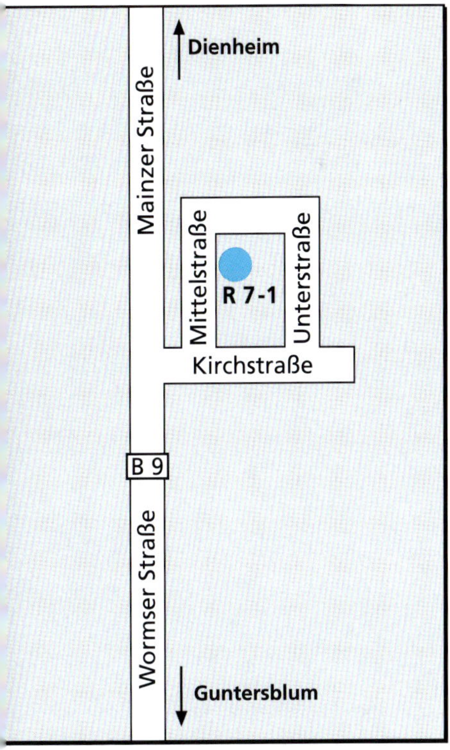

R 7-1

Straußwirtschaft Hofer-Holzky
55278 Ludwigshöhe, Mittelstraße 15
Joachim u. Renate Holzky ☎ 06249 - 1740 Fax - 7599

Mai - August
Mo - Fr ab 17 Uhr, Sa ab 15 Uhr, So/Fe ab 11 Uhr

Über 10 Jahre betreibt die Winzerfamilie bereits diese kleine Weinstube, in der 35 Gäste das familiäre Ambiente auf sich wirken lassen können.

Der Innenhof des alten Bauernhauses steht im Sommer den bis zu 50 Straußwirtschaftsbesuchern zur Verfügung. Umgeben von Weinranken und Efeu sitzt man an unterschiedlich großen Tischen und Bänken gesellig beisammen.

Es ist das Anliegen des Winzers, sortentypische Weine zu erzeugen. Hier kommt der Weißweintrinker eher auf seine Kosten, obgleich es für die Freunde der roten Traube auch Spätburgunder und Dornfelder zu probieren gibt.

Wingertsknorze, "Waasche Käs", Wurstbrote oder auch Pellkartoffeln kann man sich gegen den Hunger bestellen.

R 8 Guntersblum

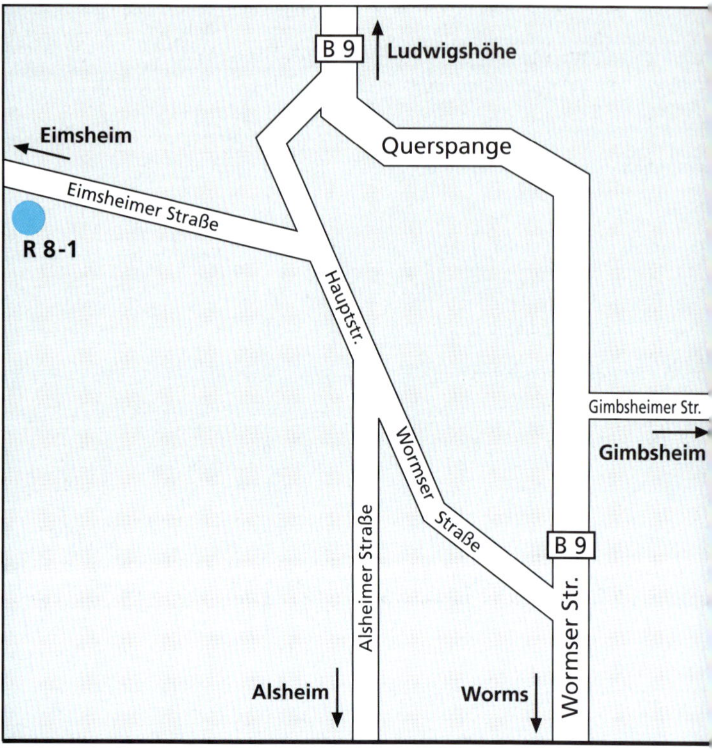

R 8-1 **Gutsschänke Reblausstube**

67283 Guntersblum, Eimsheimer Straße 54
Elfriede Janß ☎ 06249 - 7390

ganzjährig
Do, Fr, Sa ab 18 Uhr, So ab 11 Uhr

Die gemütliche Theke mit einigen Barhockern, das Präsentregal in der Ecke und die verarbeiteten Materialien wie Rauhputz und Holz wirken einladend. Der Empfang ist herzlich und man spürt sofort, daß man seine Gäste gerne mit Wein und Speisen verwöhnt. 80 Sitzplätze stehen bereit.

Die kleine und sehr romantisch anmutende Terrasse bietet 30 Besuchern einen schönen Blick auf Guntersblum. Der Weinlehrpfad ist nebenan und mit seinen 80 Rebsorten sehr interessan.

Zur Kellerphilosophie gehört ein schonender Ausbau zur Erhaltung der Bekömmlichkeit und Lagerfähigkeit der Weine. Sorgfältig ausgewählte Rebsorten (z.B. Kanzler, Kerner, Riesling, Ortega, Weißburgunder, Chardonnay), ideal den natürlichen Standorten angepaßt, bilden das Fundament des reichhaltigen Weinangebotes.

Daß beide leidenschaftliche Hobbyköche sind, erkennt man bereits an der Vielfältigkeit des Angebotes. Das Schneckenpfännchen und die üppige Auswahl an Rumpsteak- und Filetsteakvariationen sind nur Beispiele. Für Kinder und Senioren gibt es spezielle Angebote.

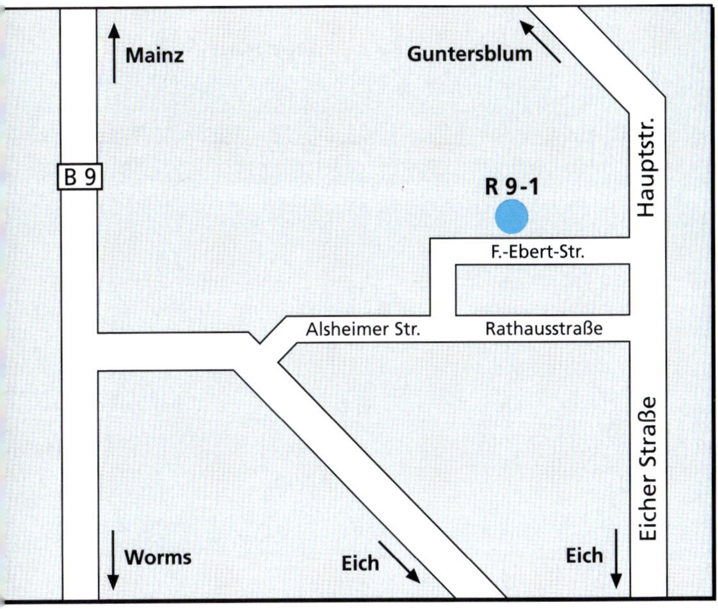

Straußwirtschaft Nitschmann-Knewitz R 9-1
67578 Gimbsheim, Friedrich-Ebert-Straße 13
Familie Knewitz ☎ 06249 - 5443 Fax - 5443

Ostersonntag - Ende Juni, 2. WE Oktober - 3. WE November
Fr, Sa ab 18 Uhr, So/Fe ab 11 Uhr

Die Möblierung dieser gemütlichen und rustikalen Weinstube ist auf den Besuch von maximal 50 Gästen ausgerichtet. Gerne kümmert man sich um die Besucher, die hier einkehren.

Zur Sommerzeit steht zusätzlich der begrünte Innenhof zur Verfügung.

Alle Weine werden nach den Richtlinien des Landes Rheinland-Pfalz für den "kontrolliert-umweltschonenden Weinbau" erzeugt. Das Weingut ist seit 2000 Mitglied bei ECO VIN. Als Besonderheit empfiehlt der Winzer seinen schwarzen Johannisbeerwein und den Johannisbeer-Schaumwein.

Die Küche bietet seinen Gästen wechselnde, der Jahreszeit angepaßte Gerichte an.

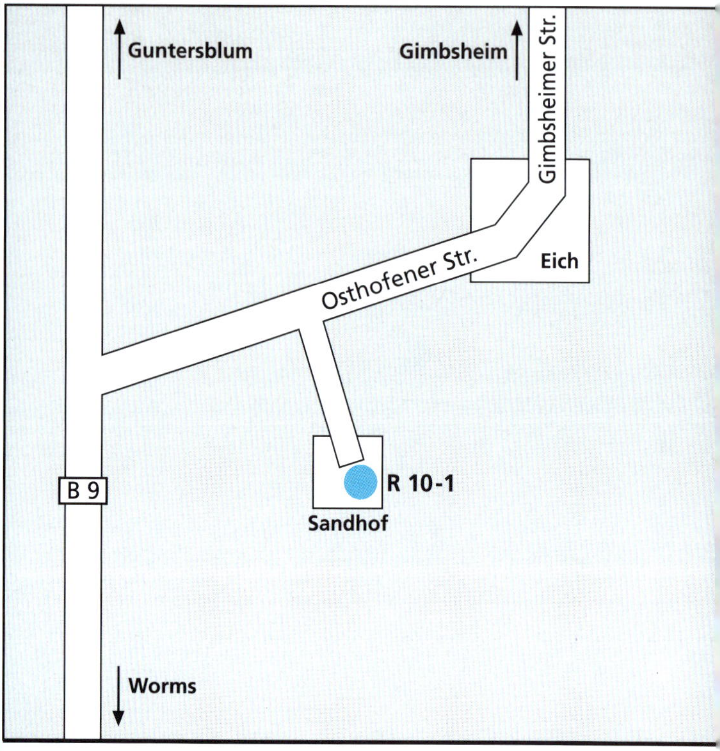

R 10-1 **Straußwirtschaft Günther**

67575 Eich, Sandhof 15
Rainer Günther ☎ 06246 - 7470

Anfang Mai - Ende August
Mo - Fr ab 18 Uhr, Sa ab 16 Uhr, So ab 11 Uhr

Eine häuslich eingerichtete Gaststube erwartet die Gäste in der Straußwirtschaft Günther. Tische und Stühle reichen für 45 Personen.

Mehrere Fahrradwege führen direkt am Hof vorbei. Wenn es die Witterung erlaubt, können sich 70 Gäste mit und ohne Drahtesel hier stärken.

Überwiegend Riesling kann der Weißweintrinker hier verkosten. Wer keinen Riesling möchte, weicht auf Scheurebe oder Kerner aus. Als Füllung für die Rotweingläser bietet die Weinkarte eine trockene und eine halbtrockene Alternative und einen Roséwein.

Forellenfilet, gebackener Fleischkäse, Bratwurst und eine Auswahl an kalten Gerichten gibt es in der Woche. An Sonn- und Feiertagen wird die Karte um Schnitzelgerichte, Hubertusbraten, Cordon Bleu und Schweinemedaillons erweitert.

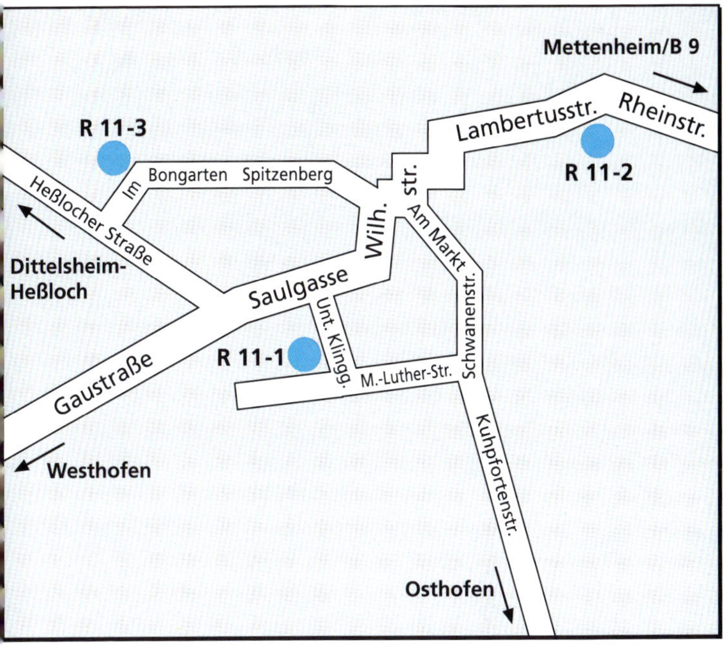

Straußwirtschaft Dreißigacker — R 11-1

67595 Bechtheim, Untere Klinggasse 4

Frieder u. Ute Dreißigacker ☎ 06242 - 2425 Fax - 6381

Mai - Juli

Do, Fr ab 18 Uhr, Sa, So/Fe ab 16 Uhr

Unter einem böhmischen Kappengewölbe um 1900 ist für 36 Gäste eine sehr ansprechende Weinstube entstanden, die seit Jahren guten Anklang findet. Liebevoll und mit einem Blick für's Detail wurde die Ausstattung ausgewählt.

In Hof und Garten sitzt man großzügig und in besonders gemütlicher Atmosphäre. Unterschiedliche Tischgrößen, bequem gepolsterte Gartenstühle und das angenehme Ambiente lassen die "Sommerzeit" wie im Flug vergehen.

Das Motto der Familie "Klasse statt Masse" bezieht sich auch auf den Wein. Der Ertrag der 13 ha wird überwiegend von Privatkunden getrunken. Als Empfehlungen der umfangreichen Weinkarte ist der halbtrockene Dornfelder, die trockene Spätlese aus Schwarzriesling und die Rieslaner Spätlese zu nennen.

Das Angebot der Küche reicht von eingelegtem Schinken nach rheinhessischer Art und Wildschweinblutwurst auf Äpfeln über Hand- und Spundekäs' bis hin zu Rumpsteaks von heimischen Rindern und zahlreicher anderer Köstlichkeiten.

R 11-2 **Straußwirtschaft Hofmann**

67595 Bechtheim, Lambertusstraße 33
Horst Hofmann ☎ 06242 - 3859

Juli - Ende Oktober
Fr, Sa ab 18 Uhr, So ab 12 Uhr

Um in die kleine Probierstube zu gelangen, die zu den Öffnungszeiten zur Straußwirtschaft ernannt wird, geht man quer über den Hof. Für 14 Gäste gibt es Sitzgelegenheiten.

Nach einem Spaziergang auf dem nahegelegenen Weinwanderweg kann man im Sommer an den zwei mitten im Hof stehenden Tischen sitzen und sich erholen.

Für das Weinangebot werden die für die Region typischen Rebsorten wie Faber, Bacchus, Scheurebe, Kerner, Silvaner, Müller-Thurgau, Dornfelder und Portugieser verarbeitet.

Die Küche bietet Bratwurst, Hähnchen, Haxe, Schinken- und Käsebrot sowie Handkäs' zur Stärkung an.

R 11-3 **Straußwirtschaft Zur Küferschänke**

67595 Bechtheim, Im Bongarten 21
Klaus Drück ☎ 06242 - 2722 Fax - 60751

1.Mai - Ende Juni, 2.WE Sept. - 3.Advent,
Sa ab 18 Uhr, So ab 16 Uhr
Außerdem: Letzter Sa in den Monaten mit "R" Schlachtfest

In der 5. Generation werden von der Familie Weinbau bzw. Küferhandwerk betrieben. Aus der Küferwerkstatt wurde eine Straußwirtschaft für 45 Personen. Das alte Küferhandwerkszeug dient heute nur noch zur Dekoration.

"Rosengarten mit Lauben" und schöner Innenhof mit Weinrebenpergola sind die Stichworte für dieses idyllische Plätzchen im Freien, welches im Sommer für 50 Gäste bereit steht.

Von den 8 trockenen, 5 halbtrockenen und 18 milden Weinen wurden 8 Weine mit einer Prämierung ausgezeichnet. Der Dunkelfelder Rotwein, als trockene Spätlese ausgebaut, und der Silvaner Eiswein sind die besonderen Empfehlungen dieses Kellers.

Wildspezialitäten, Martinsgans, Fischgerichte und der Schweinepfeffer zu den Schlachtfestterminen sowie das selbstgebackene Brot stehen stellvertretend für die Vielzahl der saisonabhängigen Köstlichkeiten dieser Küche.

Osthofen

R 12

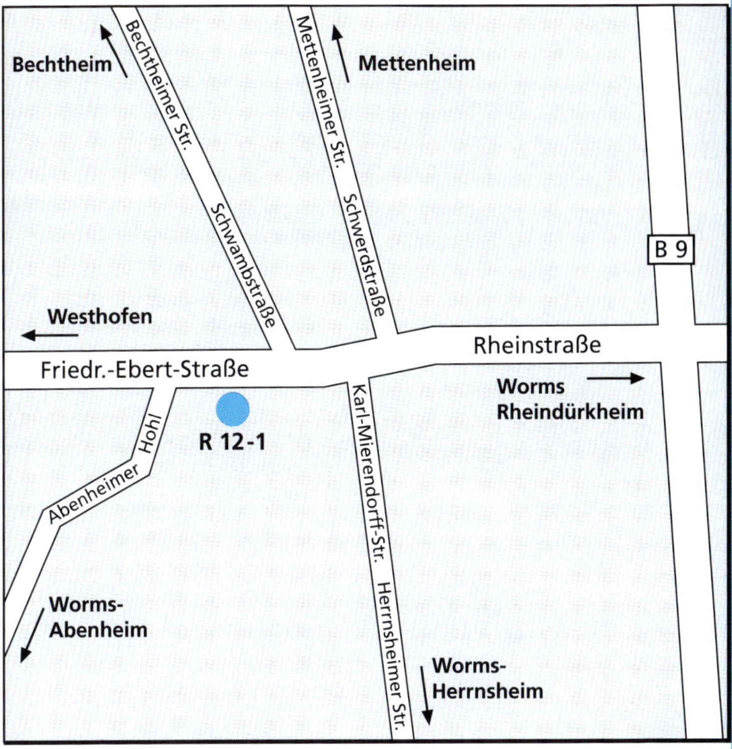

Gutsschänke Magdalenenhof — **R 12-1**

67574 Osthofen, Friedrich-Ebert-Str. 58
Erich Matthias Blümel ☎ 06242 - 1300 Fax - 914368

ganzjährig (Juli und August sind Betriebsferien)
Do, Fr ab 18 Uhr

Im Tonnengewölbe, das ehemals als Kuhstall diente, hat Familie Blümel eine gemütliche kleine Gutsschänke für 30 Gäste eingerichtet. Der Bollerofen spendet im Winter Wärme. Die Weine werden an der dekorativen Bruchsteintheke ausgeschenkt.

Bei schönem Wetter wird der Wein auch im Hof und in der Scheune kredenzt, die man außerdem für Gesellschaften nutzen kann.

Die Weinkarte bietet Riesling, Kerner, Sylvaner und Scheurebe für die Weißweinliebhaber. Wer lieber Roten trinkt, der bekommt einen Portugieser ins Glas, den es auch als Weißherbst gibt.

"Deiwelsschwänz" sind die besondere Kreation der Küche. Das sind mit Käse gefüllte Peperoni. Natürlich gibt es auch Deftiges aus dem rheinhessischen Kochbuch, von kalt bis Leberknödel und Rumpsteak.

R 13 Worms-Wiesoppenheim

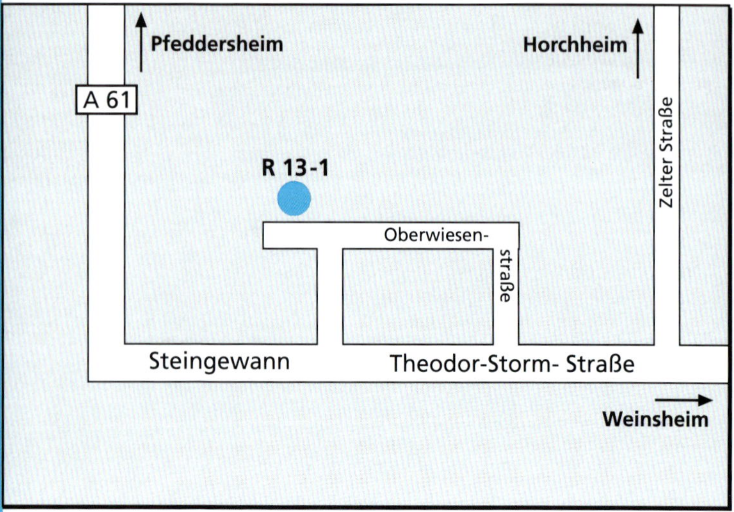

R 13-1 Straußwirtschaft Hammerstein

67551 Worms-Wiesoppenheim, Oberwiesenstraße 45
Bernd J. Hammerstein ☎ 06241 - 935235 Fax - 935234

Mitte September - Mitte Oktober
Fr, Sa, So/Fe ab 17 Uhr

Zu den Öffnungszeiten werden Keller und Verkaufsraum für die Gäste geräumt. Die Straußwirtschaft ist mit 50-70 Sitzplätzen auch für die geselligen Abende mit Live-Musik gerüstet.

Der herbstliche Öffnungszeitraum läßt eine intensive Hofnutzung in aller Regel nicht zu.

Die Weine für die guten Schoppen werden in der Literflasche angeboten. "Der Neue" ist ein voll rassiger Rheinischer Landrotwein passend auch zu Pizza & Co. So oder so ähnlich sind die über 20 Weine dieser Weinliste beschrieben und untertitelt. Diese Orientierungshilfen werden nicht nur von weniger sachkundigen Weinfreunden geschätzt.

Die kleine Karte der Küche hält mit Bratwurst, Winzersteak und Handkäs' typische Winzergerichte bereit.

Nützliche Adressen

Stadtverwaltung Alzey
- Kulturamt -
Ernst-Ludwig-Straße 42
55232 Alzey
Tel.: 06731 - 495 305
Fax: 06731 - 495 555

Ortsgemeinde Bechtheim
Postfach 34
67595 Bechtheim
Tel.: 06242 - 818

Tourist-Information
- Amt für Touristik -
Rheinkai 21
55411 Bingen
Tel.: 06721 - 18 42 01
Fax: 06721 - 162 75

Verkehrsverein e.V.
Rathausstraße 1
55294 Bodenheim
Tel.: 06135 - 63 95
Fax: 06135 - 63 97

Amt für Wirtschaftsförderung,
Kultur und Landwirtschaft
Neuer Markt 1
55218 Ingelheim am Rhein
Tel.: 06132 - 782 - 0
Fax: 06132 - 782 134

Touristik Centrale Mainz
Verkehrsverein Mainz e.V.
Brückenturm am Rathaus
55031 Mainz
Tel.: 06131 - 286 21-0
Fax: 06131 - 286 21 55

Verkehrsverein
Südlicher Wonnegau e.V.
Traminerstraße 1-3
67590 Monsheim
Tel.: 06243 - 905011
Fax: 06243 - 5717

Verkehrsverein Nierstein
Bildstockstraße 10
55283 Nierstein
Tel.: 06133 -960 506
Fax: 06133 - 5181

Stadt Oppenheim
Merianstraße 2
55276 Oppenheim
Tel.: 06133 - 4909 - 0
Fax: 06133 - 4909 29

Verkehrsverein Selztal e.V.
Oppenheimer Straße 7
55278 Selzen
Fon: 06737-80 96 40
Fax-Abruf: 06737-80 11 61

Ortsgemeinde Siefersheim
Gemeindeverwaltung
55599 Siefersheim
Tel.: 06703 - 1536

Gemeindeverwaltung
Auf der Langweid 10
55271 Stadecken-Elsheim
Tel.: 06136 - 2248
Fax: 06136 - 6701

Touristinformation
Neumarkt 14
67547 Worms
Tel.: 06241 - 2 50 45
Fax: 06241 - 2 63 28

Rheinhessen-Information GmbH
Wilhelm -Leuschner-Straße 44
55218 Ingelheim
Tel.: 06132 - 44 17 0
Fax: 06132 - 44 17 44

Rheinhessenwein e.V.
An der Brunnenstube 33-35
55120 Mainz
Tel.: 06131 - 99 68 11
Fax: 06131 - 68 27 01

Wie Sie die Qualität des Weins erkennen

Anders als in anderen europäischen Ländern wird die Qualität eines deutschen Weines nicht im Voraus durch dessen Herkunft (z.B. Chianti classico in Italien) oder durch seinen Erzeugerbetrieb (z.B. Château Laffite Rothschild in Frankreich) festgelegt, sondern erst nach der Ernte durch sein Mostgewicht.

Das bedeutet, dass es - anders als in Frankreich oder Italien - sein kann, dass ein Winzer vom selben Weinberg in einem Jahr einen Wein der ersten Kategorie und im nächsten Jahr nur einen Durchschnittswein erntet. Das hängt ganz von den Wetterverhältnissen ab.

Jeder in Deutschland geerntete Wein wird nach objektiv meßbaren Kriterien in eine Qualitätsstufe eingestuft. Basis für diese Einstufung bildet das Mostgewicht.

Das Mostgewicht ist nichts anderes als das spezifische Gewicht des geernteten Weines und wird in Oechsle gemessen. 85° Oe heißt, dass der Wein das spezifische Gewicht 1,085 hat. Die 0,085 Differenz zu Wasser (spezifisches Gewicht 1,0) sind im wesentlichen Zucker und andere Inhaltsstoffe, die der Wein aus dem Boden aufgenommen hat. Da Zucker bei der Gärung in Alkohol umgewandelt wird, ist das Mostgewicht somit auch ein Indikator für den Alkoholgehalt des Mosts.

Neben dem Mostgewicht muss der Wein aber noch zusätzliche Kriterien erfüllen, um in eine der vier Qualitätskategorien eingestuft zu werden, wie die untenstehende Tabelle zeigt:

Die 4 Grundkategorien der Qualität

	Deutscher Tafelwein	Deutscher Landwein	Qualitätswein bestimmter Anbaugebiete	Qualitätswein mit Prädikat
Mostgewicht	44° Oe	44° Oe	50-72° Oe je nach Gebiet	73° Oe
Natürlicher Mindestalkohol	5% Vol.	5,5% Vol.		
Gesamtalkohol	8,5%	8,5%	9%	
Gesamtsäure	über 4,5 g/l			
Trauben	Im Inland geerntet in 5 Tafelweingebieten bzw. 8 Tafelweinuntergebieten	Im Inland geerntete Trauben mit gebietstypischem Charakter in engerer geographischer Lage (19 Landweingebiete)	Rebsorten der Art Vinis vinifera aus einem einzigen der 13 bestimmten Anbaugebiete	Nur aus Trauben eines einzigen der 39 Bereiche der bestimmten Anbaugebiete

Während die Trauben eines Tafelweins aus verschiedenen Gebieten stammen können, muss also ein QbA-Wein aus Reben eines einzigen Anbaugebietes bestehen. Für Prädikatsweine gelten noch engere geographische Grenzen, so dass die Herkunftsbezeichnung des Weines mit steigender Qualität immer genauer wird.

Darüber hinaus werden die Prädikatsweine mit Ausnahme des Kabinett-Weins später als die anderen Weine gelesen. Sie hängen also länger am Rebstock, sind daher meist gehaltvoller und haben mehr Alkoholgehalt. Man unterscheidet sie in 6 Qualitätsstufen:

Die 6 Prädikatskategorien

	Kabinett	Spätlese	Auslese	Beeren-auslese	Trocken-beeren-auslese	Eiswein
Mostgewicht	73° Oe	85° Oe	95° Oe	125° Oe	150° Oe	125° Oe
Trauben	Nur aus Trauben eines einzigen der 39 Bereiche der bestimmten Anbaugebiete	Nur vollreife Trauben in einer späteren Lese	Nur vollreife oder edelfaule Trauben	Nur überreife oder wenigstens edelfaule Trauben	Weitgehend eingeschrumpfte edelfaule oder wenigstens überreife Trauben	Gefrorene Trauben
Abfüllung	Nicht vor dem 1. Februar des Folgejahres	Nicht vor dem 1. März des Folgejahres				

Wieder bildet der Alkoholgehalt also das notwendige Qualitätskriterium, ohne das kein Wein ein Prädikat erhalten kann.

Der Eiswein stellt eine Ausnahme dar. Er unterscheidet sich von allen anderen dadurch, dass seine Reben gefroren geerntet und gepresst worden sind. In der Regel hat er dadurch auch einen sehr hohen Alkoholgehalt; das muss aber nicht immer sein, der Alkoholgehalt kann durchaus auch "nur" auf Beerenausleseniveau liegen.

Der Weinkäufer kann also darauf vertrauen, dass die Qualität des Weines in Deutschland nach einem objektiv messbaren Kriterium bestimmt wurde. Aber er sollte sich nicht ausschließlich darauf verlassen, denn Spätlese ist nicht gleich Spätlese, auch wenn ihre "technischen Daten" übereinstimmen sollten.

Insbesondere die Qualität des Rebschnitts und der Weinbergspflege sowie die Qualität der Arbeit des Kellermeisters werden damit nicht ausreichend berücksichtigt - und die sind in der Regel viel entscheidender für den Charakter und den Geschmack des Weines.

Achten Sie deswegen nicht nur auf das Etikett bei der Weinauswahl, sondern hauptsächlich auf Ihre Sinnesorgane. Riechen und schmecken Sie den Wein, denn Wein ist Geschmackssache, und ein leichter Landwein schmeckt an heißen Sommertagen vielleicht besser als eine schwere Auslese, nicht zuletzt weil er weniger Alkohol enthält (siehe oben).

Wie Sie den Wein schmecken

Wein "schmeckt" man mit drei Sinnesorganen: mit dem Auge, der Nase und der Zunge. Das Auge stellt dabei Klarheit und Farbe des Weines fest, die Nase den Geruch und die Zunge Süsse, Säure, Alkoholgehalt, Körper, Aroma und Entwicklungszustand.

Für Weinfreunde ist die Süsse eines der ersten und wichtigsten Auswahlkriterien für Wein. Viele Straußwirtschaften und Gutsschänken deklarieren daher auf ihren Weinkarten den sogenannten Restzucker des Weines. Nach ihm werden die Weine in drei Kategorien eingeteilt:

Trocken	-	bis 9 g/l Restzucker
Halbtrocken	-	bis 18 g/l Restzucker
Mild	-	über 18 g/l Restzucker

Die entsprechenden Bezeichnungen lauten beim Sekt etwas anders, nämlich

Extra brut, Brut und Trocken

Neben der Süsse ist die Rebsorte ein weiteres wichtiges Kriterium dafür, wie uns ein Wein schmeckt. Ist auf dem Etikett eine Rebsorte angegeben, so muss der Wein zu mindestens 85% aus Reben dieser Sorte bestehen. Das ist ein wesentliches Merkmal, das deutschen Wein von den anderen großen Weinen der Welt unterscheidet. Er besteht in der Regel hauptsächlich aus Trauben einer Rebsorte und wird nicht verschnitten wie die oben erwähnten berühmten Bordeaux- oder Chianti-Weine.

Hätten Sie gewußt,

dass der französische Pinot noir und der Blaue Spätburgunder dieselbe Rebsorte sind?

Wie die Rebsorten entstanden sind

Weltweit kennt man fast 10.000 Rebsorten. Viele werden aber nicht angebaut, weil sie geschmacklich nicht dem entsprechen, was wir uns von einem Wein heute erwarten. Andere eignen sich nicht zum Anbau in Deutschland, z.B. weil sie nicht frostbeständig sind. Angebaut werden hierzulande etwa 50 Rebsorten.

Rebsorte	Jahr	Kreuzung
Weißweinsorten		
Albalonga	1951	Rieslaner x Silvaner
Bacchus	1972	(Silvaner x Riesling) x Müller-Thurgau
Chardonnay		Alte Rebsorte aus Vorderasien
Ehrenfelser	1929	Riesling x Silvaner
Faberrebe	1929	Weißer Burgunder x Müller-Thurgau
Gewürztraminer		Alte Rebsorte aus Griechenland
Grauer Burgunder (=Ruländer, Tokaier)	14. Jahrh.	Knospenmutation des Blauen Burgunder
Huxelrebe	1927	Weißer Gutedel x Courtillier musqué
Kanzler	1927	Müller-Thurgau x Silvaner
Kerner	1929	Trollinger x Riesling
Morio-Muskat		Silvaner x Weißer Burgunder
Müller-Thurgau (=Rivaner)	1882	Riesling x Silvaner oder Riesling x Gutedel
Optima	1972	(Silvaner x Riesling) x Müller-Thurgau
Ortega	1972	Müller-Thurgau x Siegerrebe
Perle	1968	Gewürztraminer x Müller-Thurgau
Phoenix	1992	Bacchus x Seyve Villard 12-375
Regner	1929	Luglienca blanca x Gamay früh
Reichensteiner	1939	Müller-Thurgau x (Madeleine d'Angevine x Calabreser-Froelich)
Riesling	1. Jahrh.	Eine der ältesten Rebsorten der Welt
Rivaner		siehe Müller-Thurgau
Ruländer		siehe Grauer Burgunder
Scheurebe	1916	Silvaner x Riesling
Schönburger	1980	Spätburgunder x (Gutedel rosa x Muscat Hamburg)
Siegerrebe	1929	Madeleine d'Angevine x Gewürztraminer
Silvaner		Alte Rebsorte aus Transsylvanien
Weißer Burgunder		Mutation aus dem Grauen Burgunder
Würzer	1932	Gewürztraminer x Müller-Thurgau
Rotweinsorten		
Blauer Portugieser		Alte Rebsorte aus Portugal
Blauer Spätburgunder	4. Jahrh.	Alte Rebsorte aus dem Burgund
Domina	1974	Portugieser x Spätburgunder
Dornfelder	1955	Helfensteiner x Heroldrebe
Dunkelfelder	1980	unbekannt
Helfensteiner	1931	Frühburgunder x Trollinger
Heroldrebe	1929	Portugieser x Lemberger
Schwarzriesling (=Müllerrebe)	16. Jahrh.	Mutation des Blauen Spätburgunder

Alphabetisches Verzeichnis der Straußwirtschaften und Gutsschänken

Name	Ort	Code
Alfons Schnabel	Gau-Bickelheim	T 14-1
Alte Ölmühle	Wöllstein	T 15-1
Altes Kelterhaus	Laurenziberg	K 4-1
Altes Pfarrhaus	Ober-Hilbersheim	H 7-1
Am Kranzberg	Nierstein	R 4-1
Am Pavillon	Bodenheim	R 2-1
Am Römer	Köngernheim	W 8-1
Am Römerberg	Engelstadt	H 6-1
Am Weiher	Partenheim	H 8-1
Andreashof	Nieder-Olm	T 1-1
Anke's Weinstube	Hahnheim	W 7-1
Auf der Blenz	Westhofen	W 10-1
Bacchushof	Schwabenheim	H 4-1
Bachhof	Mainz-Hechtsheim	W 1-1
Bär	Ober-Olm	H 1-1
Becker	Zornheim	T 2-1
Becker & Sohn	Spiesheim	T 6-1
Beim Kroner	Gau-Algesheim	K 3-1
Beiser	Vendersheim	H 9-1
Bernardshof	Nackenheim	R 3-1
Bernhard	Wolfsheim	H 10-1
Bernhart	Stadecken-Elsheim	H 3-1
Binz	Nackenheim	R 3-2
Blodt	Essenheim	H 2-1
Boller-Klonek	Stadecken-Elsheim	H 3-2
Borntaler Hof	Wallertheim	T 13-1
Breidscheid	Groß-Winternheim	K 2-1
Brückmer	Lörzweiler	W 4-1
Buhl	Nierstein	R 4-2
Bungert	Bingen-Kempten	K 11-1
Die Wei-Stubb	Saulheim	T 3-1
Dietz	Köngernheim	W 8-2
Dietz	Oppenheim	R 5-1
Dr. Dietrich im Park	Nackenheim	R 3-3
Dreikönigshof	Bingen-Kempten	K 11-2
Dreißigacker	Bechtheim	R 11-1
Eberle-Runkel	Appenheim	K 5-1
Emrich	Biebelsheim	H 13-1
Feser	Ockenheim	K 6-1
Finkenauer	Bubenheim	H 5-1
Fleck-Reich	Bingen-Dromersheim	K 7-1
Fritz Reichert I.	Nierstein	R 4-3
Fürst-Bieser	Stadecken-Elsheim	H 3-3
Georgshof	Mainz-Hechtsheim	W 1-2

Glockenspiel	Nierstein	R 4-4
Gres	Appenheim	K 5-2
Gruber	Bodenheim	R 2-2
Grünewald	Bingen-Büdesheim	K 12-1
Grünewald	Hackenheim	H 16-1
Günther	Eich-Sandhof	R 10-1
Hahn	Wendelsheim	T 17-1
Hammerstein	Worms-Wiesoppenheim	R 13-1
Haub	Bodenheim	R 2-3
Haub	Lörzweiler	W 4-2
Haxthäuserhof	Nierstein	R 4-5
Hees	Stadecken-Elsheim	H 3-4
Herbert's Weinstube	Hackenheim	H 16-2
Hess	Gensingen	K 9-1
Hildegardishof	Bingen-Büdesheim	K 12-2
Hofer-Holzky	Ludwigshöhe	R 7-1
Hofmann	Bechtheim	R 11-2
Horn	Nieder-Olm	T 1-2
Hoth	Stadecken-Elsheim	H 3-5
Huth	Sprendlingen	H 12-1
Im alten Kornspeicher	Laurenziberg	K 4-2
Im alten Weinkeller	Ingelheim	K 1-1
Im Kelterhaus	Engelstadt	H 6-2
Im Marienhof	Bingen-Sponsheim	K 10-1
Im Wingert	Bodenheim	R 2-4
Janson	Vendersheim	H 9-2
Johannishof	Bodenheim	R 2-5
Kapellenhof	Bodenheim	R 2-6
Karlshof	Ingelheim	K 1-2
Kastanienhof	Lörzweiler	W 4-3
Kern	Bodenheim	R 2-7
Kistner-Fischborn	Horrweiler	K 8-1
Kleines Rheinhessen	Siefersheim	T 16-1
Klosterhof	Bodenheim	R 2-8
Kröhler	Undenheim	W 9-2
Ludwig	Bodenheim	R 2-9
Magdalenenhof	Osthofen	R 12-1
Marienhof	Dienheim	R 6-1
Marlene's Gutsschänke	Gau-Bickelheim	T 14-2
Maurer	Mommenheim	W 5-1
May	Bodenheim	R 2-10
Mayer's Weinstube	Nierstein	R 4-6
Mengel-Eppelmann	Stadecken-Elsheim	H 3-6
Moebus	Siefersheim	T 16-2
Möhn	Mainz-Laubenheim	R 1-1
Mohr	Sprendlingen	H 12-2
Molz	Pfaffen-Schwabenheim	H 15-1
Nikolaus May	Bodenheim	R 2-11
Nitschmann-Knewitz	Gimbsheim	R 9-1
Ohl	Hackenheim	H 16-3

Oster	Ingelheim	K 1-3
Partenheimer Hof	Stadecken-Elsheim	H 3-7
Petershof	Stadecken-Elsheim	H 3-8
Poppenschenke	Alzey-Weinheim	T 11-1
Rauschert	Sprendlingen	H 12-3
Reblausstube	Guntersblum	R 8-1
Renth	Schwabenheim	H 4-2
Reßler	Harxheim	W 3-1
Römerhof	Gau-Algesheim	K 3-2
s'Trauwemielche	Ensheim	T 9-1
Sankt Marienhof	Gau-Algesheim	K 3-3
Schäfer	Mainz-Ebersheim	W 2-1
Schleif	Gensingen	K 9-2
Schlupfwinkel	Biebelnheim	T 7-1
Schmitt	Flörsheim-Dalsheim	W 11-1
Schneider	Nackenheim	R 3-4
Schönherr	Ingelheim	K 1-4
Schwalbenhof	Partenheim	H 8-2
Schweizer Hof	Partenheim	H 8-3
St. Alban	Undenheim	W 9-1
St. Albanshof	Bodenheim	R 2-12
Staiger	Nierstein	R 4-7
Steigerhof	Harxheim	W 3-2
Stenner	Mainz-Hechtsheim	W 1-3
Stock	Alzey	T 10-1
Strub	Nierstein	R 4-8
Ulmenhof	Hohen-Sülzen	W 12-1
Wagner	Essenheim	H 2-2
Walldorf-Pfaffenhof	Saulheim	T 3-2
Wambolder Hof	Stadecken-Elsheim	H 3-9
Weidmann	St. Johann	H 11-1
Weinsch. i. Ullrichshof	Nierstein	R 4-9
Weinstube Boos	Gau-Odernheim	T 8-1
Westwieserhof	Selzen	W 6-1
Wilhelm	Hackenheim	H 16-4
Wilmshof	Selzen	W 6-2
Wirth	Wöllstein	T 15-2
Wolf	Lörzweiler	W 4-4
Wolfshof	Stadecken-Elsheim	H 3-10
Wollstädter	Ober-Olm	H 1-2
Worf & Sohn	Mainz-Ebersheim	W 2-2
Zaun	Udenheim	T 4-1
Zimmermann	Siefersheim	T 16-3
Zöbel	Bubenheim	H 5-2
Zum alten Keller	Oppenheim	R 5-2
Zum Koppelberg	Essenheim	H 2-3
Zum Kuhstall	Ingelheim	K 1-5
Zum Mühlenhof	Tiefenthal	T 18-1
Zum Nepomuk	Gau-Bickelheim	T 14-3
Zum Rebenhof	Horrweiler	K 8-2

Zum Reblausstübchen	Gensingen	K 9-3
Zum Rebstock	Bodenheim	R 2-13
Zum Römerlager	Lörzweiler	W 4-5
Zum tiefen Keller	Bodenheim	R 2-14
Zum urigen Weinkeller	Bodenheim	R 2-15
Zum Woifässje	Wörrstadt-Rommersheim	T 5-1
Zur alten Kastanie	Selzen	W 6-3
Zur alten Mühle	Welgesheim	H 14-1
Zur alten Schmiede	St. Johann	H 11-2
Zur Angela	Bodenheim	R 2-16
Zur Dutt	Bodenheim	R 2-17
Zur guten Stube	Bodenheim	R 2-18
Zur Küferschänke	Bechtheim	R 11-3
Zur Rathofkapelle	Oppenheim	R 5-3
Zur Rheinhessen-Tenne	Groß-Winternheim	K 2-2
Zur Rüwekaut	Ingelheim	K 1-6
Zur Saalpforte	Nierstein	R 4-10
Zur Sandmühle	Wahlheim	T 12-1
Zur Vroni	Bodenheim	R 2-19
Zwitscherstubb	Nierstein	R 4-11

Hätten Sie gewußt,

dass die Rebe eine Schlingpflanze ist,
die in lichten Wäldern wächst
und sich an Bäumen
hochrankt?

Ihre Meinung ist wichtig und für jeden ein Gewinn

Bitte übertragen Sie Ihre Bewertungen auf diesen Bogen.

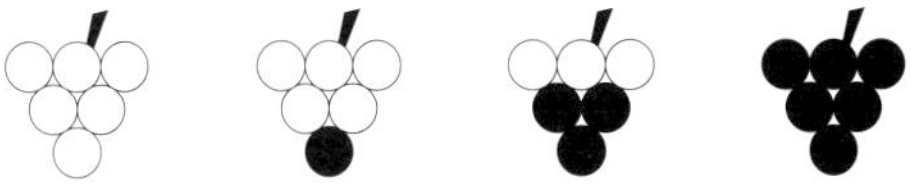

Ohne Bewertung *gut* *sehr gut* *hervorragend*

Alle bis zum 15. November 2001 eingegeangenen Einsendungen nehmen an der Verlosung teil.

Vielen Dank für Ihre Mithilfe
Ihr Redaktionsteam

Name, Kennziffer				
Name: Zum Piffche Kennziffer: K 33-7				
Name: Kennziffer:				
Name: Kennziffer:				
Name: Kennziffer:				
Name: Kennziffer:				
Name: Kennziffer:				
Name: Kennziffer:				
Name: Kennziffer:				
Name: Kennziffer:				
Name: Kennziffer:				
Name: Kennziffer:				
Name: Kennziffer:				
Name: Kennziffer:				

Einsendeschluß ist der 15. November 2001.

Eingeschickt am:

____

Absender

____
Name

____
Straße

____
PLZ/Ort

____
Tel:

☐ Bitte schicken Sie mir.......weitere Bewertungsbögen zu.

☐ Bitte informieren Sie mich über den Erscheinungstermin der nächsten Auflage.

Rheinhessen-Vignette
Redaktionsteam
Friedrich-Ebert-Straße 13A

55257 Budenheim

Bitte lassen Sie uns wissen, was Ihnen gefallen hat, was verbessert werden kann oder wen oder was wir vergessen haben. Vielen Dank.